中国社会科学院创新工程学术出版资助项目

中美流动迁移比较研究

郑真真　贺珍怡　张展新 主编

中国社会科学出版社

图书在版编目（CIP）数据

中美流动迁移比较研究/郑真真，贺珍怡，张展新主编．—北京：中国社会科学出版社，2016.10

ISBN 978 – 7 – 5161 – 7657 – 3

Ⅰ.①中… Ⅱ.①郑… ②贺… ③张… Ⅲ.①人口迁移—对比研究—中国、美国 Ⅳ.①C922.2 ②C922.712

中国版本图书馆 CIP 数据核字（2016）第 227476 号

出 版 人	赵剑英
责任编辑	李庆红
责任校对	周晓东
责任印制	王　超

出　版	中国社会科学出版社
社　址	北京鼓楼西大街甲 158 号
邮　编	100720
网　址	http：//www.csspw.cn
发 行 部	010 – 84083685
门 市 部	010 – 84029450
经　销	新华书店及其他书店
印　刷	北京君升印刷有限公司
装　订	廊坊市广阳区广增装订厂
版　次	2016 年 10 月第 1 版
印　次	2016 年 10 月第 1 次印刷
开　本	710×1000　1/16
印　张	19.75
插　页	2
字　数	284 千字
定　价	69.00 元

凡购买中国社会科学出版社图书，如有质量问题请与本社营销中心联系调换
电话：010 – 84083683
版权所有　侵权必究

序 言

2011年末至2014年春，围绕着人口迁移与社会发展这个主旨，中国社会科学院和美国社会科学研究理事会开展了一项合作研究。在该合作研究项目中，中国社会科学院人口与劳动经济研究所具体承担了中方学术协调和组织工作。项目执行期间，中美两国学者进行了密切的交流，在美国、英国和中国多次召开研讨会。这一合作项目以独到的视角和新颖的方式，为中美人口流动迁移研究提供了更为广阔的视野，有利于更好地了解全球化、城镇化过程中，中国和美国人口流动迁移的主要特征、问题和挑战。本论文集收录了这项合作研究的主要成果。

一　比较的视角

"中美流动迁移比较研究"这一书名简明地展示了本论文集的主题。中国和美国都是人口大国，但两国的人口迁移有很大不同。中国自改革开放以来，国内人口迁移形成举世瞩目的大潮，主流是不改变户籍身份的跨城乡、跨地区人口流动；人口迁移研究的主要对象是流动人口，较少涉及户籍迁移人口。在美国，国际迁移和国内迁移并存，但政治与社会关注和学术研究的重点是数量庞大、成分复杂的外来国际移民。中国的国内人口迁移和美国的国际移民迁入，二者可以进行比较研究吗？通常而言，国内迁移与国际迁移属于不同的学术研究和政策研讨领域，这是基于这两种人口迁移的明显区别。但是，国内迁移与国际迁移也存在着一定的相似性。这些相似性，在中美两国本身共性或可比性的背景下，可以得到更大的彰显，并引申出新的一般性议题。这是本项目比较研究的出发点。

中美两国都是人口众多的大陆国家，都存在着自然环境和经济结构差异和区域发展不平衡。这个相似的基本国情决定了比较研究的一些共同关注。在中国，巨大的区域差异派生了人口流动的流出地和流入地，但流入地的空间分布更加广阔，比较集中在改革开放的一线城市，因此也更为引人注目；流入地区和城市的外来人口数量差别很大，北京、上海、广州等特大都市是外来人口聚集的典型。与中国的国内迁移不同，美国人口迁移以全球的国家和地区间差异为前提，美国整体上是一个国际迁移的流入地。但是，由于"拉力"的不同，外来移民不是均匀地分布在美国各地，相对发达的地区和城市通常面临更大的移民压力。这样，基于区域差距这个相同的事实，"流入（接收）地差异"成为中美比较研究的基础。据此，社会权利和政府治理的理念在不同题目下展开，成为本论文集的两条研究主线。中国和美国的各级政府，包括中央政府和不同层次、不同处境的地方政府，都面临着外来移民治理的政策课题，但是侧重点和治理方式可能不同。地区多样性条件下的移民治理，主要挑战是如何向外来移民提供基本的社会权利和充足的社会保护，又照顾到当地社会民众的利益。这种挑战主要涉及中下层移民。因此，虽然迁移人口构成多样，其中包括高科技人才，但在本书中，中美学者注重相似层次迁移者（中国农民工和墨西哥裔等拉美移民）的研究和比较。

二　综合性研究、理论导向研究和专题研究

本论文集共收入了 12 篇论文，包含了综述性研究、理论导向研究和医疗、教育和社会保障专题研究这三大研究内容。《20 世纪 50 年代以来中国人口迁移流动综述》介绍了中国人口迁移流动的工业化与城镇化背景，对各个时期的人口迁移流动状况做了定性和定量的描述，兼顾讨论了不同时期公共政策的特点。这是关于中国人口迁移流动的总体性回顾与展望。《共同的挑战：中美人口转变、社会分层与移民子女教育》依然属于综述性研究，主要特点是比较、聚焦和概

括：第一，采用了美国和中国比较的视角；第二，主要观察对象不是迁移或流动人口，而是他们的子女；第三，通过文献综述，总结了美中两国在各自的教育体制下，移民子女的社会流动机会和问题。这也是人口迁移流动研究的重要议题之一。

随后的三篇论文具有理论导向研究的特点。《就业市场化、社会保障包容与农民工权利均等化》讨论了中国农民工的权利地位变化。该文认为，1997年以后，中国从单一的市场化发展到走向市场经济与社会政策的双重转型，并考察这一转型对农民工的正向影响——在公民资格基础上的权利均等化。《中国地方治理与农村流动人口的公民权实现问题》同样以农民工权利为主题，也注意到国家开始明确农民工的公民权利。但是，作者指出，中央政府的公民权建设受制于地方治理，并在"地方治理类型"的框架下，考察了上海、北京、广州、武汉四城市的农村流动人口公民权实现程度差异。这两篇中国学者的论文都关注流动人口的公民权利，但前者论述全局性制度变迁及其总体后果，后者聚焦地方层面的差异，两项研究形成互补。《比较社会权利：美国的身份与融合》是美国学者的研究。作者定义了社会权利和社会、政治融合，从相关文献中引出"接纳环境"的社会融合模型和多要素的政治融合模型；在此基础上，从美国联邦政府和州政府两个层面，考察移民身份的政策和影响整合的政策，指出各级政府政策模糊、差异甚至矛盾影响移民的融合。

另外六篇论文都是有关人口迁移的专题研究，涉及移民的健康、教育和养老保障。《美国外来移民与中国流动人口的社会医疗保障》关注两国的迁移人口，但实证分析集中在美国的移民群体。在论文中，两位美国学者描述了向移民提供医疗服务和保障的政策演变，以及移民获取医疗资源方面的挑战和困难；发现墨西哥移民与中国乡城流动人口都遭遇到健康服务不足的问题；总结了美国经验对中国流动人口健康的借鉴意义。《流动人口的健康：现状与政策启示》对中国两大流动人口聚集城市——深圳和北京的农民工健康状况和医疗服务利用的差距进行了统计分析，讨论了造成两城市差距的可能的结构性和制度性因素，论证了不同的地方安排对农民工健康的影响。《再学习的安全空间：移民学生从高中到社区大学的过渡》的研究对象是美国的拉美裔移民，主题是这类少数族裔迁移群体通过选择社区大学，在高中和大学教育获得上取得一定的成功。《相同的政策，不同的实践——北京、上海和广州流动儿童义务教育政策的比较研究（1996—2013）》对三大都市落实中央政府流动儿童教育政策的情况进行了考察、比较，提出"调控为主""公办学校为主"和"市场为主"三种不同的城市模式。《中国农民工养老保险的历史路径与前景展望》讨论了二元社会保障制度的历史背景、从地方到中央发展农民工养老保险、制度分割和低覆盖、低水平等问题，并对农民工参保的前景做了展望。《美国养老保障探索：基于生命周期的视角》对美国社会养老保障问世之前的养老制度安排进行了历史性回顾，是对移民养老保障研究的一个补充。

三 社会权利与政府治理：两条研究主线

各篇论文是不同作者的独立研究，论题和方法各异，但是，这些研究贯穿着两条相互交织的主线，形成全书内容的有机联系。一是社会权利。这既是考察、评估中美两国移民政策的工具性概念，也体现了研究者共有的价值取向。二是政府治理。移民在流入地或接收地能否获取与当地公民平等的社会权利，法定的权利在多大程度上能够落实到实践层面，这些都在很大程度上取决于国家和地方政府的分权治理和移民政策。

全书的多数研究都直接或间接涉及迁移人口的社会权利问题。在理论导向研究论文中，社会权利概念得到较多的阐述和运用。《比较社会权利：美国的身份与融合》一文把社会权利界定为移民"在选择就业、住房、医疗、教育和公民融合方面的基于政府权力的保障"。这不算是一个完整的学术定义，但适用于本书的研究。《就业市场化、社会保障包容与农民工权利均等化》按照是否就业关联划分了社会权利，进而论述了中国农民工社会权利方面的进展与不足。《中国地方治理与农村流动人口的公民权实现问题》使用"公民权"概念，但主要考察社会福利权益，如社会保险、义务教育等，实际上关注社会权利——与福利国家相关的公民权利。其他论文与具体的社会权利有关。例如，分析移民身份对卫生服务获得和医疗保险参与的影响，这种影响折射出医疗保障社会政策对移民的包容程度，或者说移民对于医疗保障社会权利的获取水平；分别考察中国不同城市流动人口的健康和教育，这也属于社会权利的范围。上述论文以移民为对象，明确地或隐含地讨论社会权利及其实现，从而使得本书在很大程度上有了迁移视角的比较社会政策研究的味道。移民社会权利的改善受到政策环境的约束，但个体的抗争和进取也有积极的作用。关于拉美裔移民高等教育获得的定性访谈研究提供了这样的案例。另外，这些论文作者都注意到移民社会权利的不足或缺失，并呼吁政府和社会的改进，这是学术研究基础上的人文关怀。

社会权利实现的前提是社会政策的设计和实施，因此，政府行为至关重要。美国的政府体系包括联邦政府、州政府和更小的地方政府；中国实行中央/地方政府体制，在一些学者看来，经济分权上也有类似美国的"事实上的联邦制"。中美两国的地方政府都有很大的自主权，在移民治理方面尤为如此。移民政策无疑由中央政府制订统一规范，但需要地方政府的具体化和本地化。在流入地，地方化的移民政策对于外来人口而言，有可能是福音，有可能产生障碍，也可能出现复杂的结果。本书所有关系到移民社会权利的研究绝大多数触及了地方政策问题。综观这些研究，可以获知一个有趣的中美比较现象。按照美国学者的考察，美国联邦政府的移民政策基本上是不明确和不成功的，没有有效促进移民融合。但是，州层面呈现不同的情景：尽管州政策非常不平衡，一些州采取了比较积极的移民政策。例如，加利福尼亚州和佛罗里达州近年来颁布了一些促进移民身份和社会融合的法案。再有，美国的一些州或城市为非许可移民提供安全庇护（防止驱逐或遣返），并提供一些社会福利。这种地方差异的格局是，相对于移民较少的州，有更多移民的州更有可能成为庇护所。而在中国，2000年以后，中央政府的政策取向明确，要推进权利均等化。但是，如本书中作者所揭示的那样，在落实中央流动人口方针政策上，地方政府实际上打了折扣，即使政策环境比较好的地方，也没有完全达到中央的要求。这些研究还显示，中国的地方差异格局也不同于美国：流动人口密度大的城市，社会融入的程度也偏低。中美两国的这些反差需要深入的探讨。一个可能的研究线索是：中国国内迁移的成本不可能像美国国际迁移那样外部化，但有可能"回流"到流出地。具体地说，在中国，如果流动人口不能在流入地实现社会融入，中央政府要最终承担这一后果，因此，中央政策更为明确和积极；而在美国，外来移民的社会融入问题或转嫁到移民流出的国家，或者由直接管理移民的地方政府承担，联邦政府相对超脱。这也折射出国内迁移与国际迁移的一些重要区别。

四 合作研究与相互学习

本合作项目关注迁移与社会变迁。中美两方的研究人员围绕这个主旨，于2011年12月在北京召开了预备会议，中美两国研究国内迁移的学者在会上讨论了双方感兴趣的共同研究课题，通过这次预备会议，确定了进一步交流合作的领域与具体研究问题。会后在京郊开展了实地考察。2012年12月17—19日，项目在美国纽约市召开了第一次学术交流研讨会，内容包括学术研讨和实地考察，讨论进一步具体合作内容，制订合作研究计划，为在中国社会科学院召开更大规模的学术交流研讨会做准备。2013年6月30日—7月5日，合作研究团队在英国牛津又一次召开了学术交流合作研讨会，并与牛津大学的项目外研究学者（来自牛津大学莫顿学院的中国研究中心，牛津大学人类学学院的迁移政策和社会研究中心等）展开交流。作为该项目的重大活动，中国社会科学院—美国社会科学研究理事会共同举办的"人口流动、社会发展与社会保障"国际研讨会于2014年4月14—15日在北京召开，来自中美两国以及其他国家的二十多位专家学者出席了会议。中美学者在过去两年中围绕人口流动和社会政策反复讨论，循序渐进、注重交流，在各自研究的基础上加强交流对话和中美比较，这次研讨会是中国社会科学院和美国社会科学研究理事会共同开展的两国学者合作交流活动的阶段性总结，研讨会围绕两国人口流动的发展和现状、社会政策与流动人口权益保障、流动人口的健康和教育等问题进行了探讨。本书即为在此次研讨会发言的基础上形成的项目成果。

本合作项目具有几个特点：（1）相对于一两天的大规模研讨会而言，这种讨论和交流方式更为聚焦、深入，有了实质性的交流，而不是各说各话；（2）实地考察穿插在研讨会之间，使大家有了感性认识，不再是"纸上谈兵"；（3）交流期间不仅大会讨论，也分小组和专题有针对性地对研究主题和研究论文进行深入讨论与修改，独立思考写作与集体讨论交互穿插进行，有效地利用了共同相处的宝贵时间，加深了对两国情况的了解，也为下一步研究成果的形成和系统化奠定了坚实的基础；（4）美国学者认为，中国的情况虽然与发达国家不同，但是对于发展中国家来说（尤其是后发展国家）可能具有借鉴意义。这种周期相对较长、来回讨论交流多次的合作交流，是以往国际合作研究和交流中较为少见的。

本项目探讨了一种新的合作模式，同时也是政府政策跨国比较研究的一次尝试。经济全球化和通信发展导致了政府政策跨国比较研究的增长，不仅是发达国家之间的比较，也有发展中国家与发达国家的比较。早期的政策学习研究聚焦国家层面的（主要指发达国家间或从富国到穷国）知识流动，而近期研究发现了知识在不同国家和城市间流动，这样，在地理区位或发展路径上取得转变或创新。考虑到中国和美国的不同历史条件和发展水平，同时缺乏有关变化因素的深度相互理解，合作研究不是一个单纯的政策学习过程，而是一次中美学者的相互学习。合作项目首先推动中美社会科学家更好地理解各方追求的应对共同问题的方式：将外来移民融入城市社会保护体系之中。我们的期待是，从中美比较研究与交流中，既要探讨一般性的理论观点和政策模式，也要考察不同观点和制度形式的变异，促进地方性知识和实践相互作用、融合，为兼顾科学性和适用性的地方政策设计和改进提供学术参考。这是一个长远目标，需要更多的项目和活动来推动。本书成果就是这样的一个开端。

编者

2016年10月于北京

目　录

20 世纪 50 年代以来中国人口的迁移流动综述 ……… 郑真真　1
共同的挑战：中美人口转变、社会分层和移民
　　子女教育 ………………………………………… 贺珍怡　19
就业市场化、社会保障包容与农民工权利均等化 …… 张展新　36
比较社会权利：美国的身份与
　　融合 …………… Luis Ricardo Fraga and Bryan Wilcox　65
中国地方治理与农村流动人口的公民权
　　实现问题 ………………………………………… 王春光　93
美国外来移民与中国流动人口的社会医疗
　　保障 ……………… Van C. Tran and Katharine Donato　116
流动人口的健康：现状与政策启示 ……… 牛建林　郑真真　156
再学习的安全空间：移民学生从高中到社区
　　大学的过渡 ………………………………… Vivian Louie　187
相同的政策，不同的实践——北京、上海和广州流动儿童
　　义务教育政策的比较研究（1996—2013） …… 韩嘉玲　233
中国农民工养老保险的历史路径与前景展望 ……… 林　宝　262
美国养老保障探索：基于生命周期的视角 …… Richard Sutch　283

20世纪50年代以来中国人口的迁移流动综述

郑真真[*]

中国历史上的人口迁移，主要是由北向南的离心型迁移和由东向西、由人口高密度地区向人口低密度地区的迁移。经过两千多年形成了20世纪30年代至今的人口地理分布格局，主要大中城市的兴起和发展也离不开人口迁移的贡献。历史上的人口迁移除了经济型迁移之外，还有政府强制性的政治性迁移（如在改朝换代后向首都周边的移民）和逃避战乱或自然灾害的迁移（葛剑雄，1991）。新中国成立以后，尽管在局部地区之间有几次较大规模的有组织的人口迁移，但最大规模的还是从农村向城市的经济型迁移流动，尤其是改革开放以后。

20世纪50年代以来的人口迁移流动与中国的工业化进程、城镇化和国家政策密切相关。中国在近年来经历了快速的城镇化和经济发展，已经历并还将有较长一段时期的人口迁移活动。回顾和梳理中国人口迁移流动经历，有助于我们了解当前现状、判断未来趋势，也有助于我们在人口、社会、经济大背景下了解相关公共政策的演进。本文将根据现有统计数据和研究成果，结合中国工业化和城镇化发展背景，简要回顾中国人口在不同时期的迁移流动状况和特点以及相关的公共政策变化。

本文将首先介绍主要数据来源和参考文献，通过几个指标简要描述20世纪50年代以来中国的人口和社会经济变化，然后分别回顾改革开放前后不同历史阶段中国工业化和城镇化进程、与迁移流动相关

---

[*] 郑真真，女，中国社会科学院人口与劳动经济研究所研究员。

的公共政策和人口迁移流动特征,最后介绍近年来人口迁移流动的新动向。

一 主要数据来源和参考文献

有关人口迁移流动的全国范围数据资料,主要来自国家统计局发布的人口统计数据和人口普查结果。由于缺乏1987年以前有关人口迁移流动的统计资料,这个阶段的状况主要引自国内外学者的间接估计和分析研究结果。他们使用的数据来源主要是"中国74城镇人口迁移调查"和"全国生育节育抽样调查"。

1987年由中国社会科学院人口研究所主持、全国16所人口研究单位合作开展的"中国74城镇人口迁移调查",是中国首次全国范围有关人口迁移的调查。该调查在16省市的74城镇开展,在15个特大城市、6个大城市、12个中等城市、10个小城市、31个镇选点抽样,调查了23895个家庭户和1643个集体户,调查人口10万人。该调查收集了1949年以来这些城镇的人口迁移情况和迁移人口的个人信息,调查结果对中国城镇有代表性(马侠、王维志,1988)。1988年由国家计划生育委员会组织的"全国生育节育抽样调查",是中国首次以生育节育为主要内容的全国性抽样调查,调查样本215万人,抽样比为1.982‰,也称为千分之二生育调查。由于该调查覆盖城乡,样本点分布在95%的县市,对全国和省级都有较好的代表性(李宏规,1991)。该调查内容中包括受调查者的出生地和跨省迁移相关信息,成为研究1988年以前中国人口迁移流动的重要数据来源(Liang and White, 1996;段成荣,2001)。

1987年以后,国家统计局在人口普查和人口抽样调查中包括了人口迁移的信息,如1987年、1995年和2005年的1%人口抽样调查,1990年、2000年和2010年的全国人口普查。20世纪90年代以后,不仅国家统计和人口普查都包括了迁移流动信息,也有更多专项抽样调查,为人口流动研究提供了丰富的数据。

对于改革开放以前的中国人口迁移流动情况，尽管不同学者使用不同分析方法和不同数据来源，但是研究结果在不同时期的人口迁移变化方面相当一致。本文主要参考了田方和林发棠（1986）、马侠（1987）、陈玉光（1988）、Liang 和 White（1996）及段成荣（2001）的研究结果。改革开放以后的人口迁移流动与此前相比更为开放自主，在很大程度上与经济发展的地区差异和产业格局相关，也与城镇化进程之间的关系更为密切。由于相应数据资料的丰富和研究力量的增强，有关改革开放以后的人口迁移流动有大量的研究成果。由于本文更为关注人口迁移流动与工业化和城镇化之间的关系，对这一阶段的回顾主要参考了王桂新（2004，2012，2013）等的研究成果。

20 世纪 50 年代以来的人口、经济和社会指标，主要引自国家统计局发布的历年统计资料或新中国 60 年统计资料汇编、联合国人口司发布的"世界人口展望"（2012 版）和世界银行发布的统计资料。

二　60 年人口和社会经济变化概述

对于中国人口迁移流动特征及其变化，需要在人口、社会、经济变化的大背景之下才能有更为透彻的了解。本部分选择了几个人口、社会和经济指标，列出这些指标值在 1950—2010 年的变化，以供参考和对照。

表 1 列出了人口变动的主要指标。中国的人口转变从 20 世纪 50 年代开始，由于国家的大力投入，全国范围的爱国卫生运动、新法接生、防治传染病和地方病等活动的开展以及一系列公共卫生干预措施，有效地控制了传染性疾病、降低了孕产妇死亡和婴儿死亡。20 世纪 70 年代国家推动计划生育和遍及全国城乡的避孕节育服务，有效促使生育率快速下降，在 10 年间从平均每对夫妇约 6 个孩子下降到接近更替水平（平均每对夫妇约 2.1 个孩子），城市的生育率下降速度则更快。不过由于生育率的下降滞后于死亡率的下降，造成了高速人口增长，积累了巨大的人口增长惯性。

表1　　　1950—2010年中国的出生、死亡和增长水平变化　　　单位：‰

	1950—1955	1955—1960	1960—1965	1965—1970	1970—1975	1975—1980	1980—1985	1985—1990	1990—1995	1995—2000	2000—2005	2005—2010
粗出生率	42	36	39	37	31	22	22	26	19	14	12	13
粗死亡率	22	21	21	10	8	7	7	7	7	7	6	7
婴儿死亡率	122	118	121	63	47	42	38	34	30	27	21	18
自然增长率	20.1	15.9	18.2	27.0	23.2	14.9	15.4	18.6	12.1	6.9	6.2	6.5

资料来源：联合国人口司：《世界人口展望2012》，http://esa.un.org/unpd/wpp/Excel-Data/population.htm，2013年。

20世纪80年代以后，死亡率和生育率都呈平稳缓慢下降趋势，90年代生育率跌至更替水平之下，此后长期稳定在1.6左右。中国人口在21世纪已完成转变，并进入了低生育水平国家的行列。中国人口总量仍在惯性增长的同时，人口年龄结构已经发生了前所未有的变化。人口老龄化快速发展，即将进入劳动年龄的少年人口逐年缩小（见图1）。中国的人口负增长和人口老龄化是21世纪不可逆转的发展趋势。

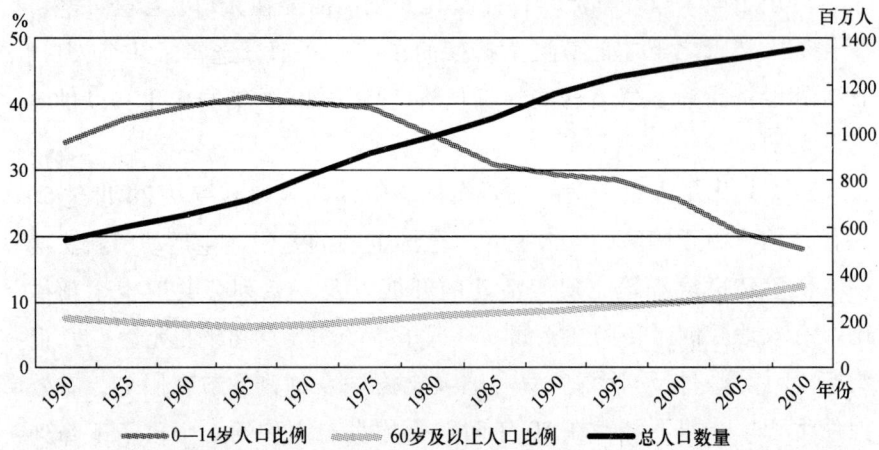

图1　1950—2010年中国的人口总量、0—14岁人口比例和60岁及以上人口比例

资料来源：同表1。

中国的工业化和城镇化进程则在前30年颇费周折，在后30年加速推进。在新中国成立后的三年经济恢复期和第一个五年计划期间，中国的工业特别是重工业加速发展，形成了重工业比重偏高、工业化模式低效的基本格局，而在此后即转入调整阶段，"文化大革命"的十年期间则陷入停滞，直到改革开放以后才得以进一步发展。图2用工业和服务业占GDP的比重代表工业化程度，记录了这段历史时期的变化。图2中还列出60年间劳动人口中从事非农劳动比例和城镇人口比重的变化。非农劳动比例人口的变化与工业化大致同步，而城镇人口比重的变化则不同。人口城镇化在50年代工业快速发展时期，几乎与工业化同步发展。1960年以前，由于新建厂矿和百废待兴的城市建设都需要大量的劳动力，农民不断迁入城市以满足工业和城市发展的需求。此后由于经济政策的调整和对城市人口规模的控制，人口城镇化进程几乎停滞了20年，在改革开放以后才稳步进展，近年来更是快速推进。

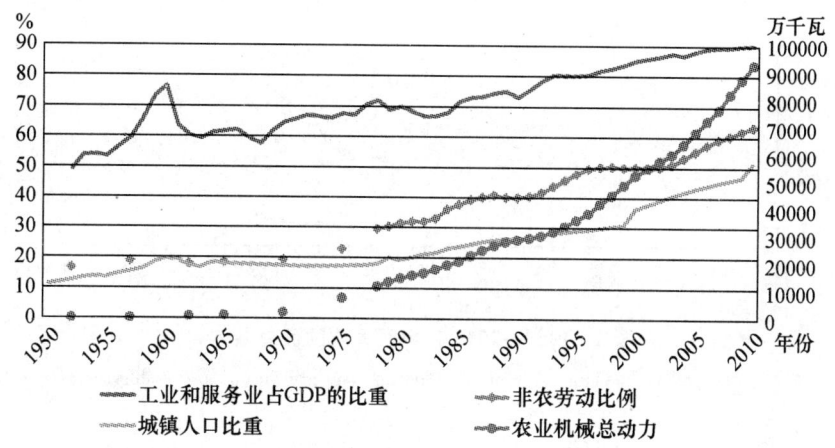

图2 1950—2010年中国的工业化、城镇化和农业现代化进程

资料来源：国家统计局。

与此同时，农业机械化则远远滞后于工业化发展，改革开放以前几乎停滞，90年代虽有增长但进展缓慢，直到21世纪才得以快速增长（见图2）。改革开放初期，农业有大量剩余劳动力积蓄，农业问题重点在于提高农业劳动生产率,节约土地,保证食品供给。据统计,1978—1995 年农业机械化方面的发展主要是小型农机具的增长,年平均增长率为 11%,而大中型农机具增长率仅为 1%;1995—2011 年,乡城劳动力流动激增的同时,大中型农机具也高速增长,为 12.5%—13.0%,起到了节约劳动的作用,得以释放大量的农业劳动力(蔡昉,2014)。

图 3 为反映经济增长的人均 GNI 数值。此外,改革开放以后的经济增长也同时惠及城乡居民的收入,1978—2011 年居民收入以年均 7.4% 的速度增长,在 20 世纪 80 年代和 2004 年以后的两段时期,农村居民收入提高速度快于城市居民(蔡昉,2014)。

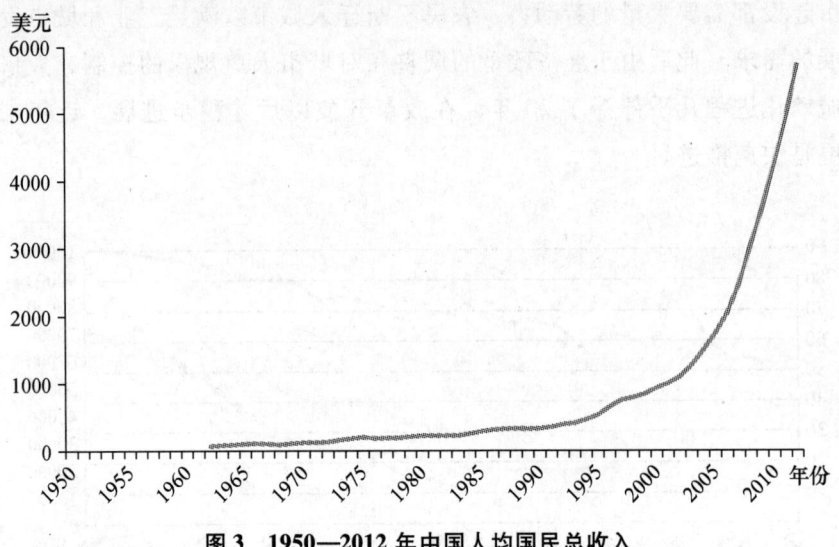

图 3　1950—2012 年中国人均国民总收入

资料来源:世界银行(http://databank.worldbank.org/data/views/reports/tableview.aspx#)。

三　改革开放前的人口迁移流动(1950—1977 年)

改革开放前的人口迁移流动,由于经济发展和政策等原因,经历了大起大落,之后长期陷入低谷。综合考虑政治经济与相关政策的变化和人口迁移的变化，可以把这段时期分为三个阶段，即人口迁移增长的第一阶段（1950—1958年）、人口迁移持续衰退的第二阶段（1959—1967年）、人口迁移几乎停滞的第三阶段（1968—1977年）（段成荣，2001）。

第一阶段是中国人口迁移的高度活跃时期。1953—1957年的国民经济发展计划，是在三年经济恢复的基础上实施的第一个五年计划，其基本任务是集中力量发展重工业。国家新建和扩建了大量工矿企业，对劳动力的需求激增。在城镇劳动力充分就业的同时，还新增大量职工。例如，国有职工人数从1952年的1580万人增加到1958年的4532万人，并在1960年达到峰值5044万人。[1] 而全民所有制工业部门职工从1952年的510万人增至1958年的2316万人，绝大部分新增职工来自农村（马侠，1987a），极大地带动了农村人口向城市迁移。与此同时，国家为了调整工业布局，将一部分沿海城市的工厂企业迁往内地，此外，还有组织地从人口稠密地区向地广人稀的东北和西北地区集体移民垦荒。这段时期的发展和调整形成了人口迁移流动的高度活跃。估计这段时期的迁移量在每年2000万—3000万人（马侠，1987a），并逐步增长，在1958年达到高峰（陈玉光，1988）。据估计1958年的迁移率远远高于1977年的水平，也明显高于20世纪80年代后期的迁移水平（Liang and White，1996；段成荣，2001）。有学者认为，这段时期中国劳动市场运行效果良好，实现了国营、集体、公私合营、私营和个体经济并存的多种形式就业，就业率极高。根据"中国74城镇人口迁移调查"的结果估算，1949—1960年特大城市人口的迁入主要为经济原因（包括工作调动、分配工作、培训、招工顶替等），占70.7%（陈玉光，1988）。虽然自1951年起公安系统开始对城市进行户籍管理，并也注意到农村劳动力大量进入城市的现象，但当时政府对迁入和迁出没有限制，仅要求进行登记。

20世纪50年代从人口密度高的沿海和内地省份向东北、西北和云贵地区的有组织集体迁移，或多或少地增加了迁入地的人口，提升

---

[1] 国家统计局：《新中国60年统计资料汇编》，中国统计出版社2009年版。

了这些地区的人口密度。以东北为例，19世纪末至20世纪40年代累计从关内向东北三省迁移人口为3000万左右（田方、林发棠，1986），而在新中国成立初期人口1000万左右的黑龙江，仅在1949—1961年总净迁入人口达510.1万（田方、林发棠，1986）。作为主要迁出地的山东、河南、安徽、江苏、上海以及四川等地，人口密度有所降低。

1950—1958年从农村向城市或城市间的人口迁移高度活跃，形成了中国城市的基本格局，推动了城镇化进程。虽然改革开放前更多的迁移活动发生在省内的县际和乡际之间，有学者估计在1950—1982年累计约有7800万人从农村迁入城镇（马侠，1987）；非自然人口增长占改革开放前城镇人口增长的1/3，而有些城市则高达68%（田方、林发棠，1986）。特别需要指出的是，这段时期的人口迁移大多是户籍随迁移变更的迁移，不同于当前主要为人户分离的"流动"。这些迁移者，特别是进城务工的农民，迁入城市后即成为城市居民，他们构成了产业工人的主要组成部分。根据中国74城镇人口迁移调查统计，调查涉及的多数省会城市的迁入人口占本市总人口的35%左右，占新建省会人口的比例更高，而在新兴工业城市中，迁入人口所占比例多在50%以上（马侠，1987b）。

1959—1967年的第二阶段，经历了"大跃进"后的三年困难时期和国家经济政策调整，虽然此后经济得以恢复，但是工矿企业吸收职工速度放慢，城市人口已近"饱和"。1958年政府开始制定户口登记制度、着手控制城市人口的迁入，1959年后政策实施并逐渐取得效果。此外，国家在第二个五年计划之后基本停止了农业集体移民。在此阶段，人口迁移活动逐渐低落，迁移人口逐年下降。1967年的迁移水平降至最低点（段成荣，2001）。尽管中国的工业化进程在这段时期仍未停顿，但是城镇化却没有相应地推进，如图2所示，城镇人口比重在这段时期基本没有变化。

1968—1977年，人口的迁移流动尤其是跨省流动基本停滞。全国人口流动规模在1967—1969年是500万—600万人，此后一直维持在每年1100万—1600万人（马侠，1987）。尽管有1968年后的城市知识青年上山下乡，10年间总共迁出1600万人左右（田方、林发棠，1986），虽然导致城镇人口的减少，但不足以影响全国人口迁移的大趋势。

在第二阶段和第三阶段，由于国家开始控制人口流动，尤其严格限制城市人口迁入，城市人口增长总体上陷于停滞，个别城市则有增长或收缩。以上海为例，该市人口从1949年年底的773万人增长到1957年的1009.6万人，在此期间除自然增长外，还经历了1951—1954年84万人的净迁入，1955—1956年的近60万人净迁出，以及1957年的26万人净迁入。此后在1958年和1961—1962年两次分别净迁出32.7万人和31万人，1968—1972年知识青年上山下乡108万人，还有大批干部和知识分子下放农村或干校，1968—1977年10年间净迁出100万人。上海市人口几经起落，至1977年还不到1957年的规模（田方、林发棠，1986）。考虑到人口自然增长，这段时期上海城市人口为净迁出。这样的城市化发展速度，显然滞后于经济发展和工业化进程。

回顾改革开放前的人口迁移流动，尽管其发展变化具有明显的阶段性，相当大成分是政策干预的结果，但对中国人口地理分布和城镇化都产生了重要影响，其中规模最大、影响最显著的是1950—1958年的人口迁移。这个阶段的迁移流向有两个特点，一是以区域经济发展和工业化为导向、就业市场驱动的从农村向城市的迁移；二是国家计划主导的、有组织的集体跨地区迁移。前者推动了中国的工业化进程和城镇建设，后者在一定程度上影响了中国人口密度较高和较低地区的人口分布。不过，从长期比较两类迁移，经济和就业驱动的从农村迁入城市的人口，除少数因经济政策调整或退休返乡外，大部分都在城市中稳定下来，而有组织的跨地区迁移在控制弱化后，则有明显的返迁现象。

四 改革开放后的人口流动
（1978—2000 年）

随着1978年年末开始的改革开放进程，政府对人口迁移流动的限制逐渐宽松，以劳动市场为导向的经济型人口流动日趋活跃，中国人口的迁移流动进入了一个新阶段。根据人口流动的特征和发展态势，可将这个时期的人口流动发展进程划分为三个阶段，即1978—1983年的平稳发展期，1984—1994年的渐趋增强期，1995—2000年的高度活跃期（王桂新，2004）。根据20世纪80年代以后的人口普查和人口抽样调查结果，图4列出了1982—2010年中国国内迁移流动规模及其增长率的变化。

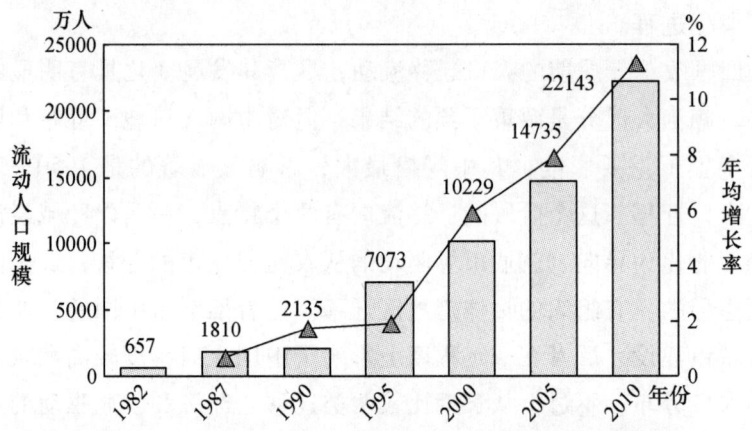

图4　1982—2010年中国流动人口规模及年均增长率

资料来源：根据历次全国人口普查和全国1%人口抽样调查数据估算。

改革开放初期，城市建设处于恢复期，人口的迁移流动以10年社会动荡后的返迁和回城为主，此后迁移量很快回落。农村居民率先从家庭联产承包责任制的改革中受益，收入很快提高。由于政府在迁移流动方面仍沿袭限制政策，加之鼓励乡镇企业发展，试图将超过1亿人规模的农村剩余劳动力就地转移（即"离土不离乡"），这个阶段的人口流动尚不活跃，有限的流动主要发生在省内，全国为1400万—2300万人，省际迁移每年不到100万人（王桂新，2004）。

1984年以后，与迁移流动相关的人口、社会经济和政策因素发生了重大变化。20世纪60年代出生高峰时出生的人口陆续进入劳动年龄，新增青年劳动力不断增长；随着农村改革步伐加快和技术发展、农业生产率的提升，农业剩余劳动力进一步释放，乡镇企业的发展速度不足以满足农村人口的就业。与此同时，城市建设步伐加快，沿海经济发展增速，尤其是沿海经济特区的建立和劳动密集型产业与工商服务业的兴起，产生了日益增长的劳动力需求。在非农就业方面，计划经济时期的制度开始发生变化，劳动力市场初步建立，为农村劳动力到城镇就业提供了机会、创造了条件。在居民收入方面，城乡差距和地区差距越来越大，更加强了迁移流动的推动力。

第二阶段在人口变化和城乡经济发展的同时，更为重要的是与劳动力流动相关的政策在国家层次和省市层次都发生了重大变化。1984年国务院颁布通知，允许农民进镇落户；1985年开始实施居民身份证制度，城乡居民有了可随身携带的个人身份法律证件，相对此前只有户口簿而言，使"人迁户不迁"成为合法行为，更有利于迁移流动。1985年中央1号文件提出允许农民进城务工经商；1987年中央政治局会议再次明确提出允许农村剩余劳动力向劳动力紧张地区流动；1988年劳动与人力资源部发文，建议将劳务输出作为贫困地区劳动力资源开发的重点，组织劳动力跨地区流动（张妍，2014）。各大城市也在1985年以后陆续发布文件或相关规定，支持和鼓励外来人员进城，繁荣经济、发展第三产业（段成荣，2001）。

1984—1990年，在改革开放后的社会经济发展和政策变化的共同驱动下，人口流动力度持续增强，农村向城市的劳动力流动稳定发展，省级迁移人口规模由每年120万左右增加到320万，农村迁出人口占了流动人口的主体（王桂新，2004）。不过，由于控制流动的政策并未消除，还有收紧控制的趋势，如1989年3月国务院办公厅发文要求川、苏、鲁、浙、豫等省政府劝阻本省民工外流（张妍，2014）。此外，城市中的住房、粮油以及部分日用品等仍按户籍供给，外来人口难以在城市长期定居。因此，这个阶段的流动人口多为单身青壮年，他们往往在节假日和农忙时回家，逐渐形成了季节性的"民工潮"。

改革开放后的第三阶段，即1995—2000年，中国人口流动尤其是跨省或农村向城镇的流动进入了1958年以来的第一个高潮。由于城市人口生育率自20世纪70年代起快速下降，青少年人口已逐年萎缩，而农村同龄人口则相对充裕；农业技术革命和大中型农机具的增长，不仅节约了大量农村劳动力，也降低了农业的劳动强度，使农村特别是人口稠密的传统粮食生产区能够释放更多青壮年劳动力。1992年之后，中国改革开放力度进一步增强，带来了东部沿海地区城市开发及经济建设的高潮，东部沿海地区大量引入外资，创造了更加丰富的劳动就业机会。图5为1979—2008年中国利用外资的情况。

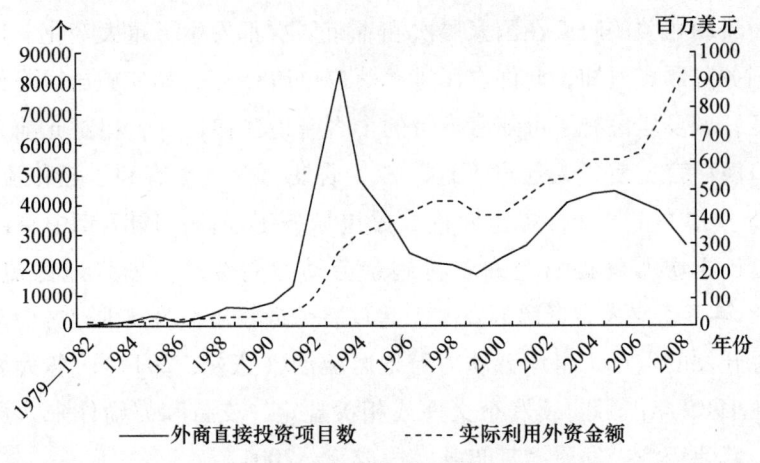

图5　1979—2008年中国利用外资的情况

资料来源：国家统计局：《新中国60年统计资料汇编》，中国统计出版社2009年版。

另外，城市的住房、粮油及日常生活用品供给的市场化，降低了流入人口的生活成本；新一轮户籍改革初步打破城乡壁垒，部分农村居民得以进入小城镇，子女随父母迁移也更为容易。1995—2000年，省级迁移流动急速增加，更多农村女性外出打工，也有更多农民工全家长期居住在城市。与此同时，城市之间的人口流动也逐渐上升，此前以农村居民为主体的流动人口结构发生变化，农村居民在流动人口中的比重下降到60%以下，不过在跨省流动中仍占主流。

总结改革开放后的中国人口迁移流动，在初期发展缓慢，以户籍变化的迁移为主，随着农业生产率提高、城市建设及工业化进程加速，限制人口流动政策的松动，农村向城市的人口流动稳步增长，并在20世纪的最后5年快速发展。从农村流向市镇的人口从1982—1987年的1549万人，增加到1995—2000年的5065万人，形成了延续至今的大规模乡—城人口流动大潮。在1982—2000年，迁移流动人口的主要迁移原因从初期的工作调动（占迁移流动人口的20.6%）、随迁和婚迁（分别占19.8%和15.8%，以女性为主），到1995—2000年转变为务工经商（占30.7%），特别是跨省迁移的务工经商原因已占到64.8%（王桂新，2004），反映了人口迁移流动机制从计划组织为主向市场调节为主的重大改变，与经济发展的关系越来越密切。

在这段时期内，人口迁移流动模式虽仍以农村流入城镇为主，但在这20年也有变化。农村劳动力流出的规模从小到大，并有越来越多的农村妇女加入迁移流动行列，直到近乎占"半壁江山"。但随着农村剩余劳动力的增长势头减弱、潜力逐渐挖掘殆尽，城市间的人口流动逐渐活跃，城—城流动人口比例逐渐上升，乡—城流动比例则呈下降趋势。不过，迁移流动仍集中指向城市，这无疑推动了城市化进程。

由于改革开放后的人口迁移流动是以经济发展和劳动力市场为导向，人口迁移流向随着区域经济发展发生改变。首先，人口集中向东部沿海地区流动的趋势越来越强，东部沿海地区在20世纪90年代以后迁出人口比例逐渐减小，中部地区迁出比例迅速增大，同时迁入中西部地区的人口比例下降；中部地区逐渐成为主要迁出地，甚至90年代后期迁入西部人口比例已经超过中部地区。其次，在东部地区吸引外来劳动力方面，显现出"长三角"（包括上海、江苏、浙江）和"珠三角"的竞争局面；20世纪80年代前期，流入"长三角"的流动人口是"珠三角"的3倍多，到90年代两地基本接近，90年代后期进入"珠三角"的流动人口已是"长三角"的1.7倍，意味着前者当时具有更快的发展势头（王桂新，2004）。

五 人口流动的新动向（2005—2010年）

进入21世纪以后，人口流动更为活跃，流动人口的流量和存量都在增长，人口流动特征也发生了变化。根据2010年的第六次人口普查结果，当年流动人口总量已经增长到2.2亿人，达到了前所未有的规模，占全国总人口的17%左右。上海、广州和北京等城市的当地常住居民中，约有40%是流动人口。大部分流动人口是从农村流动到城市的年轻劳动力，2010年全国流动人口中约有1.5亿人来自农村，省内流动人口中有54%来自农村，跨省流动人口中则有近82%来自农村。不过，省内城市间流动也相当活跃（见表2）。

表2　2005—2010年分迁出、迁入地的流动人口构成　　　单位：%

	城—城	乡—城	乡—乡	城—乡	小计
流动人口合计	34.4	52.7	10.3	2.6	100.0
省内流动	42.9	45.8	8.2	3.2	100.0
跨省流动	17.0	67.0	14.6	1.4	100.0

资料来源：杨舸根据2010年第六次人口普查汇总资料计算。转引自Zheng and Yang. Internal Migration in China: Changes and Trends. In: CZ Guilmoto and GW Jones edts. Contemporary Demographic Transformations in China, India and Indonesia, Springer, 2016。

人口因素仍是吸引和推动劳动力流动的一个重要因素。有研究发现（王桂新等，2012），迁出地人口规模对人口流动的影响（推动流出）仅次于迁入地城镇人均可支配收入（吸引流入）。除了东部农村地区也有人口流出之外，主要人口流出省份都是人口较为密集、农村人口比重较高的人口大省，而且这些地区的生育转变较晚、农村生育水平相对较高，因而能够持续输送大量的年轻劳动年龄人口。东部沿海地区和主要大城市是中国最早完成人口转变的地区，也是最早进入人口老龄化的地区，"长三角"一些地区的人口早在20世纪90年代就开始负增长，这些地区在经济快速发展时期无疑对外来年轻劳动力有巨大需求，而且需要持续引入外来劳动力维持经济发展。以上海2010年人口形势为例（见图6），20—39岁年龄组外来人口数量远远超过户籍人口。外来人口所带来的优势不仅在于数量上，更是年龄优势。正是由于外来劳动力大量补充了本地户籍人口在年轻部分的数量萎缩，才能有效维持上海经济发展的活力。从图6中还可以看到，上海目前居民中20岁以下人口数量远远不足以替换即将退出劳动年龄的人口，按照上海目前经济发展势头，未来还需要源源不断地引进外来年轻劳动力加以补充。上海的情况对其他很多东部城市都具有代表意义。

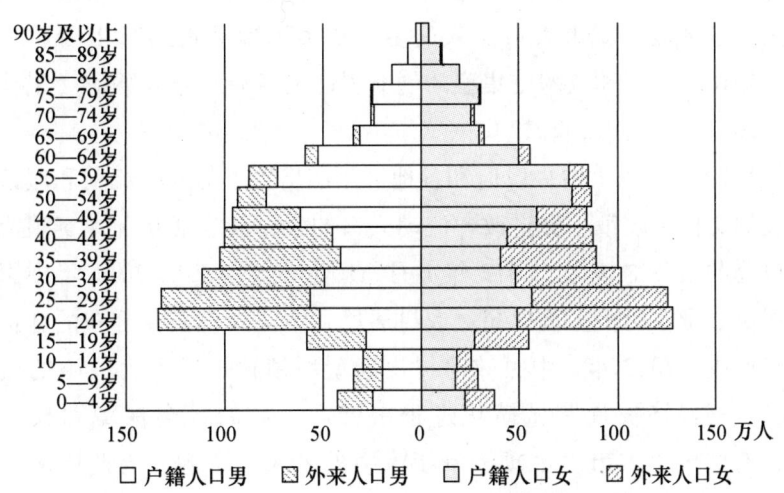

图6　2010年分性别年龄户籍的上海常住人口规模

资料来源：上海市统计局2010年第六次全国人口普查数据。转引自郑真真、杨舸《中国人口流动现状及未来趋势》，《人民论坛》2013年第4期。

中国人口流动的主要趋势一直是从中西部向东部和东南沿海一带流动。20世纪80年代和90年代前期，"珠三角"地区吸引了全国大量劳动力流入。广东省的流入人口规模至今仍在全国居首位，东莞、深圳、中山等城市的流入人口数量已占常住人口的一半以上。不过，劳动力的流动方向对经济变化高度敏感，随着各地经济发展进程和经济形势变化，人口流动的地域特征也发生了局部性变化。90年代以后，"长三角"地区对流入人口的吸引力逐渐增强，与"珠三角"和京津冀共同成为流入人口集中的三大都市圈。21世纪以来，"长三角"地区流入人口增长速度超过"珠三角"地区，其中以浙江流入人口增长幅度最大。2010年的全国第六次人口普查结果显示，流入人口更为集中在"珠三角"、"长三角"、京津冀三大都市圈。不过，尽管广东仍是人口流入最多的省，但对流入人口的吸引力已明显弱化。21世纪的第一个10年流入人口规模增长最快的几个城市是上海、北京、天津和苏州，显示出这些地区更为强大的吸引力，人口流入重心已经从"珠三角"北移到"长三角"地区。天津和福建对流入劳动力吸引力显著增强，显然与近年来滨海新区和闽台经济区的发展密切相关；东部地区城市人口流入的主要拉力因素呈现出高生活质量驱动、知识密集型和技术密集型的创新驱动及高端服务业驱动（王桂新等，2012；于涛方，2012）。

2010年以来，中央政府和各地区相继出台了与人口流动和城镇化相关的文件和政策，促进改善流动人口的工作和生活状况，实现流动人口公共服务均等化。2012年1月，国家统计局宣布2011年中国城市居民数量在历史上首次超过农村居民，中国人口城乡分布的新格局已经形成。2013年，中央政府提出新型城镇化、以人为核心的城镇化，重视经济发展和城镇化进程中流入人口的社会保障和权益问题，有些中小城市出台政策争相吸引外来人力资源。与此同时，在国家层面进行的医疗卫生和养老保障、土地改革等一系列社会政策的改革，都会与人口流动密切相关。而在沿海地区产业结构更新换代的同时，一些大规模工厂企业内迁，对本地青年劳动力产生了吸引力。在人口方面，中西部地区的青年人口也将逐步萎缩，中西部农村的人口老龄化正在加速。在国家和地区政策、经济产业结构以及人口变动的多重影响下，中国人口的迁移流动在未来 10 年将有可能发生新的变化。

参考文献

蔡昉：《破解中国经济发展之谜》，中国社会科学出版社 2014 年版。

陈玉光：《论供给制约型劳动市场与我国城镇人口迁移问题》，《人口与经济》1988 年第 3 期。

段成荣：《中国省际人口迁移研究》，海潮出版社 2001 年版。

葛剑雄：《中国人口发展史》，福建人民出版社 1991 年版。

李宏规：《中国生育节育抽样调查概况》，载《人口动态》编辑部编《中国生育节育抽样调查论文集》，1991 年。

Zai Liang and Michael White, "Internal Migration in China, 1950 – 1988", *Demography*, 1996, Vol. 33 (3): 375 – 384.

马侠：《三十多年来我国的国内人口迁移及今后的展望》，《人口与经济》1987 年第 2 期。

马侠：《当代中国农村人口向城镇的大迁移》，《中国人口科学》，1987 年第 3 期。

马侠、王维志：《中国城镇人口迁移与城镇化研究——中国 74 城镇人口迁移调查》，《人口研究》1988 年第 2 期。

仇为之：《对建国以来人口迁移的初步研究》，《人口与经济》1981 年第 4 期。

田方、林发棠主编：《中国人口迁移》，知识出版社 1986 年版。

杨云彦：《中国人口迁移的规模测算与强度分析》，《中国社会科学》2003 年第 6 期。

王桂新：《改革开放以来中国人口迁移发展的几个特征》，《人口与经济》2004 年第 4 期。

王桂新、潘泽瀚、陆燕秋：《中国省际人口迁移研究区域模式变化及其影响因素》，《中国人口科学》2012 年第 5 期。

于涛方：《中国城市人口流动增长的空间类型及影响因素》，《中国人口科学》2012 年第 4 期。

张妍：《影响我国人口迁移流动的政策回顾：1949—2010 年》，载郑真真、张妍等《中国流动人口：健康与教育》，社会科学文献出版社 2014 年版。

共同的挑战：中美人口转变、社会分层和移民子女教育

贺珍怡[*]

一 引言

中国和美国经常讨论两国的差异，不过这两个国家在某些领域面临类似的挑战，其中之一是应对大规模人口迁移的影响（Roberts，2007）。与此相关的一个重大挑战是如何将移民子女融入教育体系。第一代移民主要是在迁出地接受教育，向上流动的机会很有限。但是对于他们的子女而言，迁入地学校是他们准备进入劳动力市场和融入社会文化的重要站点。考虑到移民子女在学龄人口、未来的公民和劳动力中所占比重逐渐上升，学校系统的成功融合对经济、文化的活力和社会凝聚力有重要影响。虽然第一代移民可能不打算留下来，也不一定希望完全融入，但移民子女一般都是公民，有资格与本地人的孩子享有同等待遇（Alba and Holdaway，2014）。

鉴于教育体系在移民融合中的重要性，本文考察中国农民工子女和美国低技能国际移民子女教育轨迹形成过程的相似程度以及两国经验比较的启示，此外还参考了欧洲的相关研究。

本文主要依据的研究成果包括社科研究理事会教育和迁移研究组

---

[*] 贺珍怡（Jennifer Holdaway），女，英国牛津大学（University of Oxford。在本项目执行期间，为美国社科研究理事会项目主任）。
本文由王杰译，张展新、郑真真校。

(Holdaway, Crul and Roberts, 2009; Alba and Holdaway, 2009) 和移民与发展研究组 (De Wind and Holdaway, 2008a) 的部分研究，纽约市第二代移民研究 (Kasinitz et al., 2008)，学校项目中的移民子女研究 (Alba and Holdaway, 2014)，以及中国社会科学院—美国社科研究理事会共同关注系列研讨会。本文亦旨在将书中维文·路易和韩嘉玲分别撰写的两篇关于教育和移民问题的论文联系起来。

二　中美人口迁移和移民子女

由于过去50年的高迁移率，美国境内的外国出生人口整体上一直在稳步增长。由于本国人口出生率降低，移民子女在学龄人口和年轻成年人口中所占比重很高，2000年时就达到20%（Innocenti Insight, 2009），目前在很多城市的中学和中等以上教育机构中，移民子女已经超过学生总数的一半（Alba and Holdaway, 2014）。尽管美国也出现了高技能移民迁入潮，但是一般认为低技能工人的迁入给社会融合带来更大的挑战，因为他们聚集在迁入国经济中工资最低、最不安全的部门。从20世纪90年代初，注意力也转向了移民子女即第二代移民，他们代表着社会流动代际链中重要的一环。虽然部分移民子女达到或超过本地学生的学习成绩，但另一些移民子女的学业完成率较低。低毕业率以及由于种族、宗教原因出现的社会排斥和歧视问题，导致部分学者预计移民有可能会形成新的城市贫困阶层（Kasinitz et al., 2008; Portes and Rumbaut, 2006; Portes and Zhou, 1993; Gans, 1992），并促使政府机构与慈善组织致力于打破代际贫困链条。

由于中国的规模、地区差异以及发展的不平衡，国内迁移的性质和影响与国际迁移极其相似（Roberts, 2007）。自从20世纪70年代末改革开放以来，随着城乡流动控制的松动和制造业、建筑业和服务业对工人需求量的增加，导致劳动力流动大潮的形成（Murphy, 2002; Solinger, 1999），结果是1/10的中国人在流动（Chan, 2008）。如同在美国一样，城市年轻人中很大比例是移民，并将随着人口老龄化而成为劳动力的核心。中国的国内流动人口和农村的同龄人口相比往往有较高的受教育水平，流动后的收入也相对较高，但是和城镇居民相比，他们在这两方面都处于劣势（Li and Tian，2010；Li，2008）。长期以来在居住和享受不同服务方面的限制以及对农村出身的歧视，意味着中国的国内流动人口和发达国家的国际移民相似，在享有服务不平等和社会排斥方面面临着诸多同样的问题。如同美国在这方面的担忧，随着越来越多的流动人口及其子女在城市定居，如果没有协同一致的对策，他们可能会形成新的并持久存在的城市下层阶级（Chan and Buckingham，2008；Li，2008）。如果像预测的那样，劳动力短缺将导致中国到21世纪中叶成为移民迁入国，随着不仅相邻国家而且非洲和其他地区的工人很可能进入中国劳动力市场，这种挑战将变得更加复杂。

三　国内和国际移民研究中的移民子女

在国内和国际移民研究中，关于移民子女的思考方式相当不同。在美国，研究重点大多放在迁入地的移民子女上面。未随父母迁移的子女往往会被忽略，只是最近才成为跨国家庭研究的一个分支并在护理链的文献中出现（Mazzucato and Schans，2008；Smith，2006；Parrenas，2005），也有研究讨论了他们的教育预期和结果如何影响那些在美国长大的孩子。然而，出生在美国的移民子女是美国公民，因此政府承受着经济和道义双重压力来推动他们的融合（Alba and Holdaway，2014）。于是形成了一个小研究领域，分析移民子女教育获得及其决定因素（例如，Louie，2012；Kasinitz et al.，2008；Portes and Rumbaut，2006；Louie，2004；Rumbaut and Portes，2001；Suarez-Orozco and Suarez-Orozco，2001；Zhou and Bankston，1999；Gibson，1988）。虽然一般认为，在迁入国出生的孩子和年幼迁入该地的孩子在很多方面只有程度上的差异，但是公民身份的问题仍很重要，尤其是父母没有居住证件的情况，比如在美国的许多墨西哥人。

中国由于户籍制度的限制，直到现在，孩子一般会留在农村而不随父母迁移。已有不少对"留守儿童"的研究（例如，叶敬忠，2008）。随着对城乡流动控制的放松和城镇化的推进，举家迁移逐渐增加，越来越多的流动人口子女在城市中长大。自 20 世纪 90 年代初，研究人员已开始关注这些儿童的教育需求和社会需求。然而，中国对流动人口的研究所使用的分类不同于美国。中国研究者通常用"新生代农民工"或"第二代农民工"的称谓，也被称为"80 后"或"90 后"，现在这部分人在中国的 1.5 亿流动壮劳力中所占比重高达 2/3。虽然他们可能是流动人口的子女，或只是稍后加入流动大潮的流动人口，但这些年轻人和第一代农民工在很多重要方面都有所不同。有些新生代农民工在城市中长大，从未经历过改革后的农村生活，他们和上一代人截然不同。通过电视和接触返乡农民工，工业化和城市生活方式早已渗透到他们之中。很多新生代农民工从未从事过农业劳动，父母从小就期望他们会迁移到城市，不仅是经济原因，也是为了能够享受城市的生活方式（Han，2010a）。因此，除了概念上有所不同，新生代农民工和发达国家的移民子女相似，也面临政策和体制适应方面的类似挑战。

四 比较教育系统在融合移民子女方面的有效性：来自美国的发现

直到最近十年左右，大多数关于移民融合的研究是在不同国家的国内背景下分别开展的。虽然在某种程度上形成了分析移民群体和迁入地环境相互作用的研究框架（Portes and Rumbaut, 2006），但是由于研究是在单个国家内进行的，体制和政策环境实际上保持不变。因此，这项工作的重点是根据移民的特点（教育水平、工作经验、语言、宗教、文化取向、社交网络和资本等），研究包括劳动力市场的参与和收入以及政治参与等结果，以及后来有关子女教育和其他结果（Kasinitz et al., 2008; Portes and Rumbaut, 2006; Rumbaut and

Portes, 2001; Zhou and Bankston, 1999; Gibson, 1988)。

不过最近出现的研究趋势是关于融合进程的跨国比较，以及分析制度安排和政策在形成移民子女融合方式中的作用。欧洲早于美国出现这个趋势，部分原因是由于欧洲提供了自然实验的环境，欧洲有来自同一个迁出国（如土耳其和摩洛哥）而迁移到了有着不同的教育体系和社会保护体制的迁入国的移民（Crul, 2010; Crul and Vermuelen, 2003; Crul and Schneider, 2009）。最初的比较政策研究聚焦跨国移民，内容包括准入和公民资格的要求、语言教育和多元文化政策（Castles & Miller, 2003; Favell, 2001; Freeman, 2004）。近期趋势是研究可能在不同程度上影响移民子女的一般性制度和政策安排的国家间差异，涉及教育体系、劳动力市场规制、政教关系等（例如，Crul, 2010; Crul and Schneider, 2009; Holdaway, Crul and Roberts, 2009; Sunier, 2009; Alba, 2009）。这种趋势的部分推力来自关于教育成果的重要国际研究，例如，国际学生评估项目（简称PISA），该评估显示，背景相似的移民子女在不同的国家会出现相当不同的结果（PISA, 2006, 2001）。不同的异族通婚率、移民子女和当地儿童之间社会政治关系的紧张程度也预示着实现社会融合的不同能力（关于这类文献的总结和讨论参见 Alba and Holdaway, 2014; Holdaway et al., 2009）。

作为移民子女和本地儿童接触的主要场所，教育对于融合进程无疑是至关重要的，是年轻人走向劳动力市场和公民身份的准备阶段。由于种种原因，低技能劳工移民的孩子在学校往往处于劣势地位。他们的父母通常教育水平较低，工作时间长，没有时间来指导孩子的学习。他们也可能讲不同的语言，难以与教师以及学校行政人员沟通。移民子女往往生活在拥挤的环境中，不能安静地学习，也可能要帮助他们的父母工作或照顾弟弟妹妹。与此同时，大多数相关研究发现，尽管他们也许并不熟悉实现路径，但移民子女及其父母都对受教育有很高期望。包括阶级构成和社会文化资本在内的社会因素也会起到重要作用（Louie, 2012, 2004; Alba and Holdaway, 2009; Kasinitz et al., 2008; Portes and Rumbaut, 2006; Portes and Zhou, 1993）。

教育系统经常会强化现有的社会分层格局，但是也可以成为社会流动的机制。关于移民子女教育成果的比较研究发现，在所有情况下，一些移民家庭出身的学生在学校都做得非常好，至少与他们的父母相比要更好。但与本地家庭儿童的平均水平相比，大部分移民子女处于不利地位，且在不同结构和特征的教育系统之下，移民和本地人之间的差距幅度都相似。这个差距在教育阶梯的下端最为明显，来自移民家庭的孩子一般有较大可能在未取得劳动力市场所需资质之前就离开学校（Alba and Holdaway，2014）。最近的一项研究比较了法国、荷兰、美国和英国的教育成果，发现除英国外的本地家庭子女的额外优势接近2∶1，而对于美国的墨西哥裔青年与英裔青年来说，后者的优势更高。通常情况下，男性辍学率高于女性，后果是移民出身的年轻男性难免陷入迁入社会的劳动力市场底层（Alba and Holdaway，2014）。

位于教育高端的群体差异较大，尽管本地家庭出身的年轻人仍有明显优势。以极端情况为例，美国墨西哥裔和英裔青年相比，后者获取大学学位的额外优势是2∶1。甚至在大专院校入学的学生中，也存在院校质量差异，工人阶级移民的子女集中在选择性较少的高等学校，而且接受研究生教育和专业教育的人偏低（Alba and Holdaway，2014）。英国也明显有类似的情况，移民子女上的是学生人数较多的大学（Waters et al.，2014）。比较大学入学难易程度不同的国家，在较低学位文凭可普遍获得的国家，竞争场所提升到教育体系的更高层。尽管迄今为止，没有研究分析大学质量和地位差别对于就业的影响，但很可能是更开放的教育系统使更多的移民子女从事辅助专职和"粉领"职业，同时将他们排斥在声望和薪金最高的职业之外；而筛选严格的制度会使大量的移民子女从事蓝领或者服务行业，但是却可以使他们中的一少部分进入精英职业（Alba and Holdaway，2014；Schnell et al.，2013）。

除了个人、家庭和社区层面的变量，美国和欧洲的研究已经表明，教育政策和制度安排对于塑造移民子女受教育程度也同样重要。在很多体系中，多因素交织，且正面和负面条件共存，因此很难将制度差别的作用独立出来；跨体制的教育通道的关键转折点也不同。不过仍可从比较研究中提炼出一些启示：

·通过学前教育课程增加接触时间，并延长在校时间和年数；

·通过调整资金和其他资源来减少学校之间的不平等，并尽可能为有更多需求的移民学生提供额外资金；

·缩小班级规模，提高教师素质（包括教师要更多了解关于移民学生的需求）；

·向移民社区提供资源，支持辅助的教育服务，包括课后和暑期项目以及辅导项目；

·确定教育进程的关键点（包括对高等教育机会至关重要的考试知识及有关常识），为移民学生提供有针对性的支持；

·推迟选择，灵活的教育途径，以及有重新接受教育的机会；

·通过实习和学徒训练，为从学校到工作的过渡做好准备；

·提供资金支持，使更多移民出身的年轻人得以完成中等以上教育；

·加强学校和社区间的联系，使移民学生的父母在学校治理中发挥更积极的作用；

·推行"双赢"政策，避免占据优势地位的父母采取"反向"策略。

（Alba and Holdaway, 2014, 2010; Schnell et al., 2013; Holdaway et al., 2009; Crul and Schneider, 2009; Heckmann, 2008; Crul and Vermoelen, 2003）

五 中国教育制度和流动人口子女

2000 年第五次全国人口普查统计，中国有将近 2000 万流动人口子女，估计北京义务教育阶段的流动儿童人数为 28 万（韩嘉玲，2007）或 30 万（Nielson et al., 2006），接近本市 10% 的学龄人口。除了语言障碍，农民工子女和国际移民子女在家庭背景特征上有很多相似之处，包括父母的教育程度较低、流动性强、居住集中以及住房条件差。他们还受到社会排斥，由于口音、衣着和行为（或被称作素质）被视为外来人口。

尽管有这些挑战，如同国际移民（Feliciano，2005）那样，农民工及其子女仍然可以自我选择。外来务工的父母往往处在迁出地的社会高端，其迁移行为本身也表明了他们志存高远，并愿意为实现向上流动而努力工作和做出牺牲。和国际移民一样，流动人口中的父母和子女都渴望第二代不再从事父辈那样的低工资和艰苦的职业，他们也倾向于有较高的教育期望。与此同时，新一代或者第二代农民工对于歧视比第一代农民工要更敏感。他们认为自己是城里人，也寻求像城市居民一样得到承认和尊重（Han，2010a；Wang Gan，2010）。

同时，与很多发达国家的移民子女比起来，中国的农民工子女在获得教育机会上的劣势更加明显。20 世纪 90 年代初，农民工子女的教育问题开始得到关注，政府最初的政策是坚持农民工子女在农村地区接受教育，只有在特殊情况下农民工子女才能申请在城市的学校就读（当时称借读）。由此带来的结果是，满足农民工子女教育需求的民办学校涌现，并在 1998 年得到政府实际承认后加速增长（韩嘉玲，2007）。

2001 年的《国务院关于基础教育改革与发展的决定》以及 2006 年的《义务教育法》改变了之前的方针，规定了地方政府有责任为所有的儿童提供义务教育，儿童应该就近入学。随后颁布的政策规定，流入地城市的学校应该为农民工子女做出相关规定，减少或消除歧视性的收费，但实际上仍然存在很多障碍（Han，2010a，2007；Wang Gan，2010）。最重要的是，要求城市学校接收农民工子女的政策并未有附加的资金支持。用于城市学校的资金仍然是基于有城市户口的学龄儿童人数，农民工子女要在城市公立学校就读仍需交借读费。虽然国家限制收费，许多学校仍要求"自愿捐款"，数额高达每学期几千元，这让很多农民工父母难以承受（韩嘉玲，2007）。一项研究发现，农民工为子女教育平均每年支付 2450 元人民币，接近其收入的 20%，如果是打工子弟学校，则每年缴费要少于 1000 元人民币（Han，2010b）。另一项调查发现，36% 的受访农民工认为子女教育费用是主要压力来源（Li and Tian，2010）。

然而，流入地可以自由执行他们认为合适的国家规定，有的地方在尝试更为宽松的政策，减免费用，并坚持本地学校要接收农民工子弟（Han，2009）。2009年，上海花费超过5.43亿美元，以确保所有农民工子弟有机会获得免费教育。由于出生率的下降，城市学龄人口减少，城市学校原则上有足够的资源在不增加经费的情况下容纳农民工子女。但是，农民工父母（尤其是非正规部门就业者）很难获得证明居住所需要的许多文件，因为流动人口都集中在城郊地区，在可入学地点和需求之间存在地理失配问题。高质量城市学校的需求很高，并有严格的入学限制以尽量维持小班制（韩嘉玲，2007）。由于这些原因，农民工子弟学校依旧在运行。虽然这些学校满足了流动儿童的重要需求，并且对他们也更为欢迎，但是民办学校的资源和教师的教学准备与经验远远低于公立学校（Ma et al.，2008）。农民工子弟更易被社会孤立，也更不善于交友和发展社交网络，这些特点都可能导致他们局限于初级劳动力市场（Han，2010b）。

中国教育体系也显示出了在美国和欧洲可观察到的"反向性"（Alba and Holdaway，2014，2010），处于优势地位的家长想方设法规避有利于平等竞争的政策。辅助教育起到了助长不平等的作用，富裕的中国家长把孩子送到应试班和聘请家教，让他们参加各种文化项目。正如在其他国家那样，放宽农民工子女进入教育系统低端的准入条件，该政策本身是可取的，但可能使竞争场所上移到高考或者更高层次。尽管入学考试已推后，进入中学仍然是中国教育通道上的一个关键点，因为它决定了学生未来就读高中的质量，以及通过高考的概率（Wang Gan，2010）。

中国教育系统的一个特点是进入高等教育的方式，这也是妨碍农民工子女机会的一个独特之处。学生必须在原籍参加高考，课程的差异意味着学生必须在未来参加高考的省份就读高中。由此带来的结果是，有着乐观教育前景的学生读完初中后要回到农村。这通常是一个困难的调整。此外，由于外省的学生高考分数必须高于本地学生，这种情况大大减少了农民工能够考上名牌大学的机会，这些好的大学大多分布在中国沿海城市（Han, 2010）。

虽然受教育程度的障碍性质已经相当清楚，但很难找到有关农民工子女教育经历和成果的准确数据。一项综合研究估计，有9万或者1/3的农民工子女在300所农民工子弟学校就读，其余的在公立学校就读。但由于农民工子弟学校频繁地建立、关闭，并且大多不是正式注册的，因此很难得到准确的信息。由于类似数据的局限和农民工子女的年龄尚小，有关教育和早期就业的结果的信息也有限。2008年在北京进行的一项调查发现，新生代农民工的受教育年限平均为9.9年，仅仅比北京出生的城市工人少2.5年（这些本地工人的平均年龄比新生代农民工大了1.8岁）。考虑到打算参加高考的年轻人一般都离开了这个城市，这个结果不像预期的那么低（Li, 2010）。在就业方面，似乎"新生代"农民工在收入和职业地位方面正在占据介于第一代农民工和城市居民之间的中间位置。这多少与欧美许多第二代移民的位置相似，他们集中在中档服务业、"粉领"和辅助人员的职业领域（Kasinitz et al., 2008）。在上述两种情形下，一个共同的问题是，这些职业位置是否能成为移民或其子女获得更大流动性的台阶。

六　结论

美国和欧洲的研究发现，大多数教育体系向移民子女提供了一些社会流动机会，包括条件较差的年轻人。但同时这些教育体系剥夺了其他甚至是多数移民子女的机会。在中国的流动人口子女教育方面，似乎呈现出类似的格局。在所有这些问题上，研究者和政策制定者对于成就和差距存在意见分歧，这往往取决于重点是关注亲代流动性还是关注本地或城市儿童与外来流动儿童的差距。这些争论提出了几个问题：（1）儿童为"参与成人社会必不可少的先决条件"所需要具备的最低学历是什么（Fishkin, 1997）；（2）可以合理预计的一代人流动性有多大；（3）可以容忍的结果不平等有多大。这些问题的答案很可能在不同的社会中有所不同，也会随着时间的推移而改变。例如，在美国，第二代移民没有完成义务教育是不可接受的，但是对于"人人都要上大学"是否为可行甚至合理目标这个问题上，却没有太多共识（Rosenbaum，2001）。

"成功"也随之带来了麻烦。较高的教育失败率（无论如何定义）导致了对教育机构以及移民群体本身的社会关注和批评。但是另一方面，当移民子女学习成绩开始超越自己的孩子，并威胁到他们进入名校特权的时候（如在美国的中国和印度移民子女），精英们不会感到高兴。如果一个环境中，收入和教育高度相关，个人高度依赖于收入和其他私人资源以确保得到生活保障和必需品，那么教育的赌注会特别高。

同时，历史表明经济和政治的变化可能会导致教育机会的扩大，尽管这可能仅仅是提升了竞争层次并将竞争过程推向教育体系的更高阶段，但其长期影响仍有意义。美国的案例之一是军人安置法案（GI Bill），该法案使大量的工人阶级在第二次世界大战后进入高等院校；另外一个案例是20世纪60年代纽约城市大学系统的开放招生政策，招收了大量移民和少数族裔的学生（Attewell and Lavin，2007）。

有理由相信，中美两国作为经历人口老龄化和高迁移率的国家，正在进入一个可能发生上述变化的时期。在美国，正如理查德·阿尔巴在《模糊的彩色线》（Alba，2009）中的阐述，婴儿潮一代的退休将提供动力来吸引更多移民和少数族裔背景的年轻人进入更高的教育层次，进而把他们推向经济和社会机构的领导角色。另外，如果美国仍不能为占其人口大部分的群体提供足够的教育，其摇摇欲坠的经济会进一步丧失竞争力。

在中国，正在发生的人口转变和经济转型有所不同，但同样重要。人口老龄化，而且由于计划生育政策在城市中的实施最为严格，因此在教育和劳动市场中占据较高层次的城市人口比农村更快走向老龄化。随着中国婴儿潮一代（计划生育之前的一代）退出劳动力市场，机会将向那些受过教育、可以填补空缺的农民工及其子女开放。同时，虽然关于具体时间点还有争议，但已有共识认为中国已进入了农村剩余劳动力枯竭、劳动力短缺的"刘易斯转折点"，至少在某些领域如此。这就意味着不仅农民工工资会上涨,他们改善社会保障的要求也更有可能实现(Cai, 2008)。考虑到这些因素,中国试图调整发展模式,从依赖低成本制造业转向需要受过更高教育的劳动力、有更高价值的服务业和工业。所有这些因素都有可能促进更多关注转向为农民工子女提供更好的教育机会。

参考文献

韩嘉玲:《流动儿童教育与我国的教育体制改革》,《北京社会科学》2007年第4期。

叶敬忠:《别样童年:中国农村留守儿童》,社会科学文献出版社2008年版。

Alba, Richard, 2009, *Blurring the Color Line: The New Chance for a More Integrated America.* Cambridge: Harvard University Press; and Jennifer Holdaway, 2014, "The Integration Imperative", In Children of Immigrants in Schools: A Comparative Look at Integration in the United States and Europe. New York: New York University Press.

Attewell, Paul and David Lavin, 2007, *Passing the Torch: Does Higher Education for the Disadvantaged Pay Off Across the Generations?* New York: Russell Sage Foundation.

Cai Fang, "Is China's Policy towards Migration Consistent? The Role of Policy and Unfinished Reform", Presentation at the DFID – SSRC UNDP Seminar, Migration and Development in China: 30 Years of Experience, Beijing, December 17, 2008.

Castles, Steven, and Mark Miller, 2003, *The Age of Migration: International Population Movements in the Modern World* (3rd edition), Basingstoke, England: Palgrave – macmillan.

Chan, Kam Wing, 2008, "Internal Labor Migration in China: Trends, Geographical Distribution and Policies", *Proceedings of the United Nations Expert Group Meeting on Population Distribution, Urbanization, Internal Migration and Development.* UN/POP/EGMURB/2008/05,

New York: United Nations: 93 – 122.

Chan, Kam Wing, and Will Buckingham, 2008, "Is China Abolishing the Hukou System?" *The China Quarterly*, 195 September: 582 – 606.

M. Crul, 2010, How do Educational Systems Integrate? Integration of Second – generation Turks in Four Different Institutional Settings, In: The New Dimensions of Diversity: The Children of Immigrants in North America and Western Europe, Eds. R. Alba and M. Waters. New York: New York University Press; and Jens Schneider, 2009, "Integration of Turkish second – generation Men and Women in Germany and the Netherlands: The Impact of Differences in Vocational and Academic Tracking Systems", *Teachers College Record* 111: 1508 – 1527; and Hans Vermeulen, 2003, "The Second Generation in Europe", *International Migration Review* 37, December: 965 – 986.

DeWind, Josh and Jennifer Holdaway, 2008, "A Framework for Linking and Comparing the Development Impacts of Internal and International Migration in Research and Policy", In Josh DeWind and Jennifer Holdaway, eds., *Migration and Development Within and Across Borders*. Geneva: International Organization for Migration.

Favell, Adrian, 2001, *Philosophy of Integration: Immigration and the Idea of Citizenship in France and Britain*, London: Palgrave.

Feliciano, Cynthia, 2005, "Educational Selectivity in U. S. Immigration: How Do Immigrants Compare to Those Left Behind?" Demography – Volume 42, Number 1, February 2005, pp. 131 – 152.

Fishkin, James, 1997, "Liberty versus Equal Opportunity", In L. P. Pojman and R. Westmoreland, eds., *Equality: Selected Readings*. New York: Oxford University Press.

Freeman, Gary, 2004, "Immigrant Incorporation in Western Democracies", *International Migration Review* 38: 945 – 969.

Gans, Herbert, 1992, "Second Generation Decline: Scenarios for the Economic and Ethnic Futures of the Post – 1965 American Immigrants",

Ethnic and Racial Studies, 15 (2): 173 - 192.

Gibson, Margaret, 1988, Accomodation without Assimilation: Sikh Immigrants in an American High School, Cornell University Press.

Halper, Stefan, 2006, *The Beijing Consensus: How China's Authoritarian Model Will Dominate the Twenty - First Century.* New York: Basic Books.

Han Jialing, 2010a, "Rapid Urbanization and the Aspiration and Change of Second Generation Rural - Urban Migrants", Paper presented at the CASS - SSRC International Conference, "Labor Migration and The Integration of New and Second Generation" held in Beijing, August 24 - 25, 2010; 2010b, "Education for Migrant Children", Background paper prepared for the Education for All Global Monitoring Report. *Reaching the Marginalized.* 2010/ED/EFA/MRT/PI/42. Available at http://unesdoc.unesco.org/images/0018/001865/186590e.pdf.

Heckmann, Friedrich, 2008, *Education and Migration: Strategies for the Successful Integration of Migrant Children in European Schools and Societies.* Bamberg: European Forum for Migration Studies; and Richard Alba, 2009, "Introduction: Educating Immigrant Youth: The Role of Institutions and Agency", In Richard Alba and Jennifer Holdaway, eds., *Immigrant Communities and American Schools.* Special issue, *Teachers College Record*, 111 (3): 597 - 615. (Online publication 2008); Maurice Crul and Catrin Roberts, 2009, "Cross - National Comparison of Provision and Outcomes for the Education of the Second Generation", In Jennifer Holdaway, Maurice Crul and Catrin Roberts, eds., *Educating Immigrant Youth: Pathways to Mobility and Citizenship in International Perspective.* Special issue, *Teachers College Record*, 111, (6): 1381 - 1403. (Online publication 2008)

Jacques, Martin, 2009, *When China Rules the World: The End of the Western World and the Birth of a New Global Order.* New York: Penguin Press.

Kasinitz, Philip, John H. Mollenkopf, Mary C. Waters, and Jennifer Holdaway, 2008, *Inheriting the City: the Children of Immigrants Come of Age*, Cambridge: Harvard University Press/Russell Sage Foundation.

Li Chunling, 2010, "Life Satisfaction of the Children of Migrant Workers in Chinese Cities", Paper presented at the CASS – SSRC International Conference, "Labor Migration and The Integration of New and Second Generation" held in Beijing, August 24 – 25, 2010.

Li Peilin and Tian Feng, 2010, "Economic Status and Social Attitudes of Second Generation Migrant Workers in China", Paper presented at the CASS – SSRC International Conference, "Labor Migration and The Integration of New and Second Generation" held in Beijing, August 24 – 25, 2010.

Li Shi, 2008, "Has the Status of Migrant Workers Improved Recently?" Presentation at the DFIDSSRC UNDP Seminar, Migration and Development in China: 30 Years of Experience. Beijing, December 17th, 2008. Available at http://www.ssrc.org/publications/view/8E760C65 – FA55 – DE11 – AFAC – 001CC477EC70/.

Louie Vivian, 2012, Keeping the Immigrant Bargain: the Costs and Rewards of Success in America, New York: Russell Sage Foundation; 2004, Compelled to Excel: Immigration, Education, and Opportunity Among Chinese Americans. Standford University Press.

Ma, Xiaochen, Yujie Bai, Chengfang Liu, Xiaopeng Pang and Scott Rozelle, 2008, "Migrant Schools in China's Capital City: A Descriptive Review of a Representative Migrant Survey", Working Paper, Center for Chinese Agricultural Policy, Institute of Geographical Sciences and Natural Resources Research, Chinese Academy of Sciences, Beijing, China.

Mazzucato, Valentina and Djamila Schans, 2008, "Transnational Families, Children, and the Migration – Development Nexus", SSRC Migration and Development Conference Paper No. 22, February 28 – March 1. In Josh DeWind and Jennifer Holdaway, eds., *Migration and Development: Essays on Future Directions for Research and Policy*. Available at http://www.ssrc.org/programs/migration – and – development – essays – on – future – directions – forresearch – and – policy/.

Murphy, Rachel, 2002, *How Migrant Labor is Changing Rural China*, New York: Cambridge University Press.

Parrenas, Rhacel Salazar, 2005, *Children of Global Migration: Transnational Families and Gendered Woes*. Stanford: Stanford University Press.

Pieke, Frank and Hein Malle, 1999, Eds. *Internal and International Migration: Chinese Perspectives*, Surrey, UK: Curzon.

PISA, 2001, *Knowledge and Skills for Life: First Results from the OECD Programme for International Student Assessment (PISA) 2000*. Paris: OECD; 2006, *Where Immigrant Students Succeed—A Comparative Review of Performance and Engagement in PISA 2003*, Paris: OECD.

Portes, Alejandro and Min Zhou, 1993, "The New Second Generation: Segmented Assimilation and its Variants", *The ANNALS of the American Academy of Political and Social Science*. November, 530 (1): 74 – 96; and Rubén Rumbaut, 2006, *Immigrant America: A Portrait*, 3rd ed. Berkeley: University of California Press.

Roberts, Kenneth, 1997, "China's 'Tidal Wave' of Migrant Labor: What Can We Learn from Mexican Undocumented Migration to the United States?" *International Migration Review*, 31 (2) Summer: 249 – 293.

Rosenbaum, James, 2001, *Beyond College for All: Career Paths for the Forgotten Half*. New York: Russell Sage Foundation.

Rumbaut, Ruben, G. and Alejandro Portes, 2001, Ethnicities: Children of Immigrants in America, University of California Press: Russell Sage Foundation.

Schnell, Philipp, Elif Keskiner & Maurice Crul, 2013, "Success against the Odds", Education Inquiry Vol. 4, No. 1, March 2013, pp.

125 – 147.

Smith, Robert C. , 2006, *Mexican New York: Transnational Lives of New Immigrants*, Berkeley: University of California Press.

Solinger, Dorothy J. , 1999, *Contesting Citizenship in Urban China: Peasant Migrants, the State, and the Logic of the Market.* Berkeley: University of California Press.

Suarez – Orozco, M. and C. Suarez – Orozco, 2001, Children of Immigration. Boston, MA: Harvard University Press.

Sunier, Thijl, 2009, Teaching the Nation: Religious and Ethnic Diversity at State Schools in Britain and the Netherlands, in Holdaway, Crul and Roberts, eds. *Educating Immigrant Youth: Pathways to Mobility and Citizenship in International Perspective.*

Wang Chunguang, 2010, "The Social Integration of New Generation Migrant Workers in Chinese Cities", Paper Presented at the CASS – SSRC International Conference, "Labor Migration and The Integration of New and Second Generation", held in Beijing, August 24 – 25, 2010.

Wang Gan, 2010, "Who Moved my Cheese? Parents Debates on the Internet over the New Policy Regarding Accepting Migrant Children into Beijing's Public Middle Schools", Paper Presented at the CASS – SSRC International Conference, "Labor Migration and The Integration of New and Second Generation", held in Beijing, August 24 – 25, 2010.

Waters, Mary, 2010, "Educational Attainment among the Immigrant Second Generation in the US and the U. K. ", Paper Presented at the CASS – SSRC International Conference, "Labor Migration and The Integration of New and Second Generation", held in Beijing, August 24 – 25, 2010.

Zhou, Min and Carl Bankston, 1999, Growing Up American: How Vietnamese Children Adapt to Life in the United States. New York: Russell Sage Foundation.

就业市场化、社会保障包容与农民工权利均等化

张展新[*]

一 引言

1978年以前，中国社会的一个重要特点是严格限制农村人口向城市流动，形成特殊形态的城乡不平等和阶层结构。从20世纪50年代到60年代，随着户籍制度、劳动就业制度、城市粮油供应制度等相继建立、完善，一个城乡分割体制被人为制造出来。从那时起，农村人口与他们的后代被严格限制在农村和农业。农民和市民的身份和权利不同，城市人口单独享有相对优厚的城市就业、收入、福利等由国家分配和保障的机会和待遇（Cheng and Mark，1994）。因此，在改革开放前的中国，不仅有着一般意义的、发展中国家普遍存在的城乡不平等，而且由于壁垒森严的城乡二元分割，农村人口没有通往城市社会的渠道。这样，城乡不平等被固化和强化，农民成为一个"低级种姓"阶级（Whyte，2010）。

自20世纪80年代起，随着市场化导向改革的扩展和深化，阻碍人口和劳动力流动的各种限制被不断削弱或突破，90年代形成了以农民工为主体的人口流动大潮。对此，学术界最初主要关注地理上的人口跨乡城流动，但很快聚焦这种流动的社会学意义。农村人口，这个

---

[*] 张展新，男，中国社会科学院人口与劳动经济研究所研究员。

过去无缘于城市的社会阶层，是否步入向上流动之路，缩小与城市居民的权益差别？在 90 年代，对这类问题的研讨引发了农民工研究的热潮。从那时到 21 世纪初期，这一领域学术文献的基调偏于悲观。一些研究显示，进城农民工不能获得与城市居民平等的就业、保障权利和公共服务。一项国际比较研究发现，没有城市户口的中国农民工与没有客居国公民权的德国、日本外籍劳工的不利处境非常相似（Solinger，1999a）。对此，当时比较流行的解读是：以户籍制度为基础的城乡分割体制在城市内部得到再生产或复制，农民工成为城市的"二等公民"（李强，2004），城市社会成为新的"二元社会"（陈映芳，2005）。

在过去的十余年间，流动人口数量不断增长，但有关农民工的改革实践呈现出不同的态势。一方面，户籍制度改革没有取得实质性进展。2001 年，中央政府的户籍管理部门提出，以整合城市劳动力市场为导向，深化户籍制度改革。但是，这一全国性改革设想没有得到实施（Wang，2010）。2012 年 2 月，国务院办公厅发出通知，要求"积极稳妥推进户籍制度改革"[1]；但是，2012 年 8 月，有关部门在调研中发现，很多城市对户籍改革有抵触。[2] 国务院于 2014 年 7 月出台《关于进一步推进户籍改革的意见》，提出建立城乡统一的户口登记制度和常住地居住证制度，但是户口迁移政策调整的重点是建制镇、小城市和中等城市，大城市和特大城市还是需要一定的落户限制。这表明，直接关系农民工的户口登记制度在一定时期内将继续存在并发挥作用。

另一方面，2003 年以来，中央政府实施了一些直接或间接影响农民工的重大改革举措。2003 年，开始提出一些关于农民工政策设计的一些新设想。到 2006 年，形成了一整套农民工新政策，宗旨是实现"城乡平等就业"。[3] 随后，农民工权利均等化改革从政策向立法扩

---

[1] 参见 2012 年 2 月发布的《国务院办公厅关于积极稳妥推进户籍管理制度改革的通知》。

[2] 孙莹、姚一然：《发改委酝酿新型城镇化》，《财经国家周刊》2012 年第 17 期。

[3] 参见 2006 年 1 月发布的《国务院关于解决农民工问题的若干意见》。

展。2007年6月颁布的《劳动合同法》定义了包括农民工在内的所有劳动者的平等劳动权利。2010年10月，《社会保险法》获得通过，并在2011年生效，依照本法，农民工获得了公民的社会保险权。还有，向农民工提供与本地市民均等的基本公共服务已经成为各级政府的大政方针。这些可以被视为"权利均等化改革"的举措没有改变农民工的户籍身份，但是看上去对他们是有益的。

在户籍制度改革进展缓慢的背景下，这类权利均等化改革能否有效提升农民工的经济社会地位？那些强调户籍制度重要性的学者倾向于否定其他改革的意义。例如，有研究把近期的有关农民工权利和福利的改革视为作用不明显的"广义"的户籍制度改革，认为在农民工地位方面，户籍制度依然发挥着决定性作用（Chan and Buchingham, 2008）。与之相反，另一研究推断，在21世纪，包容性的社会政策改革大大削弱了针对农民工的制度性歧视，户籍制度的意义随之下降（Zhang, 2014）。就权利均等化改革的理论化而言，该研究探讨的社会政策改革可以成为一个起点。80年代以来的中国经济改革一般被称为"市场导向改革"或"市场转型"。而直到90年代后期，才有社会政策改革。如果社会政策改革是个新事物，那么有必要重新审视中国转型的整体过程，以开发出一种理论模式，来分析、预测目前的权利均等化改革对农民工的影响。

本文以权利均等化改革下的农民工为研究对象，内容安排如下：首先，给出有关中国户籍制度和流动人口的一些注释。其次，提供一个走向市场和社会政策的"双转型"理念，并回顾一些相关文献。基于这样一个理论模型和权利演进的视角，详细考察就业市场化改革和社会保险的包容性改革，重点是这些改革对农民工的影响。本文还将考察随着中国社会政策转型出现的"地方公民资格"现象。最后，提出研究结论，并做一些延伸讨论。

二 关于户籍制度和流动人口的注释

在中国，流动人口这一概念与户籍制度密切相关。改变了常住地，但没有在现住地进行户口登记的国内迁移人口属于流动人口。下面介绍中国的户籍制度和流动人口，目的是为涉及农民工的国际比较研究提供一个知识基础。

(一) 中国的户籍制度

户籍制度，就字面意义而言，指居民登记制度。在1949年以前的中国，很早就有了居民登记制度。新中国成立之后，1951年建立了最初的居民登记制度。在这一时期，户籍管理与世界上其他国家或地区的居民登记管理大致相同。当时只要求城镇地区居民进行户口登记，而且他们可以自由迁徙。随后，户籍管理的范围逐渐扩大到迁移控制，到1958年，建立了户籍制度，这一制度要比正常的居民登记制度复杂得多，而且与刚刚问世的中央计划经济相适应。从1958年到1959年，在"大跃进"的冲击下，户籍制度实际上一度崩溃，但到60年代，又得到恢复 (Cheng and Mark, 1994)。

1978年以前，在成熟的户口登记制度下，每个中国居民要在家乡做户口登记。从50年代起，就以职业为依据划分了农村人口和城市人口，分别按照农业户口和非农业户口进行登记。每个人的户籍由一个"户口登记机构"（通常是当地派出所）来管理。在60年代和70年代，一个人如果到户籍地以外的地方超过三天，就要在那里做临时的户口登记。变更户口登记地要事先审批。从农村向城市迁移不仅要改变居住地，还要变更户口性质，从农业户口转为非农业户口。中央政府对迁移实行集中管理，并进行严格控制 (Chan and Buchingham, 2008)。

关于60年代建立的户籍制度的功能，研究成果比较接近，但也有一些值得讨论的不同之处。一项研究认为，户籍制度发挥四种功能：收集并管理住户和人口信息、为资源配置提供基础、控制国内迁移、监督"目标人群",其中后三个功能是中国所独有的(Wang,2010)。户口决定资源配置的看法似乎被广泛接受,对于那些强调户籍制度对社会关系和社会分层的支配作用的学者来说尤为如此。而上海的一个课题组所做的研究指出,户籍制度有四种社会功能,包括提供居民身份、维持公共秩序、控制城市人口和为政府有关部门提供居民信息,最后一项是户籍制度的辅助功能(《户籍研究》课题组,1989)。根据后一研究,户籍制度与其他制度一起,形成了资源配置机制。过去的一些观察支持这种观点。在20世纪60年代和70年代,大部分资源的配置不是户籍部门,而是由有关的政府主管部门管理的。例如,城市食品供应的主管部门是粮食部,而劳动部负责在城市分配工作。户籍制度对于资源配置只有辅助作用,这意味着,如果某一资源配置的"游戏规则"变了,个人的权利和利益不再与其户籍身份挂钩,户籍制度在这方面就无关紧要了。这是本文探讨权利均等化改革的一个基点。

(二)流动人口

在改革的中国,人口管理和迁移政策有了很大的改变。尽管户籍制度依然存在,但居民可以不做户籍身份变更,到户籍地之外生活、工作。这一重大变化导致了第二类型人口迁移的增长,即非户籍迁移,这不同于过去那种需要政府审批并办理户口动迁的户籍迁移。除了户籍迁移和非户籍迁移,还有其他一些对偶概念,如永久迁移与临时迁移、计划迁移和非计划迁移,这些都在中国迁移研究中有所使用(Fan,2001)。流动人口,即非户籍迁移人口,业已成为大众传播、政策设计和学术研究的通用概念。2013年,中国的流动人口总数达到2.36亿,大约为国家总人口的17.4%。根据户口性质,流动人口由两类子人口组成。持有农业户口的流动农民工及其家属构成第一类,而属于非农业人口的城市间流动人口是第二类,他们也被称为"外来市民"。农村流动人口通称"进城农民工",他们是流动人口的主体。① 一项全国性抽样调查估计，2011年，超过85%的流动人口持有农村户口（国家人口与计生委流动人口服务管理司，2012）。

流动人口的形成与增长改变了中国城市的人口结构。户口有两个维度，一是户口性质（农业户口与非农业户口），二是户口登记地（本地户口和外地户口）；根据这些分类，一个城市的常住人口可以分为四类，如表1所示。一个城市的本地人口（本地农业人口与本地城镇户口的总和）对应着流动人口（外来农民工和城市间流动人口），但本地人口是按照现户口登记地界定的，其中有些人可能是从其他地方迁来的，不是真正意义上的本地人。在中国，大都市和沿海开放城市的流动人口比例通常较高。例如在北京，2010年，超过1/3的常住人口没有北京市的本地户口（张展新、杨思思，2013）。

表1　　　　　　　　　　　城市的常住人口分类

户口登记地	户口性质	
	（1）农业	（2）非农业
（a）本市	本地农业人口	本地城镇人口
（b）外地	非户籍农业人口（农村流动人口）	非户籍城镇人口（城市间流动人口）

注：本表中的"城市"是指一个城市的整个市域，而不是城市的中心市区。

以往的流动人口研究考察农村流动人口，以针对农村户口的歧视为理论导向，采用了比较农民工与主要参照群体——城市职工或居民的"两群体"研究程式。然而，近年来的研究开始开发新的研究取向，城市间流动人口作为第三群体被纳入分析（张展新，2007；杨菊华，2011；郭菲、张展新，2012）。研究人员过去主要关注城乡分割条件下城市人口的制度性优势，现在正在拓展范围，本地人口与非本地人口的户口分割已经被包括进来。

---

① 有关农村流动人口的一项统计指标是针对"外出农民工"的。2013年，农业户口身份、在非农行业就业的农民工总量为26261万，其中外出农民工人数为16336万（国家统计局住户调查办公室，2013）。需要注意的是，外出农民工的统计口径与流动人口的统计口径并不完全一致（张展新、杨思思，2013）。

三 中国的市场转型和社会政策转型

在现代市场经济国家的发展历程中，自由市场机制与国家主导的社会政策扮演了重要角色，但后者的起步较晚。西欧各国在封建社会甚至更早时期，已经有了商品交换和国内外贸易，但土地和劳动力受到社会制度的制约，市场在经济活动中的作用并不是很重要。全新的市场经济制度意味着劳动力、土地、货币等生产要素受市场机制调节。在英国，早在18世纪就有了资本主义工业，但由于行会制度、地方性济贫制度等原因，作为市场经济核心的全国性劳动力市场迟迟不能发育成熟。直到19世纪初期，废除了旧《济贫法》、《斯皮纳姆兰法案》之后，市场经济体制才最后确立（Polanyi，1944）。在西欧各国，市场经济建立之后，为防范自由市场机制的冲击，出现了各种形式的社会自我保护和政府干预，社会政策应运而生。19世纪后期，社会保险的"俾斯麦模式"在德国问世，这是西方国家的早期社会政策改革实践。第二次世界大战之后，欧洲国家的社会政策发展进入福利国家时代，以国家为主体来提供全面的社会保障（周建明，2005）。在当代西方国家，社会政策已经成为降低市场机制的社会风险、保障公民社会权利、促进社会团结与发展的一项基本制度。

苏联和东欧等中央集权社会主义国家的经济改革从最初部分地引入自由市场因素，逐步走向建立市场经济体制。在中国，1984年的改革纲领是实行"有计划的商品经济"，而到1993年，中央政府明确提出建立社会主义市场经济体制的改革目标。关于中国的市场化改革，经济学家主要研究经济效率、资源配置和经济增长。例如，一项研究将1978年到1995年间中国经济体制改革划分为微观管理体制改革、资源配置机制改革和宏观经济环境改革三个阶段，并认为中国经济已经从中央计划体制转变为市场为主配置资源（Lin et al.，1996）。与经济学家不同，社会学家的主要兴趣点不是经济效率，而是市场化改革对权力结构、收入分配和社会分层的影响。例如，倪志伟认为，在中国和苏联等国家的市场转型过程中，以劳动力市场、契约机制、资本市场、企业集团为标志的"市场制度"将逐渐削弱计划经济下的国家再分配权力（Nee，1996）。社会主义国家的经济社会转型是否包含着社会政策改革？在以往有关国家再分配和市场转型的社会学研究中，市场化改革及其效应是讨论的焦点，社会政策不是一个主要议题。然而，有些研究提供了理论线索。例如，倪志伟概括了相关观点，指出：西方福利国家的再分配降低了市场机制带来的不平等，而改革前社会主义国家的再分配体制扩大了社会不平等（Nee，1989）。据此推论，社会主义国家的经济社会变革不仅仅是市场转型，国家再分配机制的一部分应当向现代市场经济的社会政策转变。

从20世纪80年代和90年代，中国市场化改革的一个重要成果是就业市场化——城市劳动力市场的形成与扩张。在改革前，以城市公有制企业和农村人民公社为依托，实行了全面的劳动力行政协调。80年代，个体、私营、外资企业等形式的非公有制经济得到发展，吸引了一批摆脱行政性控制的劳动者，包括数百万进城农民工。到90年代，在这个"新部门"，就业量加速增长，使得公有制部门（国有企业、集体企业和其他公有制单位）的绝对就业量和相对份额都大大下降。如图1所示，1978年，非公有制部门的就业比重几乎为零（0.2%），1989年已经上升到5.5%，然后继续加速，1999年达到54.2%。公有制部门的就业量在萎缩，也进行了一些内部改革，但直到90年代中期，旧的劳动制度没有受到大的触动。然而，从那时起，国企职工中不断出现下岗和失业，开启了就业市场化改革的新阶段——城市劳动力市场整合。

20世纪90年代后期是中国转型的关键时期，不仅就业市场化取得明显进展，还启动了企业劳动保障制度的重大改革，这是社会政策转型的序曲。这一改革之前，在作为就业市场化象征的新部门，就业人员没有任何社会保障，完全处于劳动力市场风险之下。在这种情形下，这些劳动者与欧洲社会政策时代之前，自由市场经济下的工资劳动者非常相似。而在国有企业，职工依然享受着劳动保障，包括医疗保障、养老保障和其他待遇。建立在计划经济时代的企业劳动保障看

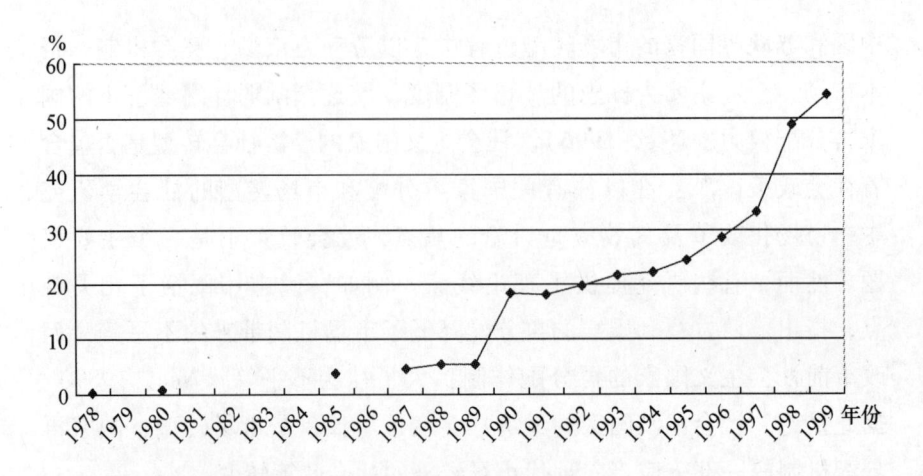

图1　1978—1999年非公有部门在城市就业中的比重变化
资料来源：蔡昉（2008）（一些年份的数字缺失）。

上去与现代市场经济国家的就业关联社会保险类似，但其运行机制有很大不同。这一体系的基础是城乡户口划分和城市工人的就业身份。农村劳动者由于其农业户口被排斥在外；城市户口居民中，只有那些拥有正式就业身份的国家职工才有资格享受全部待遇（Walder，1986）。因此，这一体系不是建立在普遍性公民资格和市场经济基础之上的。自1997年起，这一体系的改革始于建立社会养老保险制度，涉及与企业形成劳动关系的所有工人，无论企业是什么所有制。1998年，开始建立覆盖面相同的医疗保险制度。1999年建立了失业保险制度。这些新举措不是从一种社会保险模式向另一种社会保险模式的调整或转变，而是从国家就业保障到现代社会保险的关键的基础性变革（张展新，2013）。因此，从1980年年底到90年代中期，只有市场转型，没有社会政策建设。① 自90年代后期起，中国开始进入一个新时期：走向市场经济和社会政策的双重转型。

从21世纪初期到最近，就业市场化在深化，而社会政策改革取得明显进展。到2011年，公有制部门的就业比重下降到20.3%，即

---

① 王绍光（2008）给出了类似的观点：从1978年到20世纪90年代中期，中国没有社会政策。

大约4/5的城市劳动者在非公有制部门就业。公有制部门就业收缩的同时，大部分就业关联社会保险的参与率大幅度上升，这意味着新型社会保险让越来越多的非公有制部门劳动者受益。图2显示了在新世纪的第一个10年，城镇职工基本养老保险参与的部门结构变化，这可以说明新型保险的"社会"属性的扩大。以上描述是关于就业市场化和社会政策转型的直观估计。然而，要更好地理解这两个进程，并识别其对流动农民工的影响，需要把公民权利理念纳入理论思考和经验观察。

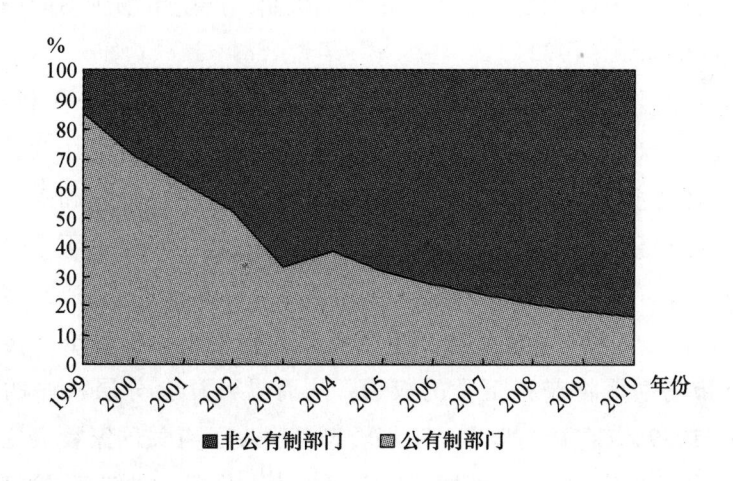

图2　1999—2010年职工基本养老保险参与的部门结构

资料来源：人力资源和社会保障部（2011），第963、999页。

四　有关经济社会转型和公民权演进的研究文献

市场经济和社会政策都关系到公民权演进这一论题。关于社会变革与公民权利演进的一般关系，社会学家T. H. 马歇尔做了开创性研究（Marshall，1950）。在这一基于英国历史分析的研究中，公民资格被定义为一种社会共同体所有成员都享有的地位,这一地位赋予了平等的权利和义务。马歇尔把公民权利划分为包括人身自由、经济自由等个人必需的民事权利(civil rights)、直接参与民主政治活动的政治权利(political rights)及享受基本福利和保障的社会权利(social rights),这三种公民权利在英国的主要发展时期分别是18世纪、19世纪和20世纪。最初,公民权利的核心部分是民事权利,这是市场经济所必需的。到福利国家时代,社会权利成为一类基本的公民权利。马歇尔认为,个人的市场价值不能成为衡量其福利权利的尺度,福利国家的首要功能是控制和纠正市场机制,产生市场所不能产生的结果(Marshall,1972)。

集权社会主义国家市场转型的社会学研究没有从公民权利破题,而是起始于对国家社会主义的再分配机制的考察。泽林尼认为,中央集权的社会主义国家是再分配经济——国家通过中央计划和等级行政组织,把社会产品集中并进行再分配。这一过程中产生了不平等并使之结构化,有利于接近再分配权力的群体(Szelenyi,1978)。市场转型论认为,在从国家再分配到市场经济的转变中,相对于"再分配者",市场主体将获得更大的权力,从而导致社会分层秩序的更迭(Nee,1989)。在社会学界,市场转型论引发了有关国家社会主义市场化改革的论战。[①] 这一领域的研究聚焦收入分配方式转变及其影响,但隐含着市场化改革重构个人权利的思想。按照泽林尼的观点,国家社会主义的基本特征是劳动力的非市场交换,这意味着个人自主择业权这一基本的公民民事权利被剥夺了。因此,在向市场经济转变的过程中,劳动权利的重新界定应该是第一步。在市场转型的研究文献中,对中国农民工的关注很少,而他们可能是受权利重构影响较大的社会群体。

市场转型论的一般推断是,市场化有利于过去无权无势的人;但是,一些有关中国流动农民工的公民权视角研究勾画出了完全不同的

[①] 关于这方面的论战,参见1996年《美国社会学评论》第101卷第4期,该期有市场转型专集;2002年《社会分层与流动研究》第19卷,该期是"市场转型的未来"专集。

图景。新生的市场经济以何种逻辑影响外来农民工的公民权？苏黛瑞引出这一话题，认为国家和市场都在阻碍农民工，使他们难以获得以城市户口为标志的城市公民权（Solinger，1999）。其后果是，抗争中的外来农民工成为城市的二等公民。因此，需要结合制度的历史遗产，来"理解市场化的后果"。"差异性公民权"研究关注同一问题，但更多着眼于现实因素，如全球化背景下，地方政府需要廉价劳动力（Wu，2010）。这些研究不仅质疑市场转型论，而且从一般意义上挑战了马歇尔有关市场经济与公民权发展正相关的论述。

对于上述基于城市公民权或差异性公民权的研究，需要做深入讨论。城市公民权被视为标准的公民权，这一预设不十分可靠（王小章，2009）。在改革前的中国，城市居民的权益不是真正意义上的公民权利（Zhang，2014）。更值得商榷的是，苏黛瑞的观察主要来自20世纪90年代中期及以前，要形成有关中国改革对个人的一般影响和对农民工特殊影响的可信结论，此时还为时尚早。原因是，这是市场化的初期。正如前面讨论过的，在90年代后期之前，城市劳动力市场的发展局限于新兴部门，国有部门还为旧的社会主义就业模式所支配。在这样的局部改革之下，城市劳动力市场尚不能发挥正常的作用。这时，社会政策改革也没有启动。因此，要想提升有关农民工权利均等改革的知识，关键是考察双重转型，特别是2000年以后的就业市场化改革和社会保障的包容性改革。

五 就业市场化与农民工劳动权利的增长

中国的市场化改革在多方面推进，其中，就业市场化直接影响个人的权利和地位。在改革前，城乡劳动者都没有自主就业的权利，但二者的就业方式完全不同。只有城市劳动者才拥有较好的城市就业机会，农村劳动者只能终生从事集体农业，收入低且不稳定。在就业市场化中，劳动力市场机制取代行政性劳动组织，个人获得自由平等的劳动权利，但这一进程对城乡劳动者的作用明显不同。对于城市户口的工人来说，走向平等劳动权利的改革将使他们失去过去的终身就业资格和相应利益。而对于农民工来说，这是一个纯粹的权利增加过程，原因是他们不会失去什么。到目前为止的就业市场化进程可以分为三个阶段：1978—1992年、1993—2002年、2003年至今。

（一）1978—1992年：农村改革与农民工进城就业

1978年以后的改革首先在农村推进。20世纪80年代初期，家庭联产承包责任制全面展开，把农村劳动者从人民公社的"集体劳动"中解放出来。这被解读为私有劳动产权的恢复（Chuang，1989）。尽管一开始依然限制农民向外流动，到80年代中期，农民实际上获得了在城市做临时性工作和居住的权利（Solinger，1999b）。由于这些政策变化和城市新兴部门的出现，自80年代起，农民工开始进入城市。在上海，一项1984年8月开展的调查显示，城市近郊区集中了数量可观的外来流动人口，主要是经营农副产品贸易的外省农民（郑桂珍等，1985）。80年代中期，跨地区、跨城乡的经济联系和商品流动导致流动人口激增，其中外出从业的农民占较大比重（张庆五，1986）。

除了在新兴部门就业，一些农民工在国有部门以非正规方式就业。1986年，国有企业开始在招收新人时，实行劳动合同制工人制度。在这一背景下，国有企业内部出现了三种并列的用工形式：由政府分配的长期工或固定工，城镇合同制工人，农民合同制工人。最后这一种用工形式指持有农业户口、与企业订立合同的农村劳动者。[①]三种形式的工人在权益和待遇上有区别，顺序是从固定工到农民合同制工人。总之在当时，农民工或在新兴部门就业，或在国有部门中以非正规身份就业，但后一个渠道更为困难。

（二）1993—2002年：两种劳动关系并存

1993年，随着社会主义市场经济体制改革目标的确立，国有部门的就业制度成为改革重点。1994年7月颁布了《劳动法》，第二年1月施行。该法律规定了适用所有中国企业的劳动合同关系，这意味着

---

① 1991年7月，国务院发布了《全民所有制企业招收农民合同制工人的规定》，参见http：//www.110.com/fagui/law_2774html。

国有企业固定工制度和对农村劳动力歧视的终结。依照这一法律，从90年代后期起，国有企业实行下岗和再就业制度，国有企业工人开始走向城市劳动力市场。

但是，在这一时期，《劳动法》并没有立即覆盖进城农民工。就在该法律颁布四个月之后，1994年11月，劳动部发布《农村劳动力跨省流动就业管理暂行规定》。这一规定对流动农民工在城市就业做了许多限制，包括（1）本地劳动者拥有就业优先权；（2）招用农民工的行业、工种等要得到有关部门的核准；（3）农民工要在流出地办理审批手续。一些省市区根据这一规定的基本精神，制定了歧视外来农民工的地方性就业政策（李若建等，2007）。这些部门规章和地方政策把农民工视为另类，这明显背离了《劳动法》的普遍性原则。[①]因此，城市中形成了两种劳动关系：一是《劳动法》规定的侧重保护劳动者的合同劳动关系，主要涉及有劳动关系的本地职工；二是根据地方政策、为地方控制、管理服务的农民工劳动关系。

在这一时期，中央政府和地方政府主要关注如何解决国有企业重组的难题，其中最棘手的是来自大量下岗职工的巨大压力。因此，虽然《劳动法》已经定义了平等的就业权利，这一原则一时还不能用于农民工。此时，农民工依然处于无保护的劳动关系之下，地位低于本地工人。但是，尽管存在新的制度性歧视，由于国有企业职工也必须在劳动力市场上与他们竞争，农民工的相对地位有所提升。

（三）2003—2012年：从农民工新政策到劳动合同立法

自2003年起，城乡劳动者平等就业成为大政方针。中央政府要求"对农民工和城镇居民应一视同仁"，取消对农民进城务工就业的职业工种限制。2005年，废止了明显歧视农民工的《农村劳动力跨省流动就业管理暂行规定》，与之有关的地方法规政策也终止了。2006年3月，国务院发出《关于解决农民工问题的若干意见》，这是农民工新政策的体系化。这一政策体系首先强调农民工与其他职工的

[①] 1994年《劳动法》第二条规定：本法适用于中华人民共和国境内的任何企业、个体经济和与之发生劳动关系的劳动者。

工资待遇平等和劳动关系平等。

在实行农民工新政策之后，2008年实施《劳动合同法》。这是就业市场化改革的一个里程碑。与1994年《劳动法》的对应条款相比，《劳动合同法》并没有太大的区别。但是，此时的立法环境是全新的。中国的劳动制度改革的重心已经从国有企业转向劳动力市场整合；不利于农民工的中央、地方法规与政策都清理了。因此，体现在《劳动合同法》之中的劳动关系法律框架适用于所有工人，包括与企业签订合同的农民工。该法律的实施明显提高了农民工的劳动合同签订率。在珠江三角洲的一项抽样调查显示，2009年，与雇主签订书面劳动合同的农民工比例达到62.36%，比2006年提高了近20个百分点（李小瑛、Freeman，2014）。由于就业的流动性等原因，与本地工人相比，农民工的劳动合同签订率还不够高。但最为重要的是，依据《劳动合同法》，法律权利和劳动关系已经统一，对农业和非本地户口身份农民工的制度性歧视已经成为历史。

就业市场化改革尚未完成。一方面，户口身份有时还会派生出不平等的就业权利。例如，在一些城市，没有本地户口的大学毕业生发现很难在机关事业单位和国有企业找到工作，原因是地方政策和一些零星决策只有利于本地的大学毕业生。另一方面，出现了一些新的劳动力市场分割现象，如滥用的劳务派遣工与正规就业的差别。在以上两种情形中，农民工与前一个无关，一些农民工可能被卷入后一情形。就业市场化的进一步改革可能还会影响到农民工，但这种影响力大大小于从前，也小于对其他群体的作用。

六　社会保险包容与农民工的参与权利

20世纪90年代后期启动的社会政策转型推动形成了一个包容性社会保障体系。在以前，只有城市劳动保障制度，这一制度只覆盖公有制单位的职工。现在，这一新的体系由社会保险、社会救助和社会福利组成，城乡劳动者和居民都受益。就业关联社会保险改革把农民工纳入进来，体现了社会保障改革与发展的包容性。

（一）90年代后期：启动社会保险改革

90年代初期开始形成社会保险改革的一般性设想。1993年，在关于建立社会主义市场经济体制的改革纲领中，提出了一些社会保险改革的主要内容，如单位和个人分担城镇职工养老保险和医疗保险的筹资责任，采取"统账结合"的模式，等等。1995年，《劳动法》明确规定，企业为所有签订劳动合同的工人提供劳动保险。在这样的背景下，以建立社会保险为目标的全面改革呼之欲出。

建立社会保险的改革举措起始于1997年。这一年7月，国务院发布决定，建立统一的企业职工基本养老保险制度。1998年，建立了城镇职工基本医疗保险制度。1999年颁布了《失业保险条例》，向城市职工提供失业保护。这意味着参与劳动保险的身份制度的终结。从这一意义上说，参与、享受这些就业关联社会保险制度的管理属于公民资格社会权利，与户口身份和其他身份无关。

但是在初期，社会保险制度改革还没有在实践上表现出普遍性。从1997年到2000年以后的最初几年，新的社会保险制度主要是在公有制企业中推进的。由于改革重点是国有企业职工，其他企业的职工和其他劳动者没有立刻受益于改革（信长星，2008）。两个被一度忽略的劳动群体是公有制部门之外的本地工人和绝大多数外来农民工。与前一群体相比，持农业户口的外来农民工更难被纳入进来，原因是他们并不被视为正式的城市劳动者，正如前面所讨论过的。没有平等劳动权利的外来农民工当然无法获得参加城镇新型社会保险的法律资格，当时的政策规定是这些制度只适用于"城镇职工"。

（二）2004年的包容性工伤保险改革：农民工参与社会保险的一个突破

第一轮社会保险改革5年之后，2004年1月，国务院发布的《工伤保险条例》。这一《条例》依然规定适用于"城镇职工"，这看上去与过去的社会保险法规一样。按照20世纪90年代形成的通识，"城镇职工"并不包括外来农民工。但是，2005年6月，劳动和社会保障部发出通知，明确了农民工参加工伤保险是他们的基本权利。这是中央政府部门首次强调农民工的平等社会保险权利；在过去，没有任何部门就农民工参加 90 年代建立的三项社会保险做出行政解释。在工伤保险制度的推进中，进城农民工开始被视为城市劳动者的一部分，尽管在当时还不清楚这一公平对待原则是否要向其他社会保险项目推广。

（三）2010 年《社会保险法》：定义平等的社会保险权利

2003—2006 年形成的以"城乡平等就业"为宗旨的农民工新政策并不局限于推进平等劳动权利，平等参加社会保险、享受公共服务也是政策目标。这一套新政策对农民工参加工伤保险有直接贡献。在 2006 年前后，是否为农民工单独设立社会保险项目，这一直存在争议。社会保险向农民工开放的地方性试验差异很大，有的地方直接把农民工纳入现有的城镇社会保险体系，有的地方尝试为农民工设立专项保险。单独设保考虑了地方因素和农民工的特殊性，但可能不利于农民工统一参保。

2010 年 10 月，这场争论终于尘埃落定，原因是《社会保险法》颁布并在 2011 年施行。该法律的第一条规定，其立法目的是"规范社会保险关系，维护公民参加社会保险和享受社会保险待遇的合法权益"。该法律的主要内容是定义了有关所有就业关联社会保险项目的公民权利，包括基本养老保险、基本医疗保险、失业保险、工伤保险和生育保险。这部法律的第 95 条是，"进城务工的农村居民依照本法规定参加社会保险"，这非常值得讨论。一般而言，如果社会保险权利以公民资格为基础，所有社会成员无疑拥有这类权利。因此，针对某些社会成员的特殊解释就是多余的。但是，由于在过去，一种心照不宣的解读是农民工不属于城镇职工，第 95 条关于农民工平等社会保险权利的表述是完全必要的。这一"95 条"的故事告诉我们，超越城乡分割的历史遗产、改革正式制度安排、改变对农村户口居民非正式歧视是多么困难。

《社会保险法》确立了就业关联社会保险的制度框架，是包容性社会保险改革的一个里程碑。这一改革是一个"去身份"的过程。在 90 年代后期，改革措施使一些新的社会保险制度向所有拥有非农业户口的城镇职工开放。2000年以后，持农业户口的进城农民工逐渐被纳入这一改革进程中。《社会保险法》界定了以公民资格为基础的社会保险权利，每个劳动者都应该参加、享受各类就业关联社会保险，他们的户籍身份变得无关紧要。这一改革使农民工特别受益，他们虽然没有介入第一轮改革，但最终完全获得了平等权利。包容性社会保障改革还在继续，其中还有些改革将涉及农民工。但是，确立平等权利的就业关联社会保险改革对进城农民工产生了如此直接、特定和巨大的影响，这也许是今后的改革所不能比拟的。

七 权利均等化对农民工的影响：一些初步证据

就业市场化改革和包容性社会保险改革是公民资格的演进，对于农民工的特殊意义是权利均等。在这两个权利均等化改革的作用下，农民工在城市就业和相关社会保险上获得了普遍性的法律权利。在80年代，农民工在城市获得了局部的劳动权利，当时还没有进行社会保险改革。在90年代后期，社会保险改革启程，但实际上没有包括农民工。2000年以后，权利均等化改革从城市就业向就业关联社会保险扩展。2007年起，随着就业和相关社会保险立法改革的推进，农民工最终获得了平等权利。

这些权利均等化改革是否改善了农民工在城市就业和社会保险中的经济社会地位？一个争论的焦点是，法律上界定的权利在多大程度上得到实施。在这一问题上，确有一些不利因素。没有实质性的户籍改革，农民工的户籍身份可能起非正式的作用，甚至有正式的影响，阻碍《劳动合同法》和《社会保险法》的实施。同时，农民工的某些特质，如受教育不足、收入较低等，可能导致各种各样的社会排斥。尽管面临这些挑战，但有理由相信，有关就业和社会保险的制度变迁给农民工带来实质性影响。进城农民工不具有文化先赋性，如民族、种族、种姓、宗教信仰。在过去他们的不利地位完全是由人为的制度性歧视造成的。因此，具有"去身份"特征、走向公民权利的均等化改革应当是强有力的，在缩小他们与城市本地居民之间的不平等方面产生可观测的结果。

最近已有经验研究提供了初步成果，为农民工地位改进的推测提供了支持。一些研究发现，针对农民工的工资性歧视，或者说工资差异的不可解释部分，出现了缩小的势头。这两大群体之间的收入差异来自福利性收入，而不是工资性收入（谢桂华，2007；郭菲、张展新，2012）。近年来，农民工工资收入的增长超过了城市本地工人（李实，2013）。一项计量研究发现，户口歧视对工资差异的贡献从2002年的35.18%下降到2007年的25.08%（庞念伟、陈广汉，2013）。

同时，农民工的就业关联社会保险参与率上升很快，这是农民工获得社会保险权利的有力证明。表2显示了2008—2013年农民工参加四项社会保险的比例。由于外出农民工是农民工总体的一部分，而本地农民工参加社会保险的可能性要比外出农民工低，用表2中的数字估计进城农民工的参保比例是低估的。一些抽样调查提供了进城农民工参保比例的更高的估计。① 尽管有低估，表2展示了进城农民工参保率上升的趋势。

表2　　农民工各类保险参与率情况（2008—2013年）　　单位:%

年份	基本养老保险	基本医疗保险	失业保险	工伤保险
2008	10.7	18.9	6.9	21.9
2009	11.5	18.9	7.2	24.3
2010	13.6	18.9	8.2	26.0
2011	16.4	18.4	9.5	27.0
2012	17.3	19.0	10.3	27.3
2013	18.6	19.1	14.2	27.7

资料来源：人力资源和社会保障部历年的统计公报。参见人力资源和社会保障部网站（http://www.mohrss.gov.cn/）。

---

① 一项全国性抽样调查数据显示，2011年，进城农民工参加养老、医疗、失业和工伤保险的比例分别为19.7%、23.3%、11.2%和23.4%（国家人口和计划生育委员会流动人口服务管理司，2012）。另一项来自5城市调查的抽样数据显示，2011年，进城农民工参加养老和医疗保险的比例分别为24.95%和31.95%（高文书，2014）。

除了进城农民工在城市就业和社会保障中的地位，要评估权利均等化改革的影响，一个更广泛的考察点是他们的阶级地位。差异性公民权研究认为，由于城乡分割的持续，城市中出现了一个外来农民工阶级（Wu，2010）。这个阶级的地位要比城市本地工人低下，原因是外来农民工缺乏基本的城市就业和社会保险权利。与这种看法不同，权利均等化改革研究的隐含推论是，外来农民工正在被整合进城市劳动力大军，一个单一的城市工人阶级正在形成。后一观点从一项有关城市工人议价力的最近研究获得了支持，该研究提出，本地工人和外来农民工的抗争目标正在并拢（李怡乐、罗远航，2014）。关于权利均等化对农民工的正向影响，需要更多的研究证据。

八　地方公民资格与转型中的流动人口

虽然在就业关联社会保险方面，权利均等化进展很大，但进城农民工的社会权利依然是不完整的。他们没有法律资格参加大部分居住关联社会保障，如只对本地户口人口开放的城乡居民养老保险。他们可能面临一些公共服务获取的困难，如子女在公立学校入学。这些问题常常被一些学者用作证据，来论证城乡分割的持续。但是，已经有了一些重要变化。在 20 世纪 90 年代，农民工不能获得平等的城市就业权利，原因是他们的农业户口身份；现在，没有本地户口的外来农民工和外来市民都被排斥在居住关联社会保障之外。过去，在任何城市或地区内部存在着城乡户口的分割，农业户口的本地人不能在附近的城市区域获得正规就业。进入 21 世纪以后，区域内部的城乡户口分割随着城乡一体化迅速削弱。2014 年 2 月，城乡居民社会养老保险合并实施；5 个月之后，中央政府宣布统一城乡户口登记制度。现在，外来农民工遭受排斥，是由于他们的非本地户口，而不是农业户口。与过去不同的另一点是，他们不再单独处于受排斥的地位，因为城市间流动人口的处境是一样的。

为描述和解读这种新的社会权利配置的歧视或排斥格局，这里引入地方公民资格（local citizenship）概念。① 这一概念的提出参照了城市公民资格概念（Solinger，1999b）。按照这一研究，20世纪90年代及以前，以城市户口为标志的城市公民权发挥着类似于西方社会公民权的功能，决定一个人的"全部生活机会"。新世纪的双重转型导致城市公民权的衰落，在就业和相关社会保险领域建立了普遍性公民资格权利，但是在居住关联社会保障和公共服务方面，城市公民资格被地方公民资格所取代。与城市公民资格不同，地方公民资格的象征是本地户口身份，这一身份赋予本地人口居住关联社会权利，来自其他地方的中国公民作为"外地人"被排斥在外。城市公民资格理念是从权利配置视角，对城乡分割的理论概括；与之类似，地方公民资格理念也是权利视角，但用来概括基于户籍身份的"本地—外来"不平等，这是区域分割的产物。② 地方公民资格现象几乎存在于所有城市，但在特别繁荣、流动人口集中的城市更容易观察。③

在实践中，一些社会权利属于完整的（法律的）地方公民资格权利，而另一些则不是。最明显、最常见的完整的地方公民资格权利是最低生活保障的申请资格。根据1999年发布的《城市居民最低生活保障条例》，城市居民要在户口所在地申请最低生活保障待遇。显然，流动人口不能获得这种收入支持。在大部分省份，高等学校入学考试资格局限于本地户口考生，这是多年来的辩论话题（刘希伟，2011）。近年来，在中央政府的推动下，地方政府建立了一些保障房项目，但这类项目通常只对本地居民开放。在上述事例中，根据有关的明文规定，权利与本地户口联系起来，是法律意义上的地方公民资格权利。另外一些社会权利在法律规定上是开放的，或者不与本地户口挂钩，但有关的政策设计和相机决策实际上偏向本地人口。例如，非正规就

---

① 前面提到，权利歧视也发生在城市就业方面，但这是零星的，而且对农民工影响不大。因此，地方公民资格研究主要关注制度性的社会权利歧视。
② 一项研究（张展新，2007）考察了城乡分割衰落和区域分割的兴起。
③ 在改革中国的研究中，"地方公民资格"曾指沿海富裕农村局限于本地村民的福利再分配（Smart and Smart，2011）。这里所使用的"地方公民资格"概念，其适用范围和含义都有所不同。

业的流动人口很难参加就业关联社会保险，尽管《社会保险法》覆盖了所有的城市劳动者。另一实例是，虽然中央政府早已明确了平等对待的入学方针，在一些城市，流动人口子女还是不容易在公立学校就读。这些情形中的权利属于事实上的地方公民资格权利：虽然在正式制度或政策中有明确的规定，但流动人口难以真正享受这些权利。

表3从一些方面比较了过去的城市公民资格权利和现在的地方公民资格权利。两种权利的户籍身份差异不言自明。中央政府于1978年之前建立的城市公民资格权利（或者说城乡分割体制）一直维系到90年代。因此在中国，这一制度具有全国统一性。相反，在地方公民资格权利的建构中，地方政府起了主导作用，同时由于流动人口压力不同，在不同的城市中，地方公民资格问题可能严重、中等或者偏轻。在过去，城市公民资格权利决定了城乡不平等，派生出了地位低下的农民阶级。新的地方公民资格模式造成了本地居民与外来人口之间的不平等，但这种不平等不足以派生出一个城市中的流动人口阶级。原因是，"本地—外来"不平等的范围和强度都大大小于过去的城乡不平等，流动人口的非本地户口身份也不再是终生不变的——他们可以返回户口所在地，重新成为"本地人"。除了表3的比较，地方公民资格还有一个特点，就是这一现象更类似于国际研究所关注的公民权排斥问题（Joppke，1999），原因是地方公民资格有一个明确的"边界"——城市的地理区划。

表3　　城市公民资格权利与地方公民资格权利比较

	城市公民资格权利	地方公民资格权利
户口身份	非农业户口	本地户口
主导者	中央政府	城市政府
受益者	城市职工和居民	城市市域的本地户口居民
受损者	农民/农民工	流动人口（农民工和外来市民）
统一性/差异性	全国统一	城市间差异大
社会后果	城乡不平等；农民和农民工阶层	"本地—外来"不平等

基于户口身份的地方公民资格偏离了普遍性公民资格，但这一现象的出现并非完全偶然。市场化改革的方式和相应的经济增长模式在很大程度上影响了社会政策转型的路径选择。关于中国的经济改革，一种解释是分权模式，其理论基础是财政联邦主义（Qian et al., 1999；Jin et al., 2005）。分权式改革对中国经济的超常增长贡献很大，但也是有代价的，收入差距、地区市场分割、公共服务供给不足等问题都与此有关（王永钦等，2007）。在分权式改革的驱动下，地方政府倾向于把流动人口作为客座劳工，吸引他们，但不给予与本地人同等的待遇。分权式改革强调地方试验和自主性，在这样的气氛下，关注流动人口权益的中央政府在规制社会保障制度时，面对拥有自主权的地方政府，可能需要一些让步。更为严重的是，分权式改革造成区域发展的不平衡，这表现为大都市和沿海地区更快的经济增长和更大的流动人口压力；在这样的背景下，地方排斥得到强化，中央政府很难设计和管理整合的、包容性的社会保障制度。作为中国改革与发展的副产品，地方公民资格问题的解决需要很长的时间。

因此，城市社会成员资格不完整的流动人口将在一定时期内继续存在。但是，假定权利均等化改革进一步推进，流动人口的处境将不断改善。针对流动人口问题，中央政府已经决定，全面推动"基本公共服务均等化"。在地区层面和城市层面，不断扩大的劳动力短缺现象可能促使地方政府制定更具适应性的政策措施，以吸引所需要的流动人口。因此，流动人口将会获得越来越多的平等社会权利和地方公共服务。伴随着这一过程，户籍制度的意义将不断降低。对于进城农民工和城市间流动人口而言，重要的和可期盼的不是决定性的户籍改革，而是渐进的权利均等化改革。

九　结论与讨论

西方国家国际移民问题的政策辩论通常涉及公民权，而在中国，有关人口流动的政策研讨和学术研究总是与户籍制度相联系。一些研究认为，户籍制度支配着对流动农民工的歧视。但是，把户籍制度视为决定性的权利安排，这可能导致夸大其作用，忽视其他重要因素。在西方社会，公民权是排斥外来移民的工具，而中国的户籍制度只是权利配置的手段。如果关于权利的制度规则不再与户口相关联，在公民资格基础上重新界定，那么户籍制度在权利配置中的功能将会消失。以此为出发点，本文考察关系流动农民工的权利均等化改革，并评估其成效。

本文建立了一个关于转型中国的概念框架——走向市场经济和社会政策的双重转型，并系统地考察就业市场化改革和社会保障包容改革。主要发现是，在城市就业和相关社会保险方面，权利均等化改革取得明显进展。在20世纪90年代，开始建立有关的制度规则，但此时农民工并没有获得相应的权利。2000年以后，权利均等化改革开始以政策创新的方式指向农民工。到2010年，以农民工为特殊对象的政策改革与公民就业和社会保险权利的培育最终结合起来，其标志是有关的立法改革。

农民工权利均等化是公民权建设的一部分。当代中国的公民权演进影响到整个劳动就业人口，但过去没有任何社会保护的流动农民工受益更大。在劳动就业和就业关联社会保险领域，还需要做大量工作，来改善法定权利的实施。但重要的是，现在，进城农民工、城市间流动人口和本地劳动者共同享受公民权演进的成果，也同时分担其不足。通过权利均等化改革，中国成功地避免了出现一个孤立、低下、由流动农民工组成的劳动者阶级。

本文还显示，在城市就业和相关社会保险之外，农民工权利均等化还处在初期。进城农民工依然缺少一些基本的社会权利，包括大部分居住关联权利和享受一些基本公共服务的权利。但是，歧视机制已经变了，从城市公民资格到地方公民资格；由于一般性公民资格权利已经部分地建立，现有歧视的强度也大大低于过去的城市公民权利歧视。在未来，权利均等化改革的中心任务是消除地方公民资格制度。

以上发现呼唤着重新审视中国农民工。农民工这一称谓，在过去被用来表征城乡分割的延续性。而现在，流动农民工正在融入城市社会。市场转型理论关注社会精英,强调企业家取代"再分配者"的统治地位;本文的研究意味着,进城农民工是市场经济和社会政策双重转型的体现者。对农民工产生特殊影响的就业市场化和社会保险包容为中国双重转型取得了一个良好的开局。

参考文献

Chan, Kam Wing and Will Buckingham, 2008, "Is China Abolishing the Hukou System?" *The China Quarterly*, 195, pp. 582 – 606.

Cheung, Steven N. S., 1989, "Privatization vs. Special Interests: the Experience of China's Economic Reforms," in James A. Dorn and Wang Xi (eds.), *Economic Reform in China: Problems and Prospects*, The University of Chicago Press, pp. 21 – 32.

Cheng, Teijun and Mark Selden, 1994, "The Origins and Social Consequences of China's *Hukou* System," *China Quarterly*, 139: pp. 644 – 668.

Fan, C. Cindy, 2001, "Migration and Labor – market Return in Urban China: Results from a Recent Survey in Guangzhou", *Environment and Planning A*, 33 (3), pp. 479 – 508.

Lin, Justin Yifu, Fang Cai and Zhou Li., 1996, *The China Miracle: Development Strategy and Economic Reform*, Hong Kong: The Chinese University Press.

Jin, Hehui, Yingyi Qian, and Barry R. Weingast, 2005, "Regional Decentralization and Fiscal Incentives: Federalism, Chinese Style", *Journal of Public Economics*, 89, pp. 1719 – 1742.

Joppke, Christian, 1999, "How Immigration is Changing Citizenship: a Comparative View", *Ethnic and Racial Studies*, 22 (4), pp. 629 – 652.

Marshall, Thomas Humphrey, 1950, *Citizenship and Social Class: And Other Essays*. Cambridge: The University Press; 1972, "Value Problems of Welfare Capitalism", *Journal of Social Policy*, 1 (1), pp. 15 – 32.

Nee, Victor, 1989, "A Theory of Market Transition: from Redistribution to Markets in State Socialism", *American Sociological Review*, 54, pp. 663 – 681; 1996, "The Emergence of a Market Society: Changing Mechanisms of Stratification in China", *American Journal of Sociology*, 101: 908 – 949.

Polanyi, Karl, 1944, *The Great Transition: The Political and Economic Origins of Our Time*, New York: Rinehart.

Qian, Yingyi, Gerard Rolan, and Chenggang Xu, 1999, "Why China is different from Eastern Europe? Perspectives from Organization Theory", *European Economic Review*, 43, pp. 1085 – 1094.

Smart, Alan and Josephine Smart, 2001, "Local Citizenship: Welfare reform, Urban/rural Status, and Exclusion in China," *Environment and Planning A*, Vol. 33, pp. 1853 – 1869.

Solinger, Dorothy J., 1999a, "Citizenship Issues in China's Internal Migration: Comparisons with Germany and Japan", *Political Science Quarterly*, 114 (3), pp. 455 – 478; 1999b, *Contesting Citizenship in Urban China: Persant Migrants, the State, and the Logic of the Market*, Berkeley: University of California Press.

Szelenyi, Ivan., 1978, "Social Inequalities in State Socialist Redistributive Economy", *International Gournal of Comparative Sociology*, 19, pp. 63 – 78.

Walder, Andrew G., 1986, *Communist Neo – Traditionalism: Work and Authority in Chinese Industry*, Berkeley: University of California Press.

Wang, Fei – Ling, 2010, "Renovating the Great Floodgate: The Reform on China's Hukou System", in Martin King Whyte (ed.), *One Country, Two Societies: Rural – Urban Inequality in Contemporary China*. Cambridge: Harvard University Press, pp. 335 – 364.

Whyte, Martin King, 2010, "The Paradoxes of Rural – Urban Inequality in Contemporary China", in Martin King Whyte (ed.), *One Country, Two Societies: Rural – Urban Inequality in Contemporary China*. pp. 1 – 25.

Wu, Jieh – min, 2010, "Rural Migrant Workers and China's Differential Citizenship: A Comparative Institutional Analysis", in Martin King Whyte (ed.), *One Country, Two Societies: Rural – Urban Inequality in Contemporary China*, pp. 55 – 81.

Zhang, Zhanxin, 2014, "Diminishing Significance of Hukou and Decline of rural – urban Divide in China's Social Policy Reforms", in Mark Y. Wang, Pookong Kee, and Jia Gao (eds.), *Transforming Chinese Cities*. London and New York: Routledge Taylor & Francis Group, pp. 15 – 30.

蔡昉主编：《中国劳动与社会保障体制改革 30 年研究》，经济管理出版社 2008 年版。

陈映芳：《"农民工"：制度安排与身份认同》，《社会学研究》2005 年第 3 期。

李强：《农民工与社会分层》，社会科学文献出版社 2004 年版。

李怡乐、罗远航：《工人议价力之构成的马克思主义经济学分析》，《财经科学》2014 年第 5 期。

李实：《中国劳动力市场中的农民工状况》，《劳动经济研究》2013 年第 1 期。

李若建等：《走向有序：地方性外来人口管理法规研究》，社会科学文献出版社 2007 年版。

李小瑛、Richard Freeman：《新〈劳动合同法〉如何影响农民工的劳动权益?》，《劳动经济研究》2014 年第 3 期。

高文书：《进城农民工市民化：现状、进展与改革建议》，《城市观察》2014 年第 2 期。

国家人口和计划生育委员会流动人口服务管理司编：《中国流动人口发展报告 2012》，中国人口出版社 2012 年版。

国家统计局住户调查办公室：《2012 年全国农民工监测调查报告》，

载蔡昉主编《中国人口与劳动问题报告 No.14——从人口红利到制度红利》，社会科学文献出版社 2013 年版。

郭菲、张展新：《流动人口在劳动力市场中的地位》，《人口研究》2012 年第 1 期。

《户籍研究》课题组：《现行户籍管理制度与经济体制改革》，《上海社会科学院学术季刊》1989 年第 3 期。

刘希伟：《"高考户籍制"的历史景象、现实困境与反思》，《国家教育行政学院学报》2011 年第 11 期。

庞念伟、陈广汉：《城镇与外来劳动力工资差异分解》，《人口与经济》2013 年第 6 期。

人力资源和社会保障部编：《中国人力资源和社会保障年鉴（工作卷）2011》，中国劳动和社会保障出版社 2011 年版。

王绍光：《大转型：1980 年以来的中国双向运动》，《中国社会科学》2008 年第 1 期。

王小章：《从生存到承认：公民权视野下的农民工问题》，《社会学研究》2009 年第 1 期。

王永钦等：《中国的大国发展道路——论分权式改革的得失》，《经济研究》2007 年第 1 期。

信长星：《关于就业、收入分配、社会保障制度改革中公平与效率问题的思考》，《中国人口科学》2008 年第 1 期。

谢桂华：《农民工与城市劳动力市场》，《社会学研究》2007 年第 5 期。

杨菊华：《"城乡差分"和"内外有别"：流动人口保障研究》，《人口研究》2011 年第 5 期。

张庆五：《对我国流动人口的初步探讨》，《人口与经济》1986 年第 3 期。

张展新：《从城乡分割到区域分割：城市外来人口研究新视角》，《人口研究》2007 年第 6 期。

张展新：《从〈劳动保险条例〉到〈社会保险法〉：中国大陆的社会保险转型》，"两岸经济与社会发展新趋势研讨会"论文，台北，

2013年9月24日。

张展新、杨思思:《流动人口研究中的概念、数据及议题综述》,《中国人口科学》2013年第6期。

郑桂珍等:《上海市区流动人口问题初探》,《人口研究》1985年第3期。

周建明主编:《社会政策:欧洲的启示与对中国的挑战》,上海社会科学院出版社2005年版。

比较社会权利：美国的
身份与融合

Luis Ricardo Fraga and Bryan Wilcox [*]

民族国家的国际移民与国内移民在社会、经济和政治结构中的成功融合，给这些个人、当地社区以及民族国家本身带来很多益处。融合使国际移民与国内移民增加机会，有利于促进他们实现向上的社会流动，收入增加让工人更好地供养家庭，国家获得更大的个体认同与尊重。当地社区，无论是街道、乡镇还是城市和县，直接受益于更可预测的人口增长模式、就业增加、较正规就业的更多税收以及公共服务的压力减缓，上述变化共同作用在这些层面的治理，有助于形成必要的短期计划和更为重要的长期规划。通过增强社会稳定、提高区域和国家的经济增长能力，以及增加公民和居民对州、省和中央政府的好的认同感和满意度，州、省和中央政府无疑受益于融合的提升。

如果上述益处显而易见，并且可以同时服务于这么多的个人、社区和政府的利益，那为什么关于众多国际移民与国内移民的有效融合，美国和其他许多国家的承诺、安排与协调的方针政策表现出很多矛盾和不均衡？本文的目标是更好地理解利益和政策后果之间的这种脱节。

本文首先讨论了社会权利和融合。我们将专注于这两个概念的定义以及如何在社会科学文献中使用的多种方式，以及政策和实践在中

---

[*] Luis Ricardo Fraga，男，美国诺特丹大学（University of Notre Dame）教授；Bryan Wilcox，男，美国华盛顿大学（University of Washington）。
本文由王一杰译，张展新校。

央和州、省级政府层面是如何影响二者的。虽然我们怀疑学者和政府官员就通用定义达成共识的可能性，但我们确信这样的讨论有助于使居民、公民尤其是政府官员知道，在设计和实施国际、国内移民政策时利用社会权利和融合的不同特征可能带来的后果。其次，我们接下来讨论了最近两个关于融合的模式，这些模式试图界定可能影响移民融合率和范围的主要因素，关系到移民研究的意义。这里我们强调学者尝试的分析框架，该分析框架考虑到了不同民族国家间的实质差异，以及越来越多的现实情况：很多时候一个民族国家内部的政策和实践像跨民族国家之间那样存在很大差异。再次，我们讨论了分析人员和学者区分政策和实践两个关键维度的必要性，二者建构社会权利，直接影响跨国与国内移民的融合水平。这两个维度是身份和整合。毫无疑问，它们是相关并且交叉的，然而，区分二者更有利于我们就如何调整政策和实践，促进更大的融合制定战略。复次，我们提供美国近期关于移民身份和整合、直接影响融合的政策和实践的评估。在本部分，我们重点区分了国家层次和州层次的政府。美国国家政府一直未能创造多数一致认同的必要条件，来制定全民移民改革法案。尽管如此，奥巴马总统已采取行动，讨论关于社会权利的一些基本问题。此外，大约在 2005 年起，州政府专门涉及移民社会权利的法律出现爆炸性增长。这些州级法律的性质是什么？其重点是促进了还是限制了移民的身份和融合？最后，我们指出，如果移民、社区和政府接受有限的融合，如同当前关于社会权利的政策和实践那样，将带来什么结果，并论证这些方针政策不利于国家的长远利益。

一 社会权利和融合

我们把社会权利定义为国际移民与国内移民，无论是否为公民或者居民，在选择就业、住房、医疗、教育和公民融合方面的基于政府权力的保障。我们认为，这些保障对于个人有尊严的生活以及合理地供养家庭是至关重要的。除了那些无法工作的人如儿童和残障人士，有报酬的就业是任何人有能力获取充足物质资源的基础。虽然根据传统和劳动力市场状态，从工作取得的工资有所不同，但是如果有酬工作的社会权利不能得到正式确认，那么实际上不可能有足够的钱来获取住房、医疗和子女教育机会。与此相关，获得适足住房、有效医疗保健和充实的教育机会，这主要是由在这些领域寻找机会的社会权利所决定的。

在当今美国和其他一些国家，个人可以对民族国家提出多种诉求，包括意愿表达和物质利益，政治领导人选举的竞争性，以及某项基本社会权利是否赋予国际移民与国内移民。① 至少在理论上说，诉求和投票被视为社会权利的基础，原因是各级政府推行的具体法律和相关政策设置了重要参数，限定了公民和居民寻求就业、住房、医疗和教育的空间。例如，雇主挑选和对待雇员所奉行的法律惯例，公共和私营部门必须决定哪些房屋是可自主的，哪种类型的医疗保健可以获得以及谁支付医疗费用的决策，以及学校申请资格、入学和费用等，所有这些都发生在政府官员制定的公共法律和政策范围内。在一些国家，意向性和实质需求的选择以及政治领袖的选举可以从公民和居民中得到反馈，评估这些法律和政策如何影响他们生活。这项评估可以支持或批评政府的决策。这种关系建立了一个反馈循环，可以帮助民族国家满足其公民和居民的需要。②

同样需要理解的是，一个民族国家可以提供的社会权利的深度和类型会有很大的差异。与此相关，不同国家间社会权利的最低门槛可能有很大差异。在我们看来，把一个国家的关于社会权利历史和当前

---

① 我们都知道在美国，公民享有这些权利依旧存在争议。虽然1870年宪法的15号修正案保证非洲裔美国人享有投票权，但南方的许多州在20世纪初大多否定了这些权利。直到1965年投票权法案的颁布，非洲裔美国人才在联邦政府的保障下再次享有投票权。但在过去几年中，一定数量的要求选民身份的法律被州政府通过，使教育和收入水平较低的公民难以享有投票权。类似的情形是最近联邦最高法院裁定了投票权法案的主要条款违宪。参见 Applewhite et al. v. , The Commonwealth of Pennsylvania et al. No. 330 M. D. 2012 (2014) and Shelby County, AL v. Eric H. Holder, Jr. 133 S. Ct. 2612, 186 L. ED. 2d 651 (2013)。

② 我们并不是说这个反馈在实践中总是有效，也不是说它对于各阶层人群中都同样有效。在美国，操纵制度安排使利益向一部分人倾斜，这有着长远的历史。例如，参见 Fraga (1988)。

政策与实践强加于另外一个有自身独特历史和发展道路的国家是不切实际的。然而，我们假定，如果各国选择重新评估国内外移民社会权利的现状和未来预期，他们有机会相互学习。

融合被定义为无论是公民还是居民，国际移民与国内移民能够在日常生活中实现已确认的社会权利的程度。在这方面，我们发现区分社会融合与政治融合可以提供大量信息，有利于不同国家的比较。还是要承认不同国家的历史和发展路径。社会融合被认为包括国际移民和国内移民的就业、住房、医疗和教育的获得途径（Alba and Nee, 2005；Bloemraad, 2006；García－Castañon, 2013；Telles, 2010；Itzigsohn and Giorguli－Saucedo, 2005）。政治融合是指向国家提出诉求的状态和有效性，以及国际移民与国内移民在选举政府领导时可做选择的程度（DeSipio, 2011；Freeman, 2004；García－Castañon, 2013；Lee, Ramakrishnan and Ramírez, 2006）。建立在法律基础上的社会权利以及国际移民和国内移民个人和群体所能实现的融合水平之间存在相当大的差异。形式和现实之间的差距往往由政府为特定社会权利行使其监督职责所奉行的执行机制和实践所决定。

正如上述定义所言，社会融合的途径很多。就业率、就业类型和稳定性是国家用来衡量其公民获得工作机会的路径。同样重要的是，受雇工人的工作待遇和环境。住房的可获性、质量和成本也普遍被用来评估公民和居民的生活条件。出生率、死亡率、慢性疾病和医药的可获性也常常被用来衡量一个国家的人口获得医疗保健的情况。儿童和年轻人的教育可获性和质量以及中学毕业率也被用来衡量社会的融合程度。在经济增长领域，例如高科技、工程、信息处理以及有时被称为"知识经济"（Smith, 2002）的许多其他领域而言，教育对于就业机会获得起重要作用，中等教育之后或更高级教育的可获性和移民在相关教育机构的就业率都有助于理解一个群体的社会融合程度。

政治融合是指"公共政策决策中阐释、代表以及满足自我认知群体利益"的程度（Ramírez and Fraga, 2004）。在美国，政治融合有三个具体的维度。首先是选举维度。这是指，这部分认知群体有能力融合到开放、竞争的政府官员选举中。其次是代表性。这特指一个群体的首选候选人在多大程度上可以成功选入正式岗位。这些官员在特定群体的支持下当选,因此可以理解他们会尽己所能阐明和主张支持者的物质的、价值的和更宽泛的政策利益,以进一步巩固选区内不同领域的支持。最后是文献所称的"政策增益"。这个维度专指政府实施的公共政策满足部分公民和居民的物质、价值和更广泛利益的实际程度。政策增益导致部分选区和民族国家的有效结合,因为他们看到,对当选领导人的支持带来了与他们的期望相一致的利益。

很明显,社会融合和政治融合可以交互并相互依存。更大程度的社会融合可能会使部分人口拥有更强的经济实力以保障经济物品,同时获得足够的社会资本,如知识、信息、人际网络,进而更有效地参与选举和政策宣传。某一群体可以通过提高服务于特定人群的学校投资等方式,平稳地实现更大程度的政治融合,获取政策增益,得到更多的高校选择机会,这又会使这个人群中的个体有更大的机会获得高薪职位。这也将进一步促进社会融合。社会和政治融合的互动效应有助于我们更好地理解政府官员在追求更多促进国内外移民社会和政治融合综合途径方面所起到的关键作用。这里,我们依然倡导,上述讨论应该根据具体的国家历史、政党体系和政府结构进行调整。例如,当官员在公共决策中预见并回应对公民和居民需求时,有影响的政府官员对于社会融合不太重要。然而,我们认为,这些差异与不同程序的确定有关,需要按照这些程序来增进国内外移民的社会融合和政治融合。无论如何,开发同时促进社会和政治融合的政策是重要的,符合很多国家的利益。

二 社会和政治融合模型

玛罗(Marrow)在 2011 年提出了有关美国跨国移民的一个有用的特点,帮助我们进一步了解社会融合的基本路径。她开发的模型侧重于笔者定义的"接纳环境"方法,常见于美国国际移民社会学文献中。如玛罗所述，该模型的要素首先由亚历山德罗·波茨（Alejandro Portes）及其合作者在数篇论文中发展出来（Portes and Bach, 1985; Portes and Borocz, 1989; Portes and Rumbaut, 2006）。与我们之前讨论的大部分内容相一致，接纳环境"强调跨国移民所进入的特定环境的结构和文化特征如何影响他们的流动经历和机会，其作用超出了移民自身的个人特点和动机"（Marrow, 2011）。她接着指出，接纳环境的四个组成部分最显著影响国际移民及其后代的社会融合。这包括"迁入地政府的政策和劳动力市场状况，迁入者本族裔社区的特征，以及非族裔接纳社区的反应"。该模型如图1所示。

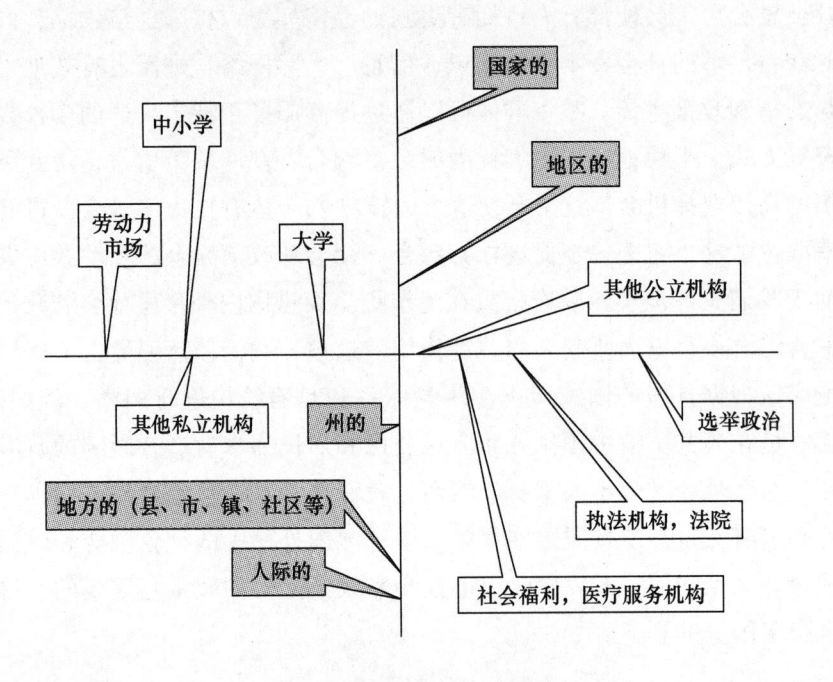

图1 接纳环境的多重维度

从这一社会融入模型的纵向维度捕捉到影响移民生活机会的支配因素，这主要是正式政府政策的产物。玛罗指出，在国家、地区、州和地方不同层次上，政策所表述的对移民的接纳有相同点也有不同点。她同时也指出，这些政策或许被本地人认可，也可能不被认可。

从该模型的横向维度捕捉到接纳环境受到社会机构的政策和实践的影响，这类机构包括中小学和大学、社会福利和医疗服务机构、执法机构和法院、选举机构以及其他私立和公共机构。

玛罗模型的深刻之处在于，在辨识了其政策和做法直接影响社会融合机会的主要的政府主体和非政府主体之后，她提出这些行为如何能够相互支撑一个整体政策目标以加强融合或者限制融合，或者说不同级别政府和相关主体之间是如何相互抵触的。事实上，本文稍后会回归到国家和州的区别上。玛罗提出的框架也让我们体会到社会融入的路径是复杂的、相互依赖的，有时甚至是矛盾的。例如，在当代美国的许多移民社区，看不到线性的进展。最后，玛罗恰当地把移民定位为社会融合进程中的关键主体，但移民难以掌控社会和政治制度很大程度上使得他们的成功机会结构化。

莫伦科夫（Mollenkopf）和霍克希尔德（Hochschild）（2009）提供了一个特别关注美国和西欧移民群体政治融合的模型。该模型如图2、图3所示。他们把政治融合的特征定义为："个人或者团体涵盖各种观点和利益的过程，这一过程包含各种形式的政治活动以及移民政治活动导致的变化和活动本身的变化。"他们的模型有四个主要组成部分：进入接收国、进入或不进入政治领域、参与或不参与政治、政治体制有反响或无反响（Mollenkopf and Hochschild，2009）。

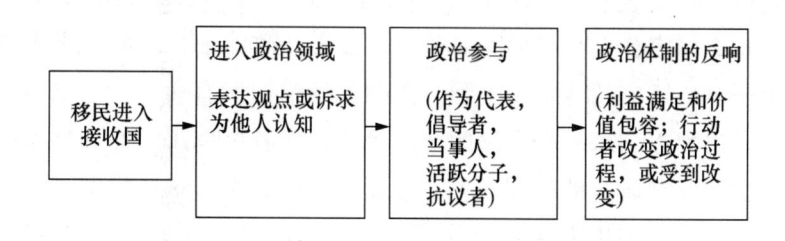

图2　移民成功政治融入的基本模型

这个政治融合模型综合了我们前面讨论的要素，利于跨国比较。理解进入、参与和响应能力对所有移民的挑战有助于我们区分各个国

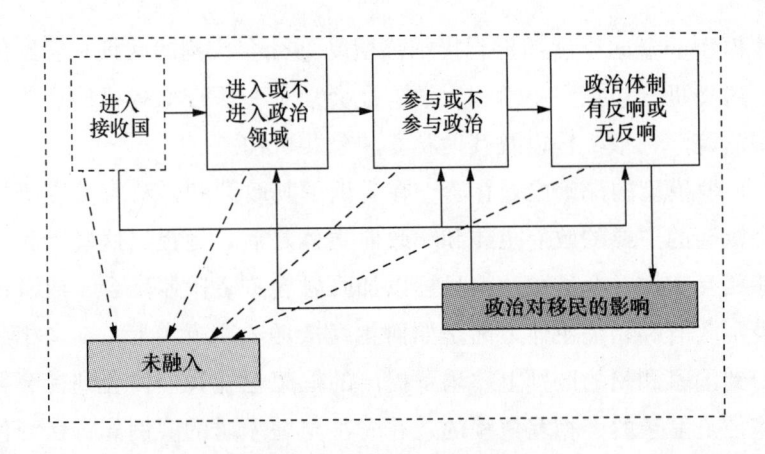

图 3 移民政治融入的全模型

家的挑战方式，不同国家有着不同的历史、政府结构以及旨在影响政策决策的既定机会。他们的模型也强化了我们先前的观点，即虽然确有可能逐步发展，但没有什么可以保证长时间之后实现融合。他们还解释了如何应用佐尔伯格（Zolberg, 1999）关于通过"个人边界跨越"、"边界模糊"进展和"边界转移"（Mollenkopf and Hochschild, 2009）进展二者的划分，帮助我们将可能发生的政治融合进展特殊方式概念化。不同的政治融合途径使我们能够区分对比个人融合和群体融合，以及区分政治融合方向上的短期进展和长期进展。

　　如前文所述，这两个模型有助于我们进一步认识到，社会和政治融合可以是高度相互依赖，并且存在于迁入国移民经验的复杂现实中。每个国家都有自己的发展道路，社会和政治融合之间的平衡很可能由于一个国家的特定历史和当前的政治结构而有所不同。没有一个模式可以捕捉到每一个国家的全部经验，或者可以用来作为任何一个国家试图实现融合的通用药方。然而，如前所示，这些模型进一步帮助我们将注意力集中在确定分析跨国和国内移民经历的关键维度上，便于跨国比较以拓宽选择，使得政府领导人从其他国家吸取必要的经验教训，将其应用于本国特定的社会和政治结构之中。

三 移民身份与整合

为了便于美国和中国之间的比较，本文专注于阐明美国关于国际移民和国内移民身份和整合的独特的政策和实践，这是了解他们实现社会和政治融合途径的关键。身份指的是直接影响国际移民和国内移民在迁入国或迁入地的正式法律地位的政策。这些政策通过概述框架提供了设置接收移民环境的正式参数，在这个框架内，各种公共和私营主体就国际移民和国内移民做出反应，为移民的待遇辩护，也会为相关政府官员提供引导，这些官员负责实施有关国际移民和国内移民地位遭到侵犯的法律。这些政策包括：

・确定有关国际移民和国内移民在迁入地居住的法律地位的政策，例如，在美国，一些法律决定谁能获取进入美国并长期或临时居留的合法资格。

・决定国际移民和国内移民的家庭成员在迁入地居住的法律地位的政策，例如，美国的家庭团聚政策，适用于那些在迁出地还有配偶或伴侣、子女、父母或其他家庭成员的移民。

・针对在流入地没有得到适当许可的居留身份的人，确定惩罚条款的政策如美国的递解出境政策和做法可以使父母和子女分开，即便子女完全是美国公民。

重要的是，要认识到在不同个体之间和群体之间，移民身份可以有很大差别。很难有一种身份赋予所有的国际移民和国内移民。事实上，这些差别也提供了有关国际移民和国内移民的政府政策目标的大量信息。例如，在社会和政治融合中，个体和群体的身份差异可以显示，作为政府政策的后果，谁受到支持，而谁不被支持，也在很大程度上可以预测谁可能会随着时间推移提高自己的身份，谁将永远无法建立一个法律的立足点，以实现真正意义上的社会和政治融合，即使他们对迁入国做出承诺。这些不同的身份在很多时候决定了国际移民或国内移民未来是否有机会过上安全、充实的生活并供养家庭。

整合是指有关国际移民和国内移民就业、居住、医疗、教育和公民参与的政策,这类政策可能直接影响这些群体向上的社会、经济和政治流动的路径。这些政策和移民身份政策会有所不同,甚至可能与其矛盾。同样,整合政策在国家、州或省、地方政府之间会有相当大的差别。相对于国家层面,在州或省、地方政府层面,前面讨论提到的很多政策从筹资和影响力上说意义更大。美国确实是这样的案例,在这里,教育、医疗和社会服务的绝大部分费用由州政府和地方政府支付。地方政府也是同样的情况,要直接处理因为缺乏社会和政治融合所带来的后果,因此有动力考虑提升政策,强调以不同于国家以及州或省政府官员的方式来推进整合。我们需要考虑的整合政策包括:

• 与国际移民和国内迁移劳工及其家庭就业相关的政策和实践,例如是否可以提供工作许可,合法工作是否被限制在特定的劳动力市场部门和一国的特定区域,以及是否有就业时间限制;

• 与国际移民和国内移民及其家庭居住相关的政策,例如他们是否可以获得政府补贴住房,在有财力的情况下是否有资格购房,以及住房仅仅局限于合法务工者,还是也适用于他/她的家人,包括孩子和祖父母;

• 与国际移民和国内移民及其家庭医疗服务相关的政策与实践,例如获取医疗服务的资格,医疗服务费用的分摊,参加覆盖医疗费用的保险,以及有关国际移民和国内移民及其家庭成员享受医疗服务次数的限制;

• 与国际移民和国内移民教育尤其是子女教育有关的政策和实践,例如移民在公共机构免费接受继续教育的资格,子女在其家长合法工作地区进入政府资助或补贴中小学校的资格,移民和其子女接受大学教育的资格以及获得大学教育经济援助的资格;

• 针对国际移民和国内移民公民参与的政策和实践,例如选民登记资格,当参选移民不熟悉当地语言、获得指导和协助的资格,以及会见倡导他们利益的团体的机会。

对移民身份和整合的关注使得我们的研究聚焦在政府领导人负责、旨在提升社会和政治融合的政策领域上。哪级政府主要负责政策制定和实施，这在不同的国家会有所区别，但专注于身份和融合有利于不同层次间的政策调整，进而实现共同目标。不出意料，这样的关注也让我们开始明确不同级别政府间政策和实践的不协调和不一致。错位和不一致的安排是国际移民和国内移民实现高效的社会和政治融合的重大障碍。

四 美国联邦体系下的身份与整合

我们用身份和整合的概念范畴来检验美国国际移民政策的最新发展[①]和趋势。但是不同于多数研究，我们并不只是聚焦于国家政策，还关注各州奉行的直接影响融合水平的政策变化趋势。

（一）全面移民改革的进一步尝试

美国联邦政府一直未能解决延续了几十年的移民政策和实践所遭遇的根本性和持续的失败。今天的美国估计有1170万无证移民（Passel et al. , 2013）。无证移民的被驱逐出境仍旧使很多移民家庭被迫分离，例如，移民父母被驱逐出境，即便他们的孩子是完整意义的美国公民。根据现行法律，来自许多国家、想要迁移到美国的人，需要几十年的漫长等待，墨西哥裔移民尤为如此。合法申请美国公民身份的积压待审查案件有的长达18年之久（Baksh, 2011）。在美国，许多没有移民许可的高中毕业生有意进入学院或大学就学，或已经入学，但没有资格获得公共财政援助以满足他们的教育开销。事实上，这些学生无论在哪里居住和高中毕业，多数都必须按照非本地居民标准向州立学院和大学支付学费。然而，迁移劳工对美国经济的持续稳定和增长的重要性是不容置疑的，在农业、建筑业以及低技能和半技能服务行业的许多领域尤其是这样。布什总统在2004年呼吁进行全面移

[①] 我们并不试图将美国所有有关移民的政策进行全面的归类和讨论。这是一个多卷本的任务。但我们将会突出显示国家和州层面关于移民身份政策的最新趋势，以及持续执行的政策和实践对移民社会、政治融合水平所可能产生的影响。

民改革，众议院和参议院关于修订立法大纲的意见未能达成一致。尽管奥巴马总统呼吁进行全面移民改革，最近试图改革现行的针对年幼时未经许可进入美国的年轻人递解出境的政策，众议院和参议院仍然无法就立法大纲达成一致意见，并提请总统签署。

美国在推进全面移民改革上的最新尝试是在2013年6月27日，一个两党参议员小组包括查尔斯—舒曼（Charles Schumer）（民主党—纽约州）、约翰·麦凯恩（John McCain）（共和党—亚利桑那州）、理查德·德宾（Richard Durbin）（民主党—伊利诺伊州）、梅南德斯（Robert Menendez）（民主党—新泽西州）、马克·罗比欧（Marco Rubio）（共和党—佛罗里达州）、米歇尔·贝内特（Michael Bennet）（民主党—科罗拉多州）以及杰夫·弗莱克（Jeff Flake）（共和党—亚利桑那州），支持参议院744号法案，该法案名为"2013年边境安全、经济机会与移民现代化法案"（美国国会参议院，2013）。对该法案具体条款的考察使我们确信，移民身份和整合的改革力度是近期美国国内政治中广泛的移民改革计划中的重要内容。

在被称为744号法案的第一节是"边境安全"。边境安全是指消除移民未经许可进入美国的实际可能性。参议院提案中的这个部分包含五个具体规定。第一，要求美国国土安全部部长制订30亿美元拟拨款的综合南部边境安全计划。该计划最重要的内容之一是部长必须显示，在非许可移民身份改变的六个月前，"高风险边界区域抓捕与遣返的90%的效率"。第二，国土安全部部长必须在对移民身份作任何调整之前建立就业电子验证的综合系统①、实施基于15亿美元预算的围栏计划以及在机场和海港建立进出记录系统。② 第三，如果90%有效性的目标在五年后没有实现，一个南部边境安全委员会将会建立，用20亿美元的预算提出改进建议。第四，为了达成以上目标，

---

① 电子验证是一个雇佣系统，只有拥有社保以及美国政府备案就业授权号的个体才可以受聘于任何类型的工作。雇员或雇主有违反行为的话可能会导致罚款或监禁（电子验证，2014）。

② 估计有40%现居美国的非许可移民最开始来到美国的时候拥有合法临时工作签证或者旅游签证（Murray，2013）。

海关及边境巡逻队可以增加人员和预算，国民警卫队也可以授权调动。第五，提供额外的资源和训练，以确保适当力量实施抓捕和种族档案资料的小型化。

第二节陈述了使美国大约1170万非许可移民的居住身份合法化。本部分有许多条文规定。最重要的条文有：（1）创建"注册的临时移民计划"，规定从2011年12月31日起连续在美国居留的非许可移民，一旦通过犯罪记录调查，证明他们没有严重犯罪行为，就可以临时注册，但要求履行所有纳税义务并支付相关费用，缴纳500美元罚款；（2）如果该法案生效前的两年内，无迁入许可的农场工人至少工作了100个工作日或者575小时，将有资格获得一个农业卡；（3）成立公民和新美国人办公室、新美国人专项组以及美国公民基金会，这几家机构将携手努力，帮助移民学习英语、接受美国公民教育，了解公民义务，并融入当地社区；（4）创建一个积分制的签证发放系统，主要基于不同因素的分数，如教育水平、就业、在美国的家庭成员以及在美国居住的时间；（5）合法永久居民的配偶和子女可以立即迁入。

第三个规定涉及移民法内部执法。主要规定有：（1）电子验证系统的五年阶段涵盖所有雇主和雇员；（2）简化难民和收容案件的处理；（3）增加移民法院工作人员；（4）加强对非许可移民拘留设施的监管。

744号法案的最后一项规定涉及非移民签证项目改革，该规定推出新的工作签证，并提高这类临时签证持有者申请永久居住的能力。这部分的具体规定包括（1）增加适用高技能工人的高技能 H-1B 签证数量，由每年65000个增加到每年110000个，并根据"高技能工作需求指数"和此类签证持有者的配偶和子女的工作许可，将签证数量最终增加每年180000个；（2）制订新的外籍农业工人签证计划，允许颁发随意就业的 W-3 签证和基于合同的 W-2 签证，由农业部负责管理；（3）针对愿意来美国创办公司的外国企业家，推出一个新的投资签证（美国国会参议院，2013）。

744号法案的条款涉及身份与整合，但明显强调前者。有关边境安全的一节压倒性地侧重限制非许可移民获得美国的合法居留权。人们可以争辩说，规范入境是出于所有国家的自身利益，但是，所有美国的系统性证据表明，长期以来，这类做法相对而言没有起到限制非法入境的作用。类似地，内部执法的一节也显示出完全侧重身份，而不是整合。

有关合法化的一节还是明显侧重身份，但也包含了一些直接影响移民就业融合的条款。依照临时移民登记计划，可以确保获得合法身份，走向永久居留，最终实现公民身份。然而，获得永久居留权的时间为10年，成为美国公民至少需要13年。虽然身份得到提升，但是也限定10年时间，13年之后才有可能成为公民。更多的就业资格是通过各类移民的受雇身份鉴别提供的。非移民签证一节完全侧重增进就业和投资机会。

唯有成立公民和新美国人办公室、新美国人专项组和美国公民基金会的条款明确涉及广泛定义的移民整合问题。有趣的是，现有计划未提及向这些机构和专项组提供的美元金额数。需要注意的是，尽管在如何实现移民整合方面还有诸多限制和缺乏透明度问题，但是这次对移民整合的关注要比以前的2006年和2007年全面移民改革立法更为清晰。然而，还需要指出，没有明确的规定允许合法移民以正规方式参加选举。当然，一旦入籍，这些人将有资格登记和投票。

（二）儿童入境暂缓递解

2012年6月15日，当时的国土安全部部长珍妮特·纳波利塔诺（Janet Napolitano）宣布，她的机构正在推出一个个人豁免递解出境的新类别。这类被认定有资格获得推迟递解的人通常被称为梦想者[1]，这样的暂缓递解是美国移民法实施机构所合法拥有的公诉自由裁量权的一部分。一个人获得暂缓递解需要满足的条件是：（1）截至2012年6月5日未满31岁；（2）16岁生日之前来到美国；（3）从2007年6月15日至今在美国连续居住；（4）2012年6月15日之前，并且

---

[1] 这个概念是由被称为"发展、援助和教育年轻移民法案（梦想法案）"的国会立法派生出的。

向美国移民局申请暂缓递解时身在美国；（5）2012年6月15日之前进入而未受检查，或者个人的合法移民身份在2012年6月15日之前截止；（6）目前的在校学生，已毕业或获得高中结业证书，已获得一般教育发展考试证书，或通过美国其他等效国家承认的考试，或者是美国海岸警卫队或军队的光荣退役老兵；（7）未被判过重罪、严重的轻罪、多项轻罪，或者未曾对国家安全或公共安全构成威胁（美国移民局，2014）。

获得暂缓递解身份的人不会被置于遣返程序中，两年内不会因为其移民身份而被递解出境。在第一个暂缓期结束之后，暂缓递解身份可以再延长两年。除了免除直接递解出境，得到延缓递解许可的人允许在美国工作两年，可以入读中学后教育，包括职业培训机构、社区学院和大学。但是，获得延缓递解许可的学生没有资格申请中学后教育的任何形式的联邦财政援助。此外，延缓递解许可并不代表"合法身份"。这只是暂时免于递解出境的处置。同样地，在现行美国法律下，延缓递解许可并不意味着这个人将最终获得永久居住权或者公民权。

这再次清楚地表明，国土安全部在美国总统的教促下实施的联邦行政举措大多侧重于移民身份，但对移民整合也有直接影响。然而目前关于移民身份和整合的关注只有两年，如果能够再延长两年，总共只有四年。换言之，延缓递解只是一个临时的举动，方向是给未经许可被带入美国的年轻人以更好的身份和整合。当然，未来任何一位总统都可以重新考虑，继续还是终止这一行政行动。①

（三）州移民政策的暴增

在美国近期移民政策演变中，最显著的进展是州政府颁布的移民政策数量的增长。这是不同寻常的。至少从20世纪20年代起，美国的移民政策毫无疑问一直是联邦政府的专属领域。向旅游者、其他访

---

① 我们不讨论各州采纳并实施联邦计划的程度。虽然我们认识到在诸如美国的联邦体系中这种关系的重要性，我们专注于最近几年，在联邦政府行动不多的情况下，州移民政策的盛行。我们证明了某些州的确利用联邦规定来寻求机会，颁布专门的法律来确定州如何实施联邦计划、利用联邦拨款，或者在各种问题上与联邦政府共同行动。

问者和所有类型移民签发出入境签证，都是早已成熟的联邦政府权力（Tichenor，2002）。也正是在这段时间里，联邦政府在移民归化事务和边境巡逻方面有显著扩张和投资，这是负责执行大部分移民法律的主要机构（Ngai，2003）。

然而，自21世纪开始，很多州，包括那些美国与墨西哥边界的一些州，开始发泄一些不满，针对的是关系到非许可移民的移民法律的联邦政府实施。他们的回应是颁布自己的法律。从某种意义上说，他们决定将移民政策掌握在自己手中。例如，2005年，估计有300个专门处理移民问题的州法案相继出台。截至2007年，出台的法案数量增长到570个。与此对照，2008年的法案数量增长了近3倍，达到1562个。2009年和2010年也保持增长，州立法机关出台的移民相关法案的数量分别为1500个和1400个。在这些相同的几年，2009年有174个拟议的法案被制定成法律，2010年有303个法案成为法律，由各自的州立法机关和州长颁布（州议会全国会议，2010）。

表1展示了从2008年到2013年，州立法①的移民法案上升为法律的数量，分类依据包括法律的主要影响是否关系到身份或整合，还有一大部分法律属于象征性的。如果涉及在美国或者某个州居留许可的问题，法案归类为身份相关的。② 如果这些法案直接影响移民对于诸如工作、住房和教育等的社会服务和社会产品的获得，则归类为整合相关的。③ 属于象征性的法案涉及国际移民和国内移民，但只是认

---

① 包括哥伦比亚特区和波多黎各自治邦在内。
② 关于移民身份法案的一个提升移民身份的实例是，允许那些被指控为卖淫的人自我申辩，说她们是被迫的，原因是护照或者其他出入境文件被销毁或者被藏匿。限制移民身份法案的例子是，有些法案要求法院建议那些因为犯罪而正在受审的人，如果他们承认控罪，将被驱逐到原籍国家；另一例子是一项法案要求，将任何进入一所州立精神病院的非许可移民报告给美国移民服务处，然后将其驱逐到原籍国家。
③ 促进融合法案的例子包括提供资金以增加英语课程和入籍信息的可获得性，还有一项法案要求提供给非居民外国人的工作补偿等同于该州本地居民。最后，在限制融合的法案事例中，有一个要求移民在向州建设委员会申请许可证之前，要出示合法居留证明；另一案例是，设立七天二十四小时服务热线，任何人可以打电话给州政府，报告涉嫌违反移民法律的个人或者活动。

可跨国移民，对移民身份和融合没有任何实质影响。①

表1数据显示的一些特点值得关注。第一，2009年是州政府颁布大量移民法律的第一年。2008年仅颁布了七个法律。2009年颁布的法律数量增加到174个，到2013年多达386个。第二，关于移民身份的法律数量最少。六年间，只有125个法律涉及身份，仅占新颁布的1375项法律的9%。第三，迄今为止，数量最多的法律要么是象征性的，要么是关于融合的。在所有颁布的法律中，象征性法律占到44%。有648项法律，即47%，直接关系到整合。第四，也是我们分析中最重要的一点，在所有涉及身份和整合的773项法律中，绝大多数与整合有关，为648项，占近84%。大多数州法律涉及整合，这通常是州政策制定的传统领域。

表1 已制定的有关身份与整合的州政策（2008—2013年） 单位：个

年份	整合	身份	象征性	年度合计
2008	5	2	0	7
2009	142	26	6	174
2010	143	22	138	303
2011	141	35	106	282
2012	104	19	100	223
2013	113	21	252	386
累计	648	125	602	1375

资料来源：州立法全国研讨会，2014。移民立法数据库，2008 – 2013http://www.ncsl.org/research/immigration/immigration – laws – database.aspx. Accessed 4.1.14。

表2显示了各州将直接关系到身份与整合的法案颁布为法律的数据。这意味着每个州立法机关和州长之间达成了充分的共识，让这些法律成为州移民政策与实践的一部分。对美国50个州的每一个，各条法案也按照促进还是抑制移民身份，或者促进还是抑制移民整合做

---

① 这种法案大多数承认移民所做的贡献，或者只是表征立法机关的情感，没有任何实质效果。

了归类。① 很明显，无论是关于身份还是关于整合，各州的法案数量都有相当大的差别。加利福尼亚州和亚利桑那州制定的关于身份的法案数量最多，分别为 29 项和 17 项，其次是犹他州，有 16 项。大多数州的身份法案数量很少，一些州甚至一项也没有。加利福尼亚州颁布的关于整合的法案最多，有 73 项。其次是美国犹他州，有 36 项，伊利诺伊州有 35 项，弗吉尼亚州有 33 项。除了阿拉斯加州和怀俄明州，每个州制定的相关法案至少为一项。这里再次显示出了明显的州际差异。

表 2 已制定的有关身份与整合的政策（按州分，2008—2013 年）

州	促进融合（个）	完全融合（个）	促进融合比例	促进身份（个）	完全身份（个）	促进身份比例	Monogan 指数（2013）
亚拉巴马州	2	12	0.17	1	3	0.33	-1.71
阿拉斯加州	0	0	—	1	1	1.00	0.15
亚利桑那州	4	18	0.22	2	15	0.13	-1.05
阿肯色州	8	15	0.53	0	7	0.00	-1.07
加利福尼亚州	66	73	0.90	14	15	0.93	1.41
科罗拉多州	15	21	0.71	2	2	1.00	-0.14
康涅狄格州	6	6	1.00	3	3	1.00	1.98
特拉华州	3	3	1.00	0	0	—	0.98
哥伦比亚特区	3	3	1.00	1	1	1.00	—
佛罗里达州	14	21	0.67	2	3	0.67	0.37
佐治亚州	4	26	0.15	2	5	0.40	-0.25
夏威夷	3	8	0.38	1	1	1.00	0.81
爱达荷州	3	8	0.38	0	1	0.00	-0.46
伊利诺伊州	26	35	0.74	0	2	0.00	0.97
印第安纳州	5	12	0.42	1	5	0.20	20.2
艾奥瓦州	0	8	0.00	0	1	0.00	0.05
堪萨斯州	2	7	0.29	1	1	1.00	-0.54

---

① 我们也包括了 Monogan（2013）分析州移民法律的所得分数，用来进一步检验我们的分析。他的分数计算来自对 2005 年到 2011 年移民相关法案的二阶段分析。他首先分析了法案的实质性影响（强度或象征性），然后分析该法案是受欢迎还是反对。他设计了一组指数，从 -2（最不受欢迎）到 2（最受欢迎）。

续表

州	促进融合（个）	完全融合（个）	促进融合比例	促进身份（个）	完全身份（个）	促进身份比例	Monogan 指数（2013）
肯塔基州	3	4	0.75	0	1	0.00	-0.09
路易斯安那州	7	13	0.54	1	1	1.00	-0.16
缅因州	5	7	0.71	2	4	0.50	-0.18
马里兰州	8	15	0.53	3	4	0.75	0.98
马萨诸塞州	7	8	0.88	1	1	1.00	0.41
密歇根州	7	14	0.50	0	2	0.00	0.55
明尼苏达州	8	13	0.62	1	1	1.00	-0.05
密西西比州	1	4	0.25	1	5	0.20	-1.36
密苏里州	9	17	0.53	0	1	0.00	-0.31
蒙大拿州	1	6	0.17	0	1	0.00	-0.31
内布拉斯加州	4	17	0.24	1	2	0.50	-0.96
内华达州	5	9	0.56	1	1	1.00	0.26
新罕布什尔州	3	7	0.43	1	3	0.33	0.2
新泽西州	5	7	0.71	1	1	1.00	1.66
新墨西哥州	2	4	0.50	1	1	1.00	0.59
纽约州	10	15	0.67	0	0	—	1.05
北卡罗来纳州	2	9	0.22	0	0	—	-0.61
北达科他州	2	7	0.29	0	3	0.00	0.62
俄亥俄州	2	4	0.50	0	0	—	0.79
俄克拉荷马州	2	12	0.17	0	1	0.00	-1.12
俄勒冈州	8	12	0.67	2	4	0.50	-0.45
宾夕法尼亚州	5	10	0.50	0	0	—	1.24
波多黎各州	1	1	1.00	0	0	—	—
罗得岛	0	2	0.00	1	1	1.00	1.51
南卡罗来纳州	0	7	0.00	0	0	—	-1.78
南达科他州	0	2	0.00	1	3	0.33	-0.48
田纳西州	2	16	0.13	0	2	0.00	-0.66
得克萨斯州	5	17	0.29	0	2	0.00	0.98
犹他州	16	36	0.44	7	9	0.78	-0.59
佛蒙特州	4	6	0.67	1	2	0.50	0.41
弗吉尼亚州	12	33	0.36	0	1	0.00	0
华盛顿州	20	24	0.83	0	1	0.00	1.41

续表

州	促进融合	完全融合	促进融合比例	促进身份	完全身份	促进身份比例	Monogan 指数（2013）
西弗吉尼亚州	3	11	0.27	0	0	—	-0.89
威斯康星州	1	3	0.33	0	0	—	0.98
怀俄明州	0	0	—	0	1	0.00	-0.69
共计	334	648	0.52	57	125	0.46	—

资料来源：州立法全国研讨会，2014。移民立法数据库，2008 – 2013http：//www.ncsl.org/research/immigration/immigration – laws – database.aspx. Accessed 4.1.14. State scores from Monogan (2013) are provided for comparison purposes。

图 4 以图形的方式显示了同样的数据，该图有促进身份和促进融合法案比例的两个轴。显而易见的是，虽然州是沿着这些维度全方位排列，州的聚集主要发生在两个象限内，意味着要么既促进身份又促进融合，要么既抑制身份又抑制融合。大多数州制定政策时对待身份和融合呈一致性，或者是正向的，或者是负向的。这表明，面对可感知的联邦政府移民法律的缺陷，州层面政策制定严重失衡，通常是矛盾的、混乱的。根据表2报告，促进身份法律和促进融合法律的全国平均水平是两分的，分别为 0.46 和 0.52，这也显示了上述状况。

颁布促进身份和促进融合法律最多的两个州是加利福尼亚州[①]和佛罗里达州。在这一观察期，加利福尼亚州颁布了 15 条有关移民身份的法令，其中有 14 条 (93%) 是促进身份的。在整合方面，73 条法令被颁布，其中 66 条 (90%) 是促进融合的。加州此类法案中的一个例子是 2013 年颁布的加州 S 1013 法律，帮助受到看护的无证儿童获得合法的移民身份。该法案明确要求，当受到看护的儿童年满 18 岁时，看护机构要协助他们获得移民身份。另外一个促进身份的例子是 2013 年颁布的加州 A60 法律。该法律要求车辆管理局给没有社保号码的人颁发驾驶执照。加利福尼亚州制定的促进融合的法律包括 2010 年颁布的加州 S1，作为综合预算法案的一部分。通过该法案拨

---

① 类似地，Monogan（2013）给加利福尼亚的指数分值为 1.41。

比较社会权利：美国的身份与融合 | 85

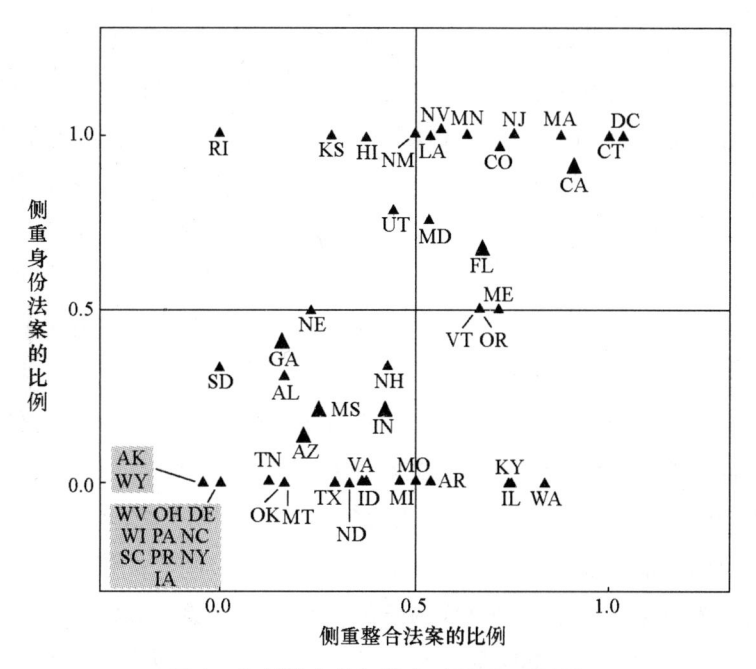

图4 各州的身份与整合（2008—2013）

资料来源：州立法全国研讨会，2014。移民立法数据库，2008-2013http://www.ncsl.org/research/immigration/immigration-laws-database.aspx. Accessed 4.1.14。

款，为移民和农场工人提供英语学习课程与服务。语言学习对于成功融入迁入国很重要（Bloemraad，2006）。加利福尼亚州以立法促进融合的第二个例子是2011年颁布的加州A84法律。该法律扩大了即将入籍公民的投票权利。依照这一法律，即将成为合法公民的人在向美国宣誓之前，如果满足该州居住权的其他要求，就有机会在选举之前登记。

尽管情况更复杂一些，佛罗里达是另外一个颁布了多项涉及身份和融合法律的州。在这两方面，67%的法律促进身份，67%的法律促进融合。[①] 例如，在2013年，佛罗里达州H7059法律消除了非美国公民获得州驾驶执照的障碍。在此之前，拥有国际驾驶许可证的非公民才能获得佛罗里达州的驾驶执照，只有少数移民在抵达美国之前有

---

① Monogan（2013）给佛罗里达州的分值为0.37，这证实了我们所发现的，佛罗里达州不像加利福尼亚州那么欢迎移民，但是也明显较为欢迎，而非敌对。

这样的许可证。同样在 2013 年，佛罗里达州 S1036 法律要求，要向照料人和寄养家庭提供一定的移民信息，这样他们可以更好地为移民讲解有关移民权利和义务的事项。促进融合法律的一个案例是 2012 年颁布的佛罗里达州 H1263 法律，规定了佛罗里达州卫生署保障外来农场工人的生活区。该法律确保了卫生、污水排放、病虫害防治和光照的基本标准。2010 年，佛罗里达州 H5101 法律要求向父母多为移民的移民农场工人学生提供上下学的交通资助。对于很多移民农场工人来说，交通是一个大问题。

另一个极端是亚利桑那州。2008 年到 2013 年，该州颁布了 15 项关于移民身份的法律，其中 13 条（87%）是抑制身份的。类似地，在关于融合的 18 项法律中，有 14 条（78%）是抑制融合的。[1] 2010 年，亚利桑那通过了州 S1070 法律，其中包括一些有关移民身份与融合的政策条款。该法律有这样的条款，允许当地警务和治安机构的执法人员扣留他们认为非法居留在本地的个人。这些地方执法人员则必须向国土安全部上报嫌疑人，以考虑驱逐出境。一些市民和观察认为，在动荡时期，该法律是州权力和有效治理的标志。对于其他人来说，该法律象征着为歧视、骚扰拉美裔和其他非白种人"开绿灯"。2010 年颁布的亚利桑那州 H2725 法律是抑制融合立法的一个明显实例。对于攻读中学以上学位的人来说，该法律增加了学业贷款、教学材料和学费方面的限制。2010 年颁布的亚利桑那州 H2016 法律阻止无证移民从州公共机构接受医疗服务。该法案也增加了对于使用伪造文件获取医疗服务的处罚。

佐治亚州、印第安纳州和密西西比州的州议会也颁布了较多的抑制身份、抑制融合的法案。在观察期，佐治亚州立法机关通过了 26 项关于融合的法律，其中 22 条（85%）是抑制融合的。在同一时期，该州立法机关颁布了 5 项关于身份的法律，其中 3 条（60%）是抑制身份的。2009 年颁布的佐治亚州 H119 法律是一般性拨款法案。其中的一个条款向难民援助项目提供资助，但是同时削减了移民教育的资

---

[1] Monogan（2013）给亚利桑那州的分值为 -1.05。

金。佐治亚州S20法律是抑制身份的，要求申请驾照和身份证的移民要有美国国籍及移民服务中心颁发的工作许可证。

在印第安纳州，州立法机关颁布了12项关系融合的法律，其中7项（58%）是抑制融合的。例如，2011年颁布的印第安纳州1402法律不允许非许可移民按照本州居民的标准支付公立大学的学费。这显然抑制了前面讨论过的梦想者接受大学教育的机会。与亚利桑那州S1070法律相似，同年颁布的S590法律扩大了执法机构处理涉嫌非许可移民的活动范围，这直接影响到移民身份。

密西西比州通过的四项涉及移民身份的法律中，有三项是抑制身份的。2010年，密西西比州S3132法律要求矫正局主管申请参与美国移民与海关执法局的外籍犯罪项目，其目的是识别被拘非许可移民，并将州拨款和这种参与联系起来。类似的，2011年颁布的密西西比州S3043法律要求州管教部与美国移民和海关执法局合作，驱逐警方拘留的无证移民。

很显然，面对可感知的缺失，许多州立法机关使用自身权力来做出反应，有的促进或抑制移民身份，有的促进或抑制移民融合。各州之间的不均衡以及有时相互矛盾的行动造成了这样一个局面，移民及其家庭获得社会、经济和政治上的向上流动政治机会，在同样的程度上，取决于州层面行动和国家层面的行动。到目前为止，在美国州政府和联邦政府之间，尚无关于移民身份与融合的政策调整。[①]

五 社会权利、国际移民、国内移民以及民族国家

我们本文开篇指出，当前国际国内移民利益和民族国家利益之间

[①] 我们没有思考对于部分州采取促进或者抑制移民身份和融合的政策，如何提供最好的解释。我们在后续工作中将测试一些假设，其中包括近期移民的比例、党派争执和对危害的认识。

存在脱节，主要原因是政府政策与实践看起来更多是在限制移民群体的社会权利与融合。通过明确有关社会权利、社会融合、政治融合、身份和融合的基本概念框架，我们思考了政府领导人怎样入手，来更清楚地勾勒出能够协调国际国内移民利益与民族国家利益以及政府分支机构利益的替代政策与实践。

我们关于分析框架的回顾及讨论揭示，现存的一系列关系是变动的且相互依存，相互之间的清晰关联是完全可以预测的，并受到公共政策干预的影响。实现高水平的社会融合，核心是被阐释、被认可并且得到有效保障的社会权利。这些权利是社会融合的基础。更具体地说，移民身份相关政策是实现更高程度融合的必要基础。关于融合的政策主要决定了国际、国内移民的生活机会以及地位。在一些国家，政治融合可以成为促进实现更高水平移民地位和融合的一个条件。政府官员能够决定社会权利的范围和深度、社会融合的程度以及适当情况下政治融合的程度。如果没有实现融合，他们在国家、州和地方层面上的问责也非常重要。说得更简洁一些，公共政策制定者需要关注官员的付出，他们是否要使国际移民和国内移民成为民族国家的完整的、有贡献的成员，这不是一个谜团。

运用身份和融合的概念范畴，我们对美国国家和州层面上最近颁布的政策和法律进行了实证考察，显示美国在决定是否推行促进社会权利、进一步推进社会和政治融合的政策选择上面临着持续的挑战。目前在国家层面，出于政治目的，关于全面移民改革的最完整方案必须建立在明确阐述加强边境安全、限制入境的基础上。虽然增进融合也是计划中立法的部分条款的目标，但可以预期，这些条款限定于现在和未来必须在美国获得合法身份的人。很明显，要推出有利于当今美国非许可移民利益的国家立法，必须有机会确保两党合作（参见Fraga，2009），这一政治现实要求限制很多未来潜在移民获取合法身份。我们回顾州政府近期颁布的法律，显示移民身份似乎是各州关注的焦点。然而，大部分州法律侧重融合。州法律在两个维度都有清晰的分叉。几乎看不到国家政策与州级政策的一致性。目前在美国，国际移民社会和政治更深融合的前景非常有限。

国际移民与国内移民获取完整且丰满的社会权利,这使国家有机会建构充满社会流动性、呈现出升级的经济增长、具有持续社会稳定的社区。很难看到,通过抑制身份与融合为移民的社会融合设置障碍,有些国家还为政治融合设置障碍,这类做法有利于民族国家的长期利益;相反,这些做法可能更多地满足了政府官员的短期利益,他们根据当代政治的因素做出反应。大多数政府及其领导人至今尚未认真考虑大规模驱赶或者搬迁移民之类的替代策略,或略轻一些的导致永久性下层阶级的限制社会权利策略。在我们看来,可能的情形是,那些由立志以长远观点看待国家利益、推行接近且相互协调的国家政策和州级政策、推动跨国和国内移民社会权利与融合的官员主导的民族国家,在未来数十年将成为经济持续增长、社会稳定和公众支持的典范。

参考文献

Alba, Richard D., and V. Nee, 2005, Remaking the American Mainstream: Assimilation and Contemporary Immigration, Cambridge, MA: Harvard University Press.

Baksh, Stokely, 2011, "How Long Do Immigrant Families Wait In Line? Sometimes Decades", Colorlines News for Action. July 25. http://colorlines.com/archives/2011/07/visa.html. Accessed 10.21.14.

Bloemraad, Irene, 2006, Becoming a Citizen: Incorporating Immigrants and Refugees in the United States and Canada, Berkeley: University of California Press.

DeSipio, Louis, 2011, "Immigrant Incorporation in an Era of Weak Civic Institutions: Immigrant Civic and Political Participation in the United States", American Behavioral Scientist, 55 (9): 1189-1213.

E-Verify, 2014, U.S. Citizenship and Immigration Services, Department of Homeland Security. http://www.uscis.gov/e-verify. Accessed 10.21.14.

Fraga, Luis Ricardo, 2009, "Building Through Exclusion: Anti-Immigrant Politics in the United States", In Bringing Outsiders In: TransAtlantic Perspectives on Immigrant Political Incorporation, edited by Jennifer L. Hoschschild and John H. Mollenkopf, pp. 176 – 192, Ithaca, NY: Cornell University Press; 1988, "Domination Through Democratic Means: Nonpartisan Slating Groups in City Electoral Politics", Urban Affairs Quarterly, 23 (4): 528 – 555.

Freeman, Gary P., 2004, "Immigrant Incorporation in Western Democracies", International Migration Review, 38 (3).

García – Castañon, Marcela, 2013, Theory of Multi – Tiered Membership. PhD dissertation, University of Washington.

Immigration Policy Center, 2013, A Guide to S. 744, Understanding the 2013 Senate Immigration Bill. http://www.immigrationpolicy.org/special – reports/guide – s744 – understanding – 2013 – senate – immigration – bill. Accessed 3. 15. 14.

Itzigsohn, Jose, and Silvia Giorguli – Saucedo, 2005, "Incorporation, Transnationalism, and Gender: Immigrant Incorporation and Transnational Participation as Gendered Processes", International Migration Review, 39 (4): 895 – 920.

Hochschild, Jennifer L., and John H. Mollenkopf, 2009, "Modeling Immigrant Political Incorporation", In Bringing Outsiders In: TransAtlantic Perspectives on Immigrant Political Incorporation, edited by Jennifer L. Hoschschild and John H. Mollenkopf, pp. 15 – 47, Ithaca, NY: Cornell University Press.

Lee, Taeku, S. KarthickRamakrishnan, and Ricardo Ramiìrez, eds, 2006, Transforming Politics, Transforming America: The Political and Civic Incorporation of Immigrants in the United States. Charlottesville: University of Virginia Press.

Marrow, Helen B., 2011, New Destination Dreaming: Immigration, Race, and Legal Status in the Rural American South. Stanford, CA: Stanford University Press.

Murray, Sara, 2013, "Many in US Illegally Over Stayed Their Visas", Wall Street Journal. April 7. http://online.wsj.com/articles/SB10001424127887323916304578404960101110032. Accessed 10. 21. 14.

National Conference of State Legislatures, 2010, State Legislative Data Base, Immigration Bills.

Ngai, Mae, 2003, Impossible Subjects: Illegal Aliens and the Making of Modern America. Princeton, NJ: Princeton University Press; 2014, State Legislative Data Base, Immigration Bills.

Passel, Jeffrey S., D'Vera Cohn, and Ana Gonzalez – Barrera, 2013, "Population Decline of Unauthorized Immigrants Stalls, May Have Reversed", Pew Research Hispanic Trends Project. Washington, D. C.: Pew Research Center.

Portes, Alejandro and Robert L. Bach, 1985, Latin Journey: A Longitudinal Study of Cuban and Mexican Immigrations to the United States. Berkeley, CA: University of California Press.

Portes, Alejandro, and Jozsef Borocz, 1989, "Contemporary Immigration: Theoretical Perspectives on Its Determinants and Modes of Incorporation", International Migration Review 23 (3): 606 – 630.

Portes, Alejandro, and Rubén G. Rumbaut, 2006, Legacies: The Story of the Immigrant Second Generation, Berkeley: University of California Press.

Ramírez, Ricardo, and Luis Ricardo Fraga, 2008, "Continuity and Change: Latino Political Incorporation in California since 2009", In Racial and Ethnic Politics in California, edited by Bruce Cain and Jaime Regalado, and Sandra Bass, Vol. 3, pp. 61 – 93, Berkeley, CA: Berkeley Public Policy Press.

Smith, Keith, 2002, "What is the 'Knowledge Economy'? Knowledge Intensity and Distributed Knowledge Bases", Discussion Papers Series, Masstricht, Netherlands: Institute for New Technologies, The United Nations University, June.

Telles, Edward, 2010, "Mexican Americans and Immigrant Incorporation", Contexts, 9 (1): 28 – 33.

Tichenor, Daniel, 2002, Dividing Lines: The Politics of Immigration Control in America, Princeton, NJ: Princeton University Press.

United States Custom and Immigration Service (USCIS), 2014, Consideration of Deferred Action for Childhood Arrivals Process. http://www.uscis.gov/humanitarian/consideration-deferred-action-childhood-arrivals-process. Accessed 3.15.14.

U. S. Senate, 2013, "Border Security, Economic Opportunity, and Immigration Modernization Act of 2013", S.744. Proposed legislation. https://www.govtrack.us/congress/bills/113/s744/text. Accessed 3.15.14.

中国地方治理与农村流动
人口的公民权实现问题

王春光[*]

从20世纪80年代开始，农村流动人口成为中国工业化、城市化进程中一个独特的社会群体，折射出中国社会从传统的计划经济时代向市场经济转变的独特社会轨迹和现象。大量农村流动人口进入城市、涌向沿海发达地区，曾引发城市居民和政府官员的极度恐慌和不安，被视为"盲流"。曾有学者因此结合中国历史上多次出现的"盲流"导致政权更迭这一点，对当代中国流动人口做出耸人听闻的判断，更加剧了执政者的焦虑和不安。当然，更多的研究者从经济学、社会学角度去解释农村流动人口的原因和行为规律，以寻找有效的管理办法，以期实现"有序流动"。"有序流动"成为20世纪90年代中期被学界和政界经常提到的一个说法。接着又有学者提出农民工"返乡创业"，认为已经出现"返乡创业潮"，希望政府加大政策力度吸引农村流动人口返回故乡农村创业。不管是把农村流动人口视为"盲流"，还是提出农村流动人口"有序流动"和"返乡创业"，其背后隐藏着这样一种担心：农村流动人口是城市社会秩序的危害者，将农村流动人口排除在城市社会之外，城市不应该是他们的长期居住地和归属地。这里的一个价值预设是农村流动人口在流入地不应享有公民权。

国家有关农村流动人口的管理理念于2001年左右发生了明显的变化，开始接受农村流动人口作为城市社会的成员的看法，2006年国

---

[*] 王春光，男，中国社会科学院社会学研究所研究员。

务院专门颁布了《国务院关于解决农民工问题的若干意见》(〔2006〕5号文件),首次提出,农民工进城务工经商,是中国现代化的必然要求,并制定了18项具体政策(如就业服务和技能培训、社会权益保护和社会保险等)以解决农民工问题。但是,到现在已经近8年过去了,理念的变化、社会政策的调整,并没有完全达到农村流动人口享受到市民权的实惠。在过去的十多年中,国家更多的是进行一些社会政策变革的宣导,虽然出台了不少新的社会政策,但是真正能落实的政策并不多。从教育政策、劳动合同法到社会保障等,中央政府都要求各地政府(特别是流入地政府)将农村流动人口纳入当地的社会政策范围,让他们享受到相关的权利。我们的调查[1]表明,虽然有90.7%被调查的流动人口对所在城市有归属感,但是,他们并没有如愿地享受到与市民同等的社会权利和其他待遇:只有28%的流动人口参加调查城市的城镇养老保险,只有29.7%的流动人口参加当地的城镇职工医疗保险,只有3%的流动人口参加当地城镇居民医疗保险,只有11.5%的流动人口人享有住房公积金待遇,等等。与此同时,我们发现,在不同城市,流动人口享有的社会权利是不同的,其中内地城市比沿海城市好。由此,我们就想到这样一些问题:为什么中央政府已经在政策上要求给予流动人口同等的社会政策而事实上他们享受不到?为什么不同城市的流动人口会有不同的社会政策待遇呢?(当然,流动人口中农村流动人口占绝大多数)虽然这背后的原因很复杂,其中依然有中央政策改革不彻底的问题,但是,不可否认的是地方政府的治理方式、目的以及条件等是一个不可回避的重要因素。那么,它们究竟是怎样影响农村流动人口公民权获得的呢?不同地方在流动人口治理上是否有着内在的历史演进关系呢?这些正是本文要讨论和研究的问题。

---

[1] 指2013年由卫生与计划生育委员会牵头,中国社科院社会学所、中国人民大学、清华大学等机构共同参与的在八城市开展的流动人口社会融合调查。

一 社会融合研究中一个不可或缺的视角:地方治理

迄今为止,已经有各种理论来解释农村流动人口在城市社会的融合问题。以户籍身份体制为核心的城乡二元分割模式、社会排斥理论、公民权理论、社会融合理论、阶层区隔理论、城市化理论、社区整合理论等都被用来解释农村流动人口的社会融合问题。这些理论都有其一定的解释力,也有其局限性,尤其是在这些理论视野之外的没有将政府作为一个分层的、有不同利益追求取向的因素,以分析它们在农村流动人口的城市融合中的影响作用。现有的理论视角虽然都认为,现有的管理体制是影响农村流动人口社会融合的重要因素,但是,它们都是把作为管理体制主体的政府视为同质的、没有差别的,因而忽视了不同层级政府在对待农村流动人口的城市融合问题的态度和行为的区别。我们认为,从现有的体制来看,显然还有很多因素阻碍农村流动人口的城市融合,在这里,中央政府依然需要做出更大的改革努力,为让农村流动人口在城市享受真正的、平等的市民权,但是即使现有的中央政策(使农村流动人口享受到更多的实惠)并不一定得到有效的落实,所以,除了中央政府的责任外,地方政府的治理问题对农村流动人口融入城市起到不可忽视的影响作用。我们的研究切入点就在这里。

在公民权理论看来,融入城市社会,是农村流动人口应该获得的公民权,而让农村流动人口融入城市应该是各级政府履行的职责,地方治理体制应该体现这样的职责。中央的现有文件渐渐地开始体现这样的理论取向,不再公开地宣称农村流动人口不应享受城市的基本权利。从社会治理理论来看,政府不是唯一的权利提供者,但是政府所提供的权利对每个公民都是平等的,不应该是有区别的和歧视的。英国社会学家马歇尔在其提出的公民权理论中指出,公民权包括社会权利、政治权利和市民权利,主要体现在教育、政治参与和产权等具体方面上。地方治理的主要职责就是要将公民权落实到每个公民身上，让每个公民享受到平等的权利。全球治理委员会（Commission on Global Governance）认为治理"是个人和制度、公共和私营部门管理其共同事物的各种方法的综合。它是一个持续的过程，在其中，冲突或多元利益能够相互调适并能采取合作行动。它既包括正式的制度安排也包括非正式安排"。[1] 由此可见，社会治理的主体是多元的，各主体之间是相互合作和制衡的，治理主体同时也是治理对象，这说明，政府、社会、公民既是治理者又是被治理者。在治理理论看来，公民权不是给予的，而是争取的，具体到农村流动人口在城市的社会融入，并不是等着政府给予的，而是需要自己去争取。美国学者苏黛瑞将其对中国农村流动人口在城市的行动视为"在中国城市中争取公民权"，这个视角很有意思，对观察中国农村流动人口有重要的价值。但是，在实践中，农村流动人口是否真能如她所认为的那样通过抗争获得如愿的公民权，或建构起他们的公民权呢？显然她也没有给出肯定的答案（苏黛瑞，2009）。[2]

在公民权理论中，国家、社会和市场的关系是最为广泛采用的分析框架，但是，在中国的特殊政治情境中，国家并不如想象的那样是一体的，而是由多层次分级的政府构成，即在中央政府的集权下，各级政府都有一定的权力操作空间，在许多情况下，地方政府可以有政策"变通"空间和权力，正如中国社会通常所说的"上有政策、下有对策"，这种"下有对策"的说法主要指下级政府采取各种方式去应付上级政府的要求和政策。用治理的话语来说，中央政府通过一级级政府向老百姓输送服务（每个公民获得的权利），但是，在这样的输送过程中，不同层级的政府是拥有一定的空间和权力的，而不完全只是一个简单的输送者。我们将这个空间和权力称为"解读和变通"。虽然中央政府并没有从制度和政策上完全解决农村流动人口在城市社

---

[1] 引自百度百科，http://baike.baidu.com/link? url = ElbTfQHAzcJqoyi91qxIE66 – O7G EmgGtUNWCUHESUOYNh0MOP01qSnHyGL2gzdbN8xZ4emG6PQzDzbmigK_ 5g_ 。

[2] 苏黛瑞：《在中国城市中争取公民权》，王春光、单丽卿译，浙江人民出版社2009年版。

会的公民权问题，但是已经做出了向改善农村流动人口公民权的努力，而由于地方政府具有解读和变通的空间和权力，就有可能按照自己的意愿和利益去建构性地落实中央政策，从而影响中央政府的有关努力。

中国的政府层级是这样的：中央政府——省级政府（副省级政府）——地市级政府（副地市级政府）——县市政府（副县市级政府）——乡镇街道政府——社区（行政村）居委会。在政府的九个层级体系中，与农村流动人口直接互动的是乡镇、街道政府和社区（行政）居委会，但是它们没有决策权，只有县市以上的政府有决策权，决策权越大的政府与农村流动人口的互动越少，管理距离越大，因此，中央政府的政策需要和管理目的依托下级政府来执行贯彻，省市、县市政府在执行和贯彻过程中会依据自己的意图和需要对上级政府做出自己的解读，在解读过程中具有采取变通政策的可能。我们的调查表明，县市政府的决策解读、具体化和执行对农村流动人口的公民权获得的影响最具体、最明显和最直接，在不同县市，农村流动人口的具体处境大不同；与此同时，在城市范围，街道的作用相对小一些，而市、区政府的影响最直接、最明显。影响这些层级政府的决策意图和行动的因素是多样的，其中政府的治理理念、经济结构、社会传统以及流动人口现状是主要的影响因素。当然，治理理念可能受制于经济结构和社会传统，但是，有时候它也能发挥出相当大的独立影响。二、三产业是否发达、企业规模、所有制类型以及行业结构等经济结构因素是各地政府如何对待外来的农村流动人口的影响因素。社会传统包括语言、生活方式、地方观念等。至于农村流动人口的文化教育构成、来源地组成、聚居和居住方式、从事的行业类型等也是影响地方政府的治理行为。因此我们认为，从政策和制度层面去探讨农村流动人口的公民权问题，需要考虑到三个维度：一是在中央政府或者上级政府层面没有解决的政策和制度性障碍问题；二是在上级政府层面已经解决的政策和制度因素却在下一级政府层面特别是在县市级政府却存在落实障碍的问题；三是上级政府层面解决了的政策和制度却在下级政府尤其是县市级政府得到重新建构的问题。

二 地方治理类型的分析框架

如何衡量一个地方政府对待农村流动人口社会融合的态度和做法，可以有不同的角度，但是，就中国现状而言，对广大农村流动人口来说，是否给予户籍资格以及能否享受社会福利，是社会融合的重要条件。这里就从这两方面来分析地方政府治理对农村流动人口社会融合的影响。我们根据一个地方是否对外来人口有着开放的包容性以及是否实施公平的社会福利政策，以分析其治理特点，由此构筑出四种不同的地方治理类型，分别是市场开放型、市场控制型、服务控制型和服务开放型（见图1）。

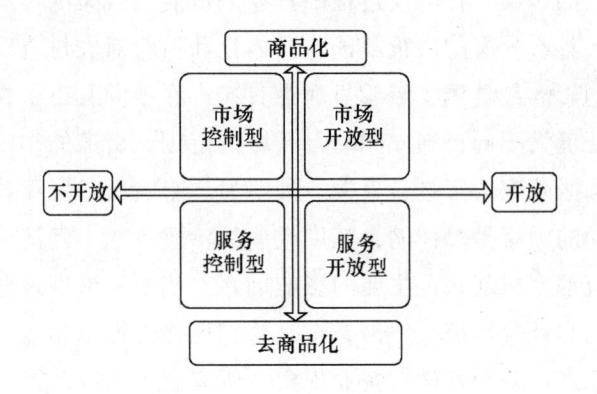

图1 四种地方治理类型

在中国，看一个地方政府对农村流动人口是否开放，端视其户籍政策。在过去的三十多年改革开放中，虽然城市户籍的本质变化并不是很大，但是，在形式上有过一些明显的变化，曾实施过蓝印户口、红印户口，后来实施暂住证，现在又出现居住证，所以，我们会看到，在一些城市还在使用暂住证制度，而另一些城市则采用了居住证制度；在有的城市，获得当地的户籍比另一些城市容易或者困难；在有的城市，其辖区内的农村流动人口转变户籍身份比辖区外的农村流动人口容易等。所有这些都可以体现出地方政府在治理上的开放性。

　　与户籍资格直接有关的是社会福利状况。在中国，户籍带来的最大差别就是社会福利的享受水平的差异。一般来说，有没有户籍，意味着能否享受到社会保障、教育、医疗卫生、住房保障等社会福利。当然随着户籍形式的变化，户籍资格与社会福利的关系也有了一定的变化，有了所谓暂住证、居住证，并不意味着一定能享受社会福利；不同城市赋予暂住证和居住证的社会福利是不同的。所以，户籍资格与社会福利也开始有限地分离。"社会政策具有促进劳动力去商品化的作用（即劳动者的生活依赖于劳动力市场的程度减弱）。"[①] 社会福利的提供主体至少有三类：企业、社会组织和政府，其中在许多国家，政府是主要的提供者。在中国，我们所说的社会福利在很大程度上是指由政府提供的，它们对劳动者的生活具有重要的去商品化的影响和作用。因此，农村流动人口如果在城市里享受社会福利，那么意味着他们的生活对市场的依赖减弱了，或者城市在一定程度上减弱了市场化、商品化对他们生活的影响；反之，如果他们享受不到社会福利，那么意味着他们的生活完全依赖市场，或者说完全是商品化的。由此，我们将开放性与商品化程度作为两个维度，构成了四个组合，即四种地方治理类型。

　　市场开放型就是指政府不提供任何社会福利，而户籍资格是可以买卖，当然价格是很高的，但是只要有钱，就可以获得户籍资格，有了这样的资格，并不意味着能享受政府提供的社会福利，社会福利还是依赖于自己从市场上获得或实现。以前一些城市曾经向外来人口出售蓝印户口，但是他们有蓝印户口，并不一定获得政府提供的社会福利；还有的城市现在还执行购房入户的政策，但是入户者并不一定享受社会福利，这也属于市场型治理。市场控制型是指，户籍资格是很难获得的，有钱也买不到户口，而流动人口的社会福利也不是由政府提供的，只能在市场上实现或获得。后面我们会看到，不少大城市是这种治理类型。

　　[①]　［日］武川正吾：《福利国家的社会学》，商务印书馆2011年版，第16页。

市场开放型和市场控制型的共同特点是，政府不给流动人口提供社会福利，而服务控制型和服务开放型的共同特点是社会福利由政府提供，但是服务控制型的开放性不如服务开放型。所谓服务控制型是指，政府根据自己的需求以社会福利来控制人口的入籍和本地化，其开放性很差，一般来说，获得户籍资格很难，但是一旦获得户籍资格，就可以享受政府提供的社会福利，否则是没有的，这就是户籍资格与社会福利相结合的中国计划时代的治理模式。而服务开放型是指，入籍没有障碍，享受政府提供的社会福利，也没有障碍。（见表1）

表1　不同地方政府治理类型的表现以及对农村流动人口的影响

	户籍资格获得和表现形式	政府提供的社会福利面向	对农村流动人口社会融合的影响	状态
市场开放型	没有限度地出售户籍资格	获得户籍资格并不一定能享受政府提供的社会福利，基本上还是要在市场中去获得	谁有钱谁就能获得城市社会的接纳，但是绝大部分农村流动人口实现不了	20世纪80年代曾在一些城市短暂性地出现过
市场控制型	用于出售的户籍资格是有名额限制的	获得户籍资格并不一定能享受政府提供的社会福利，基本上还是要在市场中去获得	并不是有钱就行，但是没有钱肯定不行	还在一些地方存在，如购房入户政策、纳税入户政策等都属于这一类
服务开放型	全面放开户籍资格限制	均等享受政府提供的社会福利	没有制度性和政策性障碍	有可能在一些中小城镇率先实现，但总体上看只是远景目标或理想
服务控制型	严格控制户籍资格，只给少数急需的所谓的专业人才	获得户籍资格，就享受政府提供的社会福利	有很强大的制度性和政策性障碍	这是一种现实类型，几乎所有城市都有一些相关的规定和做法

这四种地方政府治理类型不只是一种逻辑分类，而且在中国实践中有着一定内在的历史和现实关系。中国的改革开放基本取向是市场化、工业化、城市化，因此，向市场、工业和城市转移，一直是农村劳动力和人口的流动方向，在这个过程中，城市在对待农村流动人口的政策上出现相应的变化，因而在历史维度和区域之间出现不同的治理类型。市场开放型一度在20世纪90年代的一些城市出现过，表现为这些城市采用市场手段出售蓝印户口等做法，各地价码虽然不一，一度明显偏高，并不是所有农民所能承受的，但是，后来由于农民发现这些蓝印户口没有任何社会福利含金量，因此渐渐的不感兴趣了，蓝印户口政策也就无疾而终。而市场控制型治理是城市适应经济竞争的需求而采用的做法，基本上后于市场开放型而出现，主要发生在一些大城市和超大城市，一些城市采用购房入户或纳税入户的政策[①]，从而吸引农村富人和老板移民城市，但是入户者并不一定能享受到与原市民相同的社会福利，有可能是部分福利，如孩子高考等。这种做法目前还在一些城市存在。至于服务控制型，是从改革前一直延续现在的一种普遍做法，是城市非常有限度地给予少数人相应的市民资格，几乎不能惠及农村流动人口，甚至连被评为杰出民工的人也无法享受到。而服务开放型则是国家正在努力的目标，即建设一个人人享有公平的社会权利的社会和国家，不论在城市还是在农村，不论在任何地方，流动和迁移都不会影响社会权利的获得。由此可见，这四种类型有着这样的历史转变关系（如图2所示）：从服务控制型，经过市场开放型和市场控制型，目标是建立服务开放型的治理模式。

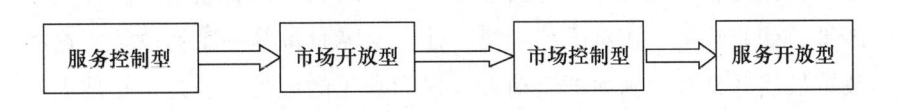

服务控制型 → 市场开放型 → 市场控制型 → 服务开放型

图2 四种地方治理类型的历史转变关系

---

① 如武汉市规定在中心城区"购买住房面积超过100平方米和总价超过50万元"，远城区"购买住房面积超过90平方米和总价超过30万元"，可按有关规定在项目所在地办理本市入户手续。可在住房地申办包括购房者本人、配偶和子女共3人以内武汉市常住户口。

从表面上看来，中国是权力高度集中的国家，表面看全国似乎只有一种治理模式，事实上并不尽然。那么为什么在权力高度集中的国家会出现不同的治理模式？这样的模式在农村流动人口的社会融入上如何体现？不同城市的治理模式之间存在怎样的关系和联系？这都是本文需要深入探讨的问题。

三 不同地方治理类型的案例分析

这里撷取中国上海、北京、广州、武汉四个大城市在某些社会政策的落实上对待农村流动人口的做法，以进一步讨论地方治理对农村流动人口的社会融合的影响问题。

这四个城市（S、B、G、W）的人口规模（包括户籍人口和外来人口）都在千万之上，其中流动人口所占比重高达1/3左右，由此可见，它们不仅属于超大城市，而且是当前中国接受流动人口的一些城市，因此，它们如何对待流动人口，在一定程度上影响到流动人口在城市的社会融合。在过去的十多年中，国家对待农村流动人口的社会政策发生了明显的变化。有研究认为，仅仅2006年国务院颁布的《国务院关于解决农民工问题的若干意见》（国发〔2006〕5号文件），仅在就业服务和职业技能培训、权益维护、社会保障三个方面就提出了18项具体政策（张一名，2009）[①]，而农民工是农村流动人口的主体。包括在其他年份国务院及相关部门出台的政策，目前中央政府已经在农村流动人口方面形成了居住政策、教育政策、医疗卫生政策、就业政策、权益维护政策、社会保障政策等一系列政策。这些政策虽然并没有明确地把流动人口视为真正的市民，但是，呈现出让流动人口尽可能享有与市民同等待遇的均等化趋向，如义务教育方面的"两为主"政策，让他们参与城市社会保障体系等。那么，这四个城市又是如何落实和对待这些政策的呢？

[①] 张一名主编：《中国农民工社会政策研究》，中国劳动社会保障出版社2009年版。

迄今为止，国家虽然曾在户籍上进行了一些改革，比如开放小城镇和小城市，但是，总体上并没有从政策上完全改革现行的户籍制度，尤其是没有放开超大城市的户籍限制。从中央到地方政府都意识到户籍改革是必须要做的事情，因为农村流动人口为城市发展做出了巨大的贡献。虽然没有中央政府的压力，但是，农村流动人口对户籍资格的要求越来越强烈，按国际通行的要求以及国家所倡导的社会公正等理念，超大城市也面临着放宽户籍限制的巨大压力。因此，一些超大城市进行一些微小的改革试点，比如改暂住证为居住证，有的还出台了积分入户政策。在我们分析的四个超大城市中，目前已经有三个城市出台了居住证，其中有两个城市实施了积分入户政策。居住证取得的门槛比较低，但是积分入户门槛非常高，对农村流动人口来说几乎是不可能跨越的。如广州市2010年实施居住证和积分入户政策。该市规定，"流动人口在居住地连续就业、经商六个月以上或者符合居住地人民政府规定条件的，居住地公安派出所或者乡镇、街道流动人口服务管理机构凭就业、经商等证明材料发给有效期最长为三年的居住证。不符合前款条件的流动人口，发给有效期最长为六个月的居住证"。居住证比暂住证有进步的方面是：居住证持有者可以享有一些公共服务和社会福利的权利，而且到了一定的年限有转为常住人口的可能。比如广州市规定，居住证持有者理论上可以享受职业培训、法律援助、计划生育技术服务、社会保障参保、疾病免疫和预防、技术职称评定、驾照考试和使用、办理港澳通行证等，只有那些住满5年以上的居住证者，其子女才享有与当地孩子同等的义务教育。该市还在政策上规定，"居住证持证人在同一居住地连续居住并依法缴纳社会保险费满七年、有固定住所、稳定职业、符合计划生育政策、依法纳税并无犯罪记录的，可以申请常住户口。常住户口的入户实行年度总量控制、按照条件受理、人才优先、依次轮候办理，具体办法由居住地地级以上市人民政府制定"。这里的总量控制和积分标准基本上将农村流动人口阻挡在入户的门槛之外。仅仅2011年该市只有3000人的积分入户指标，而流动人口多达600多万，几乎所有积分入户指标都被用来引进该市急需的人才。

上海于2002年实施居住证制度,是国内第一个颁布居住证的城市,与此同时,废止了蓝印户口政策。当时的居住证主要颁发给该市急需引进的国内外人才,因此,当时的居住证又称人才居住证,分A证、B证。生效后第一天获得居住证的只有60人,一年也就几千个名额而已,但是,"到2001年末,在沪常住外国、港澳台地区专家约4.8万人,约占全国近四成;通过'柔性流动'方式短期回国来沪服务的海外留学人员共有约2万人,约占全国的五分之一。"[①] 2013年5月20日上海市政府颁布了《上海居住证管理办法》,将居住证涵盖所有在上海有合法居住和合法稳定就业以及投亲靠友、就读、进修等半年以上的外来人口,因此又不同于以前的居住证,但是仍然保留着以前的一些做法和内容,如并不是所有持有居住证的人都能享受上海市的公共服务的。"《居住证》积分制度是通过设置积分指标体系,对在本市合法稳定居住和合法稳定就业的持证人进行积分,将其个人情况和实际贡献转化为相应的分值。随着持证人在本市居住年限、工作年限、缴纳社会保险年限的增加和学历、职称等的提升,其分值相应累积。积分达到标准分值的,可以享受相应的公共服务待遇。"这个指标体系"包括年龄、教育背景、专业技术职称和技能等级、在本市工作及缴纳社会保险年限等基础指标,并根据本市经济社会发展状况和人口服务管理需要,设置加分指标、减分指标、一票否决指标。各指标项目中根据不同情况划分具体积分标准"。[②] 随后上海市政府出台的《上海市居住证积分管理试行办法》规定积分标准分值为120分。[③] 对照有关规定,可以看出,农村流动人口要达成积分标准分值的可能性相当小:他们在教育背景、专业技术职称、加分指标等获得积分的可能性非常小,因为这些栏目的门槛太高。只有少数创业而成为老板或获得技能等级资格的农村流动人口有可能达成标准分值。尽

---

① 《从寄住证到居住证的变迁上海将恢复"移民"之城》,《上海青年报》2002年9月17日。

② 上海市政府:《上海居住证管理办法》(2013年5月20日),http://218.242.131.185/jzzsb/pingfen/zc1.jsp。

③ 上海市政府:《上海市居住证积分管理试行办法》(2013年6月13日)。

管上海市政府在居住证政策上开通了从一般居住证到标准分值的居住证以及从居住证转为户籍的渠道，但是，由于在两个节点上设置了很高的门槛使绝大多数农村流动人口无法跨越，因此，也就大大降低了他们市民化的可能性。

武汉市的户籍开放程度比广州和上海大一些。武汉户籍开放也是渐进式的，表现为暂住证、居住证和入户三种形式。调查显示，只有54.3%的流动人口办理了居住证，还有15.8%的流动人口办理了暂住证，还有一些流动人口基本上没有办理居住证或暂住证。在武汉，办理居住证的门槛并不高，只要求有合法的居住和稳定就业两个条件，而没有在居住证与公共服务享受之间设置条件，凡是持有居住证的流动人口都可以享受基本公共服务的权利：参加社会保险、子女接受义务教育等10项市民权利。持有居住证七年以上可以申请入户。与此同时，流动人口还可以通过以下途径入户武汉：婚姻入户、随父母或子女入户、兴办企业入户、大中专生毕业就业落户和购房入户等。对于多数流动人口来说，购房入户是较为可行的途径。武汉市规定在中心城区"购买住房面积超过100平方米和总价超过50万元"，远城区"购买住房面积超过90平方米和总价超过30万元"，可按有关规定在项目所在地办理本市入户手续。但是，绝大多数流动人口并不具备入户的条件，尤其是没有经济能力购房。

北京市虽然有所谓的居住证政策，只是一种人才居住证政策，而不是面向所有流动人口的政策，也就是说，它还没有以上三个城市所出台的那种居住证政策。可以说，北京目前的居住政策相当于上海以前实施的那种政策，颁布于1999年6月24日，全名叫《北京市引进人才和办理〈北京市工作居住证〉的暂行办法》。因此，更确切的是工作居住证，主要颁发给北京市所紧缺的人才，有很高的门槛，如第一个条件就是具有本科学历并获得高级专业技术职称的专业技术人员和管理者，或者在国内外获得硕士学位以上的专业技术人员，并且年龄在45

岁以下而身体健康。显然，农村流动人口不在其覆盖范围。①

从以上四个城市的户籍资格对农村流动人口的开放程度来看，北京是最小的，武汉和广州比较大但也有较高的门槛，上海的开放门槛很高，因此，这四个城市的户籍开放度从小到大依次是北京、上海、武汉和广州。同样是居住证，其内涵是不同的，北京的居住证与其他三个城市的居住证在本质上是不同的，后者是面向所有流动人口的，而前者指颁发给各种引进人才；即使在其他三个城市，居住证承载着不同的社会福利。武汉市规定，只要持有居住证，就可以享受当地提供的公共服务。上海则规定，并不是持有居住证就能享受公共服务，还需要达到一定的积分标准分值，才可以享受相应的公共服务，也就是在居住证的前提下又附加了积分条件。广州市则把居住证分为四类：半年以内、半年到三年内、三年到五年、五年以上，其中前三类享受的公共服务与后一类的是不一样的，比如只有住满五年以上的人才有子女享受义务教育权利等，住满七年以上的流动人口理论上可以申请入户，但是受名额限制。

由此可见，这四个城市的地方治理模式还是有明显的差别的：北京是严格控制户籍，因此属于控制型，而如果获得居住证，那么其享受的公共服务和社会福利与市民相同，北京属于服务控制型；上海和广州都为流动人口设置了迈向市民化的渠道和机制：上海是从居住证经积分达标，再转向入户；广州是从不同类型的居住证经年限、积分而转向入户，因此这两个城市可视为有限的服务控制型，在一定程度上比北京更趋向于开放。武汉的模式则是市场控制型，也就是说，只要有经济实力，在武汉购房，就可以获得入户的资格，与此同时，只要办理了居住证，就可以享受一定的公共服务，但是在事实上，还没有完全做到让流动人口享受与市民相同的服务，因为还有一定比例的流动人口没有办理居住证，而只持有暂住证，居住证与暂住证在享受公共服务上没有质的差别。虽然这四个城市在治理上并没有完全代表

---

① 《北京市引进人才和办理〈工作居住证〉的暂行办法》，http：//wenku.baidu.com/view/34dbbf80bceb19e8b8f6ba11.html。

本文所提出的四种类型，但是，它们也确实体现了彼此在治理模式上的差异。这种差异究竟是怎样形成的？后面通过对一些具体政策在地方的实施情况的分析，以揭示其背后的运行机制。

四 地方政府的"解读和变通"机制

同样的政策为什么在各地的实施情况并不相同呢？在中央没有出台政策的情况下一些地方政府为什么有兴趣出台相关政策呢？这就涉及中央与地方在治理上的关系问题。郑永年认为，在中国，确实存在这样的情况："尽管作为决策者的中央在不断推出新的政策，但地方总可以找到理由不执行中央的政策，或者有选择性地来执行政策，这取决于中央政策是否符合地方利益。[①]"他用"行为联邦制"来解释中国的中央与地方的关系，认为这背后的机制是"强制、谈判和互惠"（郑永年，2013）。他没有具体讨论地方政府是如何选择性地执行政策以及背后的机制。我们认为，在对待农村流动人口的地方治理之所以出现不同的类型，就体现在各地通过一定的机制去有选择性地对待中央政策这个过程之中，我们称为解读和变通机制。

所谓"解读"是指地方政府根据自己的兴趣、利益对中央政策做出的解释或理解；变通就是基于解读而采取的行动或做法。在以上四个城市的流动人口政策中，在户籍政策、社会保障、义务教育等方面既有体现中央有关流动人口政策的大方向，又有一些明显的差异，这些差异有可能是因为中央政策的不明确造成的，也有很大程度上是地方政府通过"解读和变通"所致，这里更关注对后者的分析。就我们对政策的深入分析，发现当前至少存在三种解读和变通机制，即试验、悬置和预设。

四个城市的户籍政策改革都属于试验做法。虽然中央对城乡户籍制度改革有过一些原则性规定，但是对上海、北京、广州、武汉等超

[①] 郑永年：《中国的"行为联邦制"》，东方出版社2013年版，第10页。

大城市，没有提出明确的具体政策要求。上海与北京早在20世纪90年代后期就制定了人才引进居住证政策，居住证政策由此诞生了。后来广州推行积分政策，在一定程度上将居住证政策进一步深化和推广，在居住证与户籍之间建构了一条很窄的通道。随后上海也仿效之。这两个城市的门槛是不同的，尤其是与居住证挂钩的社会政策有明显的差异。在中国的改革开放中，各地的"试验"做法在大多数情况下是被中央政府所许可或默许的："经验告诉我们，中国的改革往往是首先从地方开始的，先在各个地方开始实践，然后通过适当的'顶层设计'，把地方经验提升成为国家政策，继而推广到全国。"[①]

正如上文所指出的，在过去十多年中，中央陆续出台了一系列针对流动人口的社会政策，如社会保障政策、义务教育政策、劳动权益政策、职业技能培训政策等。20世纪90年代后期，教育部就提出了流动人口子女"两为主"政策，但是，到现在各地对这个政策的落实和执行很不一样，部分被"悬置"的情况比较普遍。北京与上海在对待流动人口子女教育的做法有明显的不一样。从统计数字上看，流动人口子女上公办中小学的比例都在60%以上，但是，仍有相当数量的流动人口子女在民工子弟学校上学。上海对民工子弟学校的政策是，把生均经费补给民工子弟学校，并在硬件和软件上改善民工子弟学校的教学条件。北京虽然也对一些获准办学资格的民工学校给予一些补贴，但是没有给予生均经费，尤其是，获得办学资格的民工学校数量很少，还有一些被认为有办学条件但不能获得办学资格的民工学校，它们也没有被取缔，目前处于所谓的"非法办学"状态。更值得注意的是，北京流动子女上公办学校的比例之所以很高，在于北京市多次清理、取缔民工子弟学校而造成一些流动人口子女无学可上，只好离开北京。最近，北京市某区政府发布通告说，为了使农民工子女更好地享受义务教育，拟取消所有不合格或没有获得办学许可的民工子弟学校。由此39所民工子弟学校被强行取缔。曾在这些学校上学的流动孩子失去了上学机会，找不到愿意接纳他们的公办学校。一些家长

---

① 郑永年：《中国的"行为联邦制"》，东方出版社2013年版。

带着孩子到公办学校要求上学，却被告知说，这些学校没有接到政府要求接纳他们孩子的通知或文件。一些经济条件比较好的家长找关系送人情，缴纳赞助费，才得以进入公办学校，但是更多的家长带着孩子到其他有民工子弟学校的区县务工，或者将孩子送回农村老家，成为留守孩子。在该区的一所民办公益性民工子弟学校，由一位老板赞助兴办，免费为农民工子弟提供义务教育。该校借用的是原先一所公办小学的校舍，教育质量已经达到该区政府教育部门的要求，有关教育官员强调说，该学校已经合乎办学要求，但就是不给其颁发办学许可证。在上次取缔过程中，该校虽然没有被取缔，但是，由于没有获得办学许可证，因此，就难以获得相应的教育补贴。该校的校长毕业于北京某高校，自己兴办了一家微小高新企业，赚了一些钱，自己掏钱办这所学校。他说，他也是农村出身的，曾到学校所在地看望民工子弟学生的生活状况，发现原来办这所学校的校长坚持不下，准备不办了，如果这所学校不办，周围的流动孩子就失去了上学机会。同情心、慈善心激发了他接下这所学校，已经坚持了8年之久，现在他也快坚持不下去了。由此可见，那些被认定为不合格的民工子弟学校经常被关闭和被拆除，被拆除后，民工子女难以进入公办学校，而那些即使达到合格条件的民工子弟学校，也拿不到合法的许可证，为政府今后的拆迁留下空间，这就使农村流动人口及其子女不能稳定地在该市生活和发展。

在广州，流动人口子女进入公办学校，基本上都要缴纳一定的费用，虽然这样的费用并不是公开宣称要缴纳的，但是，事实上流动人口都会被要求缴纳，否则其子女就进不去。不少流动人口将子女送入私立学校，这样的私立学校不同于民工子弟学校，学费比较高，当然办学条件也好很多。所以对大部分农村流动人口来说，他们没有经济能力送孩子上私立学校，而只能选择让孩子留在农村上学。相对而言，武汉市的流动人口子女上公办学校的门槛低一些，武汉市流动人口随迁在学子女就读公办学校的比例，幼儿园阶段为21.7%，小学阶段为88.2%，初中阶段为93.1%，这个数据远超过上海、北京和广州。

中央政府另一项被各地部分悬置的教育政策是异地高考政策。按国家教育部的要求，各省市都要在 2012 年年底前出台异地高考政策，目的在于放宽流动孩子在异地高考的限制。虽然教育部的要求相当含糊，没有规定具体的指标，为各地政府的悬置做法留下空间，但是，许多地方政府的做法确实不合乎教育部的要求。到 2012 年年底，各地政府确实也出台了一些相应的政策，结果显示，凡是流动人口少的省出台的异地高考政策限制最少、最宽松，如江西、黑龙江等省，而流动人口多的省市基本上是采取应付的做法，没有实质性的政策调整和改变，如北京、上海和广州等市。北京市 2012 年年底公布了一个所谓的过渡方案，承诺 2013 年出台正式方案。迄今为止，许多省市仅仅出台向外地学生开放参加中职和高职考试的政策，而依然没有出台放开异地参加高考的政策。大学本科部分的录取则尚未公布放开的时间表。上海市则公布了一个 2014 年放宽政策的方案，其主要内容是，2014 年开始，持有上海居住证 A 证的来沪外来务工人员子女在上海参加高中阶段学校招生考试并完成高中阶段完整的学习经历，可在上海报考。而按上海市居住证制度，只有获得本科以上学历的外来人口才能获得居住证 A 证，由此可见，上海市的所谓高考放开方案对农村流动人口基本上没有任何意义。广东省似乎在放开步伐上迈得大一点，但是对农村流动人口来说，依然没有多大实质价值：2013 年起，通过积分入户广东的异地务工人员、高技能人才，其随迁子女可在广东报名参加高考，其他符合条件的随迁子女从 2014 年开始可以报考高等职业学院，2016 年可以报名参加高考。而广东和上海的另一项政策，都是针对积分入户或者取得工作居住证的外来人员的子女。广东的积分入户也是很严格的，一般来说农村流动人口基本上没有入户的希望，当然比上海和北京进步的是广东承诺 2016 年进一步放开，但是不知道是否会有宽松的条件呢？只有武汉市承诺 2013 年放开流动人口子女在武汉享受参加中考和高考的权利。

至于《劳动合同法》的执行情况，比教育政策更不乐观。《劳动合同法》规定，一天加班不得超过 3 小时，一个月总共加班不得超过 36 小时，加班有加班费，节假日加班费是正常工时工资的 3 倍；雇佣劳动，必须签订劳动合同等。事实上，农村流动人口超时加班是相当普遍的现象，劳动合同签订率依然很低。2013 年我们的调查数据显示，武汉市的流动人口每周工作 7 天的占 57.2%，而户籍人口只有 11%；流动人口每天工作超过 8 小时的占 61.2%，户籍人口只有 19.1%。国务院出台了一系列就业培训和服务政策，但是，调查显示，真正享受到这些政策的农村流动人口只占很小比例。北京市的情况也不是很好："被访者近六成（59.6%）为个体工商户，加上在私营企业中就业的被访者（22.3%），两者覆盖了调查对象的 81.9%。被访对象无任何社会保险高达 86.5%；67.9% 的雇员未与雇主签订劳动合同；37.6% 的雇主和自营劳动者无照经营，17.4% 的雇主和自营劳动者借用他人的经营执照。"[1] 有调查显示，上海市 2008 年用工单位与劳动者的合同签订率高达 98.5%。[2] 虽然这个数据值得怀疑，但是，在一定程度上显示上海在劳动合同法方面的执行相对好一些。

另一个解读和变通机制是预设。如果说悬置是一种不给出任何理由而不去实施中央一些政策的做法，那么，预设是给出理由而不执行的做法，即地方政府对中央政策的落实设置很高的门槛，以压缩政策对象范围。如果说悬置是一种对中央政策名至而实不至的做法，那么预设则是一种名至而实少至的做法。不论是上海，还是北京、广州和武汉，对农村流动人口享受当地社会政策都预设了一定的条件，比如稳定的合法就业和合法居住条件，子女上学还需要办理监护人证明、父母就业和计生证明等，社会保险参保条件等。这些条件在很大程度上限制了不少农村流动人口获得合法权益和享受基本的社会权利，因为不少农村流动人口在城市从事非正规经济活动，他们不能出具相应的所谓就业证明，他们中有不少人都是居住在简易的房子里，没有租房手续等。在这种情况下，他们的子女就享受不到义务上学的权利，他们自己也不能参加（或者只能参加部分）城市社会保险等。当然，

---

[1] 袁伦渠、尹志刚：《北京市常住家庭户流动人口的移民倾向和行为调查研究（摘要）》，http://www.counsellor.gov.cn/content/2009-01/20/content_2154.htm。

[2] 黎建飞等：《〈劳动合同法〉的实施提高了劳动合同的签订率》，http://www.china.com.cn/law/txt/2008-12/25/content_17008199.htm。

不同城市预设的条件是有差异的：有的城市基本上不向灵活就业的流动人口提供社会政策支持，有的城市则提供部分社会政策支持，有的城市则允许流动人口通过市场实现其一些社会政策需求等。

不管怎样，中央有关流动人口的政策在地方的落实上并不是百分百的，而是存在明显的落差。这一方面是由于"虽然法律由中央制定，但是地方有很大的解读空间。而由于地方与地方之间差异很大，中央也容许地方对法律的不同解读"。① 具体地看，中央的政策往往是原则性的，还需要地方政府根据本地情况制定实施细则，与此同时，中国缺乏一套科学的评估机制，因此，为地方政府采取悬置、预设的做法提供了依据和空间。另一方面各地政府都有一定的利益追求，会寻找一些理由和借口来化解上级政府的压力。就拿这里讨论的四个大城市来说，北京由于首都的原因，更偏重于社会稳定，因此，增强政府对流动人口的管制成为政策的首选目标；而上海则追求打造世界金融和服务中心，因此相对来说，开放就显得更为重要；广州市是中国市场化改革的先行、先试者，因此，市场化、商业化在一定程度上影响到政府的行为；武汉作为内陆大城市，正在加速追赶沿海发达城市，因此急需更多的劳动力为其服务，而其流动人口大多是省内的，因此，这就使其有更多的理由让流动人口享受同等的社会政策。基于诸如此类的目的和利益，各地就表现出不同的政策取向和偏好，由此撷取和落实有利于本地的中央政策，而悬置或通过预设解构了其他方面的政策。

五　讨论

本文选取了上海、北京、广州和武汉四个城市作为分析对象，试图从中找出地方治理对农村流动人口公民权实现的影响机制。这里首先要明确的是中国社会的公民权整体状况，而农村流动人口的公民权

---

① 郑永年：《中国的"行为联邦制"》，东方出版社2013年版，第8页。

只是这一状况的体现之一。按照我们的分析框架，可以看出，中国公民权的实现与否，不仅取决于中央政府，而且还受制于地方治理，而不同地方有着不同的治理表现。北京的治理属于服务控制型，也就是说，在户籍开放上非常缓慢、小心，对农村流动人口来说，基本上不能获得北京户口，而且目前也没有出台居住证政策和积分政策。而上海、广州和武汉在户籍控制上比北京有更大的改革和开放，至少已经留出了从流动人口向入户转变的一条狭窄的通道。这条通道在这三个城市也有窄宽之分，其中武汉比广州稍宽些，广州比上海稍宽些。与之相应的是，这三个城市在对待流动人口的社会政策上也有不同：武汉更倾向于让流动人口分享社会政策，而广州更偏向于让市场发挥作用，而上海根据不同的居住情况设置了不同的社会政策待遇。据此，我们可以看出，武汉的地方治理偏向于服务开放型，广州偏向于市场开放型，而上海则偏向于服务控制型，但又比北京更接近于服务开放型。如果说服务开放型是中国今后社会改革和农村流动人口社会融合所追求的理想目标类型，那么，我们可以看出，在实现农村流动人口公民权上，在这四个城市中，武汉在治理上处于先行者，随后是广州、上海和北京，它们成"雁式"在递进和发展。

但是，这并不等于武汉已经实现了农村流动人口的公民权，事实上，所有这四个城市乃至中国都没有完成农村流动人口的公民权。虽然公民权的内涵很丰富，而且在不同国家甚至一个国家的不同时期也不太相同，但是，随着社会经济发展，公民权的内涵呈现出趋同的态势，尤其是社会权利已经获得普遍的认可。也就是说，不管怎样，公民权是每个国家公民应享有的基本权利，已经获得世界的共识，用景天魁的话说，那是一种"底线公平"。这种"底线公平"或者社会权利并没有在全国获得实现。不同的地方治理体现了不同的社会权利观，从这点来讲，中国的社会权利出现地方化的现象，这里称为地方福利。地方福利有点像单位福利，有着明确的边界，但是随着改革开放深入，这个边界也在逐渐松动，因此出现了不同的治理类型。所以，从这个意义上说，采用什么样的治理类型，在很大程度上是基于如何维护地方福利的需要。

地方福利是相对于国家福利而言的，如果说公民权是享受国家福利的基本资格，那么，地方居民权或市民权（或户籍资格）就成了享受地方福利的资格。地方福利由三方面组成：经济福利、政府财政、居民福利。从对这四个城市的分析中我们至少可以看到这样一些现象：第一，地方福利越好的城市，对农村流动人口开放的幅度越小。第二，辖区内农村流动人口占多数的城市，对农村流动人口的开放度就大，否则就小。第三，城市更愿意吸纳那些能为地方福利贡献较大的流动人口，而农村流动人口相对来说对城市福利的影响要小一些，因此，就没有被考虑为优先选择吸纳的对象。第四，凡是需要地方政府承担主要财政的福利就更难向农村流动人口延伸。比如农村流动人口子女的义务教育支出，大部分由地方政府承担，而中央的教育财政转移支付到不了流入地政府，所以，在流入地政府看来，给农村流动人口子女提供义务教育，是种额外的财政负担，各地政府都认为，本级财政应该用于本辖区户籍人口的社会福利上，而不应为外来的农村人口所享用。第五，地方福利以存量为主而增量很少的城市更倾向于不向农村流动人口提供，比如高考名额是限定的，变化不大，因此，其对农村流动人口的开放就越难。

由此可见，地方福利成为地方治理优先考虑的因素，不论是政府还是企业，不论是本地居民还是社会组织，优先关注地方福利的改善。如果给予农村流动人口公民权是属于地方福利改善范围，那么就比较好地获得实现，否则，即使中央政府有了政策宣示给流动人口同城同地的公民权，地方政府也不会去积极落实，而会采用各种变通方式进行设限或阻碍。地方治理不会考虑公民权的普适性问题，所以，真正要落实流动人口的公民权，还是需要中央政府推进现有的社会体制改革，以确保每个公民都能获得最基本的公民权。

参考文献

岑乾明、宋卫琴：《城乡公共服务均等化：破解城乡统筹发展难题的突破口》，《经济研究导刊》2009年第24期。

陈潭、肖建华：《地方治理研究：西方经验与本土路径》，《中南大学学报》（社会科学版）2010 年第 1 期。

刘伟锋：《农村流动人口子女义务教育问题探究》，《湖北经济学院学报》（人文社会科学版）2009 年第 2 期。

李文辉、史云贵：《当代中国地方治理中的话语民主论析》，《湖北社会科学》2010 年第 5 期。

沙安文、沙萨娜、刘亚平：《地方治理新视角和地方政府角色转化》，《公共行政评论》2009 年第 3 期。

马跃：《财政的多元博弈和地方政府利益边界的界定——对安徽省 S 县财政体制变迁与地方治理关系的考察》，《经济社会体制比较》2010 年第 5 期。

牛喜霞、谢建社：《六大视角关照下的农村流动人口研究》，《学习与实践》2009 年第 8 期。

容志：《地方治理结构优化：调节中央地方关系的新思路》，《上海行政学院学报》2010 年第 6 期。

托尼·博韦德、埃克·劳夫勒、肖锋：《地方治理质量评估：公共服务的个案研究》，《上海行政学院学报》2010 年第 1 期。

王春光：《对中国农村流动人口"半城市化"的实证分析》，《学习与探索》2009 年第 5 期。

王春光：《中国城市化进程中的公民社会实践》，《浙江社会科学》2009 年第 1 期。

王春光：《我国城市就业制度对进城农村流动人口生存和发展的影响》，《浙江大学学报》（人文社会科学版）2006 年第 5 期。

王春光：《农村流动人口的"半城市化"问题研究》，《社会学研究》2006 年第 5 期。

吴自斌：《法国地方治理的变迁及其启示》，《江苏社会科学》2010 年第 4 期。

谢文俊、董立山：《农村流动人口人权保障的缺失与制度构建——基于宪政视角》，《湖南农业大学学报》（社会科学版）2011 年第 6 期。

张萍义、曹义：《新西兰地方治理经验借鉴》，《人民论坛》2010 年第 5 期。

郑永年：《中国的"行为联邦制"》，东方出版社 2013 年版。

美国外来移民与中国流动人口的社会医疗保障

Van C. Tran and Katharine Donato[*]

一 引言

奥巴马总统第一任期的一项重要成就是在2010年通过全民医保改革（也称患者保护和平价医疗法案或奥巴马医改法案），这项法案将在未来几年大幅度扩展医疗保障范围，覆盖过去的未参保人群。关于医疗保障改革，公众关注的一个热点是，该法案是否向非许可移民提供医疗保障服务。南卡罗来纳州众议员乔·威尔逊在参众两院联席会议上质问总统是令人难忘的一幕。当奥巴马总统反驳医改法案将有利于非许可移民时，威尔逊向总统大喊"你撒谎"——这一事件在网络上广泛流传。从某种意义上说，该事件不仅记录了关于社会医疗保障的充满火药味的辩论，也展示了政策制定如何影响美国外来移民的日常生活。

鉴于影响美国移民日常生活的移民政策和医疗服务体系密切关联，本文首先从较宏观的视角，聚焦医疗保障对非许可移民的覆盖。根据有关移民融合、社会保护和公共健康研究的最新进展，本文第一部分描述了非许可人口数量的增长，关于向合法移民和非许可移民提

---

[*] Van C. Tran，男，美国哥伦比亚大学社会学系助理教授；Katharine Donato，女，美国范德堡大学（VanderbiltUniversity）教授。
本文由杨思思译，张展新、郑真真校。

供医疗保险的制度和政策背景演变，以及移民获得医疗卫生资源时面临的主要挑战和困难。第二部分报告了基于2007年拉美裔人口医疗保险调查和墨西哥移民项目数据分析的研究结果，考察了合法身份如何影响墨西哥移民的医疗保险获取，这个群体构成了非许可移民的大多数。我们在第三部分试图比较墨西哥—美国人口迁移和中国农村—城市人口流动的相似性。我们讨论了急剧变化的中国医疗保障情况，简要介绍了最近几十年发展起来的覆盖中国人口的主要医疗保险项目。最后，讨论了这些分析对中国城市中流动人口健康的意义，提出了关于未来比较研究的建议。

虽然本文的理论和政策关注广泛涉及美国的非许可移民和中国的流动人口，我们的实证分析对象是居住在美国的墨西哥移民，因为他们构成了独特的个案研究。首先，墨西哥移民是美国最大的移民群体，人口迁移历史已持续了一个多世纪。其次，在最近40多年里，墨西哥移民数量有了巨大的增长。从1970年到2010年，出生于墨西哥的人口数量从76万增长到了1200万，形成了过去半个世纪中，从国外迁移到美国的最大规模且经久不衰的单向移民潮。2010年，1/10的美国人是墨西哥裔，他们占国外出生人口总数的30%。再次，墨西哥移民比其他移民群体更可能缺少法律地位，他们占非许可美国移民人口总数的62%。最后，Roberts（1997）的研究促使我们聚焦墨西哥移民，他的研究比较了墨西哥—美国移民与中国的乡—城人口流动，暗示着需要认识合法地位对获得医疗保障的影响。

本文也从更一般意义上讨论了为迁移人口提供基本保险的社会安全网的重要性，以及安全网如何影响他们的社会福利。尽管本文主要关注医疗保障获取，但我们也提供了一些关于国家层面的向移民提供社会保险的内容。我们聚焦合法身份的作用，原因是这种身份对于获得联邦和地方的医疗和社会福利是至关重要的。在中国城市，来自农村的流动人口和他们的子女在获得医疗保险和教育机会方面遇到类似的障碍。

首先要解释一个术语。本文中使用的"非许可"一词是指没有获得美国政府法律批准但居住在美国的移民。我们选择"非许可"而不是"非法"或"无证"移民，因为"非法"表示潜在的犯罪，并且涉及最近有关这一群体是否违法的政策进展。此外，"无证"也不完全准确，因为人们拥有各种形式的来自流出国或是美国各州和地方政府的证书或身份卡，例如驾驶证或一个城市的身份证。由于本文目的之一是通过实证分析来寻找关于中国城市的农村流动人口的理论启示，我们认为"非法"和"无证"都不能准确地形容中国的流动人口，"非许可"更接近我们想要了解的流动人口的现实处境。

最近二十年间，非许可移民人口的快速增长将移民政策推上了政治议程的头条。但是，除了占据政治和媒体的头条，不断增长的人口也对全国各地的社区产生了直接的影响。不仅非许可移民的规模增长，而且人口流出地的多样性也在增加。后果是地方政策的反应比以往更加多样性，从中性的容忍到敌意的逮捕和驱逐出境（Donato and Armenta，2011）。

三个主要的趋势影响了人们对非许可移民和移民政策的争论。第一，过去几十年间，非许可移民人口增长迅猛。第二，移民更倾向于居住在新移民聚集地，这些地区非许可移民人口的比重不断提高。第三，自20世纪90年代中期起，强硬政策的推行和驱逐出境的增多对这个边缘化群体的生活产生了负面的影响。

相关研究显示了1986年以来非许可移民的快速增长，在这一年美国最后一次开展了国际特赦计划（后文将详细讨论）。人口迁移潮的起源可以追溯到移民控制的错误，尤其是加强边境执法导致了许多意想不到的后果，例如减少了墨西哥与美国之间的往返迁移（Massey et al.，2002）。更多的墨西哥移民选择长期定居在美国，而不再是早期的季节性和往返迁移模式，因为边境巡逻增加了被捕的风险和再次入境的其他成本。

图1描述了居住在美国的非许可移民人口的变化。非许可人口从2000年的840万增长到2010年的1120万，最新的数据显示，从2007年的120万高峰后人口数量有小幅度的下滑。一项估计显示，近一半的非许可移民家庭是由夫妻和孩子组成，这表示一种"混合身份"家庭的持续存在（Passel and Cohn，2009）。在非许可移民中，

60%有墨西哥血统，这使该人口成为一个独特的被研究群体。虽然他们过去集中在少数几个州，但最近，非许可移民分布在全国各地，新迁入地的拉美裔移民越来越多（Marrow，2011；Massey，2008；Donato et al.，2008）。图2展示了2010年各州非许可移民的分布。加利福尼亚州和得克萨斯州拥有最多的非许可移民人口，这是意料之中的，不过另外几个州如亚利桑那、佛罗里达、佐治亚、伊利诺伊和纽约，非许可移民的数量也很可观。

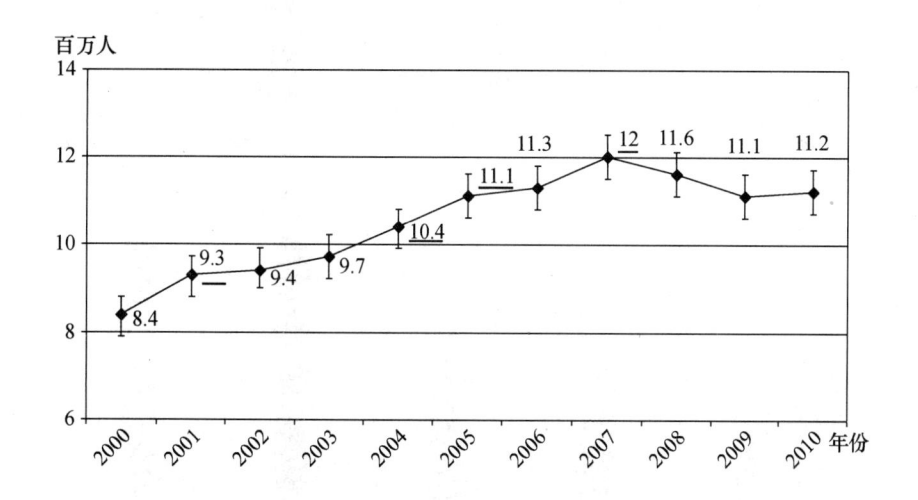

图1　美国非许可移民人数的估计（2000—2010年）

注：皮尤拉美裔中心的估计，将残差法应用于当前人口调查的三月补充。区间是估计的90%的置信区间。下划线的数字表明，与上一年相比的变化具有统计显著性。

资料来源：Passel and Cohn（2011）。

在非许可移民增长的同时，移民政策越来越严厉，移民的健康和福利受到很大影响。比如Donato和Armenta（2011）关注了移民法和非许可身份之间的关系，指出国家应对非许可移民的方法和过去不同，转向更严厉的"限制、定罪和驱逐出境"。地方政府应对非许可移民的方式也有变化，因为美国各州和地方政府通过了不同形式的立法，目标是针对非许可移民，更加限制他们获得社会服务和医疗保障。再者，联邦政府关于非许可移民的正式政策和方针已经脱离了地方政府和官员的实际做法,这些地方机构处于应对非许可移民的一线(Marrow, 2009; Donato and Armenta, 2011; Donato and Rodriguez, 2014)。

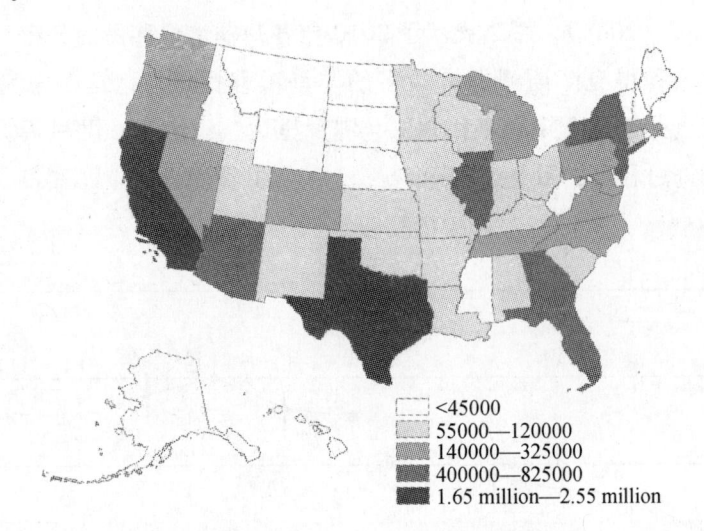

图2 2010年各州的非许可移民人口的估计

注:皮尤拉美裔中心的估计,将残差法应用于当前人口调查的三月补充。

资料来源:Passel and Cohn (2011, p.9)。

二 政策背景:向非许可移民提供医疗保障

本部分概述了1965—2010年美国的移民社会保护和社会融入政策与实践的演进。我们重点描述1965年以来非许可移民的社会医疗保障的演化以及合法身份的意义。这一讨论把问题引向美国的公民权特性和融入标准,同时探讨中国的公民权和融入形式,此处在合法身份方面与美国有所不同。

(一) 1965年以来移民社会医疗保障的演进

医疗保障被提上政策辩论前沿的一个原因是,过去30年间,医疗保障的成本不断上升。从1970年到2008年,医疗保障的总费用从749亿美元增长到23000亿美元,或者说从美国国民生产总值的

7.2%上升到16.2%（Hartman，2010）。医疗保障费用的惊人增长导致了在合法移民及非许可移民之间，医疗保障覆盖范围和参保资格的变化。

表1介绍了1965—2010年建立的8个重要社会保障项目，以及这些项目对移民获取医疗保险和社会福利的影响。首先是医疗补助和医疗保险，这最初是让合法移民受益。最近40年里，政策环境有三个主要的转折点：1986年的移民改革和控制法案，1996年的个人责任和工作机会协调法案，以及2010年患者保护和平价医疗法案。以下简要介绍这些变化并讨论对移民的影响，尤其是医疗保障覆盖范围对非许可移民的影响。

表1　美国影响移民获取医疗服务和社会服务的主要项目（1965—2010年）

项目描述	对移民人口的影响
医疗补助（1965年） 覆盖穷人、儿童、父母、老年人和残疾人	覆盖贫困的合法移民和他们的子女
医疗服务（1965年） 覆盖老年人	覆盖工作超过10年的合法移民
移民改革和控制法案（1986年） 对非许可移民的特赦项目	提供合法身份和社会、医疗服务
医疗急救和有效劳动力法案（1986年） 对所有的患者提供医院急诊服务	覆盖急诊室的患者，不论身份
不等比例医疗项目 不按比例的医疗补助和未参保患者的医疗补偿	覆盖不具备医疗补助资格的低收入移民
个人责任和工作机会协调法案（1996年） 所有合法和非许可移民医疗补助和食品券的参与资格的福利改革和改变	覆盖超过5年等待期的合法移民；不覆盖非许可移民
儿童医疗保险项目（1997年） 扩展到覆盖所有的未参保儿童	覆盖合法移民的子女；不覆盖非许可移民的子女
患者保护和平价医疗法案（2010年） 扩展到覆盖所有未参保美国人的医疗服务	覆盖未参保的合法移民；不覆盖非许可移民

资料来源：摘自Warner（2012）。

首先，移民改革和控制法案（1986年通过）包括一个特赦条款，授予约310万移民和农业工人以合法身份，其中约200万人来自墨西哥。这项立法产生了广泛而全面的影响。如果墨西哥移民符合医疗保险、医疗救助等项目对年龄和收入标准的规定，他们可以依照该法案获得合法身份，从而进入医疗保障的覆盖范围。10年之后，当国会通过、克林顿总统签署个人责任和工作机会协调法案之后，风向逆转，相关政策趋于增强限制。这项立法（也被称为福利改革）承诺结束"我们熟知的福利"，不再向非许可移民提供医疗补助、食品券和其他社会福利。个人责任和工作机会协调法案还对1996年后的美国移民收紧了资格要求，通过5年的等待期后，他们才能申请联邦援助。这样，联邦援助仅限于入籍公民和其他没有私人医疗保险的合法移民，但服务这一群体的医疗费用往往来自州政府专项资金或不均衡份额基金（用于医院为不均衡份额医疗救助和无保险患者报销费用）。唯一的希望来自医疗急救和积极劳动法案（1986），此项法案要求医院对所有急诊室的患者提供医疗服务，无论他们具有何种法律地位。

因此，个人责任和工作机会协调法案标志着为移民提供服务的转折点，原因是联邦医疗保障敌视非许可移民参与。其他公共服务项目中，非许可移民没有资格参加医疗补助、医疗保险、社会保障收入援助和儿童健康保险项目[①]，尽管允许他们参与或接受补充营养援助项目（过去被称为食品券）和补充营养援助项目对妇女、婴儿和儿童的帮助。表2总结了4个关键社会保障项目中的移民身份和参与资格：补充营养援助计划、贫困家庭临时补助、医疗补助和儿童医疗保险项目。虽然大部分的移民子女和孕期妇女可以参与这些项目，但对于大多数具备资格或不具备资格的移民，在前后的法规中存在明确的界限（如1996年之前和之后到达美国）。具备资格的移民包括合法的长期居民、难民和政治避难者、获得临时入境许可进入美国至少一年者、受到扣留和被驱逐者、遣返者、受虐待的配偶和子女、来自古巴和海地的新移民以及恶性人口贩卖的受害者。不具备资格的移民指不被列

---

① 也被称为国家儿童健康保障项目。

入某类合格人群的外国出生移民，包括临时受保护者、庇护申请者、其他合法移民（比如学生和游客），以及非许可移民。在4个社会保障项目中，规定时限前的合格移民更可能获得援助，而时限之后的合格移民通常需要在到达美国5年之后才有资格参与这些项目。也就是说，即使是对合格的移民而言，社会援助也变得日益严格，而包括非许可移民在内的大多数无资格移民都不能参加这些项目。

表2　　　　　　　移民身份和主要社会保护项目的参与资格

移民	SNAP	TANF	医疗补助	CHIP
儿童	有资格	有资格	有资格，各州有选择	有资格，各州有选择
孕期妇女	有资格	有资格	有资格，各州有选择	有资格，各州有选择
法规前合格的移民	大部分有资格	有资格	有资格	有资格
法规后合格的移民，不受5年限制	大部分有资格	大部分有资格	大部分有资格	大部分有资格
法规后合格的移民，受5年限制	有资格	有资格	有资格	有资格
不合格移民	少数有资格	没有资格	少数有资格	没有资格

注：1. SNAP：补充营养援助计划（原先称作食品券项目）。2. TANF：贫困家庭临时补助。3. CHIP：儿童医疗保险项目。4. 1996年8月22日之前进入美国的法规前移民。5. 1996年8月22日之后进入美国的法规后移民。6. 合格移民包括LPRs，难民和避难者、假释进入美国超过一年的人、获得暂缓扣留和驱逐的人、受虐待的配偶和子女、来自古巴和海地的移民和人口贩卖受害者。7. 不合格移民指国外出生的人，他们不在合格移民群体之中，合格群体包括被种族法（PRUCOLs）正式认定为长期居民、拥有短期被保护身份、避难申请者以及其他合法的移民（比如学生和游客）和非许可移民。8. 大部分有资格的群体指在大多数项目中具有资格，但是他们需要符合一系列的标准。9. 少数有资格的群体指只有当符合特定的标准时，他们仅在少数的项目中具有资格。

资料来源：Fortuny and Chaudry（2011）。

除了上述联邦项目，州和地方项目的差别很大。自2009年，各州有选择地放宽了医疗补助和儿童医疗保险的参与资格，向过去由于移民身份而被排斥在外的孕妇和儿童提供医疗保障，但这一福利只针对合法移民。表3描述了移民在各州获得食品援助、现金援助和医疗保障的资格，并展示了一些重要差别。最初，只有7个州为合格移民提供食品援助，其中包括加利福尼亚，而22个州为合格移民提供现金援助，包括前5个移民比重大的州（加利福尼亚、纽约、得克萨斯、佛罗里达和新泽西）。总体上说，移民比例最高的州更可能向移民开放基本的社会安全网。医疗保障的情况更为微妙，15个州向合格的移民提供，而17个州向不具备资格的移民提供。举例来说，非许可移民在加州获准通过卫生项目获得医疗补助，但福利只限于"紧急情况（包括分娩），胎儿期和长期护理"（Goldman et al., 2005）。相反，家庭健康项目（加州主要的国家儿童健康保障项目）为过去未参保的100多万儿童提供保障，但该项目不包括非许可移民子女，也不包括在美国定居少于5年的合法移民。

表3　　2010年各州为移民提供的社会保障类型

	食品援助	现金援助	医疗保障	医疗保障
	合格移民	合格移民	合格移民	不合格移民
亚拉巴马				
阿拉斯加			有	有
亚利桑那		有		
阿肯色				
加利福尼亚	有	有	有	有
科罗拉多				
康涅狄格	有	有		
特拉华			有	有
哥伦比亚特区			有	有
佛罗里达		有		
佐治亚				
夏威夷		有	有	有

续表

	食品援助	现金援助	医疗保障	医疗保障
爱达荷				
伊利诺伊		有	有	有
印第安纳				
爱荷华		有		
堪萨斯				
肯塔基				
路易斯安那				
缅因	有	有		
马里兰		有		
马萨诸塞			有	有
密歇根				
明尼苏达	有	有	有	有
密西西比				
密苏里				
蒙大拿				
内布拉斯加	有	有	有	
内华达		有		
新罕布什尔				
新泽西		有	有	有
新墨西哥		有	有	
纽约		有	有	有
北卡罗来纳				
北达科他				
俄亥俄				有
俄克拉荷马				
俄勒冈		有		
宾夕法尼亚		有	有	有
罗得岛		有		有
南卡罗来纳				

续表

	食品援助	现金援助	医疗保障	医疗保障
南达科他				
田纳西				
得克萨斯		有		
犹他				
佛蒙特				
弗吉尼亚			有	有
华盛顿	有	有	有	有
西弗吉尼亚				
威斯康星	有	有		
怀俄明		有		
各州合计	7	22	15	17

注：1. 合格移民群体包括 LPRs、难民和避难者进入美国至少一年者、获得暂缓扣留和驱逐的人、受虐待的配偶和子女、来自古巴和海地的移民以及人口贩卖受害者。数据时间是 2010 年 7 月。2. 不合格移民指国外出生的人口，他们不在合格移民群体之中，合格群体包括被种族法（PRUCOLs）正式认定为长期居民、拥有短期被保护身份、避难申请者以及其他合法的移民（比如学生和游客）和非许可移民。数据时间是 2010 年 7 月。

资料来源：Fortuny and Chaudry (2011)，表 3-4，pp.16-20。

表 4 也明显地展示了公共和私人医疗保障的各州间差异。2012 年，约有一半的移民由雇主提供医疗保障，约有 1/3 的移民依靠公共医疗保障项目，如医疗保险和医疗补助。其余的人在私人市场上购买医疗保险或处于未参保状态。[①] 一方面，基于雇主的医疗保险参与率从新墨西哥州的 38% 到新罕布什尔州的 59% 不等。另一方面，公共保险参与率最低的是犹他州，只有 21%，最高的是佛蒙特州，为 40%。

---

① 这部分未参保者的情况自从患者保护和平价医疗法案实施以后也已改变，该法案力争为未参保的人提供医疗保障。

表 4　　2012 年各州的医疗保障覆盖率和联邦资质健康中心（FQHC）数量

地点	雇主	公共	其他私人	未参保	FQHCs 合计
美国	48%	31%	5%	15%	1128
亚拉巴马	47%	34%	5%	14%	14
阿拉斯加	50%	28%	3%	19%	25
亚利桑那	45%	33%	4%	18%	16
阿肯色	40%	38%	4%	18%	12
加利福尼亚	45%	30%	6%	19%	121
科罗拉多	52%	26%	7%	15%	15
康涅狄格	58%	29%	5%	8%	13
特拉华	51%	35%	4%	10%	3
哥伦比亚	49%	36%	7%	8%	4
佛罗里达	41%	33%	5%	21%	44
佐治亚	47%	29%	5%	19%	27
夏威夷	53%	35%	4%	8%	14
爱达荷	47%	29%	7%	16%	11
伊利诺伊	50%	31%	5%	14%	37
印第安纳	52%	32%	3%	13%	19
爱荷华	53%	30%	7%	10%	13
堪萨斯	50%	31%	6%	13%	13
肯塔基	47%	33%	4%	15%	19
路易斯安那	43%	34%	3%	20%	24
缅因	48%	39%	4%	10%	18
马里兰	57%	25%	5%	13%	16
马萨诸塞	57%	35%	4%	4%	36
密歇根	50%	33%	5%	12%	29
明尼苏达	57%	28%	6%	9%	15
密西西比	45%	35%	4%	16%	21
密苏里	50%	30%	6%	14%	21
蒙大拿	41%	33%	8%	18%	15

续表

地点	雇主	公共	其他私人	未参保	FQHCs 合计
内布拉斯加	53%	26%	8%	13%	6
内华达	47%	25%	5%	23%	—
新罕布什尔	59%	24%	5%	12%	10
新泽西	55%	26%	4%	15%	20
新墨西哥	38%	37%	5%	21%	15
纽约	48%	36%	4%	12%	52
北卡罗来纳	46%	32%	5%	17%	28
北达科他	57%	23%	9%	10%	4
俄亥俄	50%	32%	5%	13%	33
俄克拉荷马	44%	34%	5%	17%	17
俄勒冈	46%	32%	7%	15%	25
宾夕法尼亚	52%	31%	6%	11%	35
罗得岛	50%	33%	5%	12%	8
南卡罗来纳	46%	32%	5%	17%	20
南达科他	48%	29%	9%	14%	6
田纳西	45%	36%	5%	14%	23
得克萨斯	45%	27%	4%	24%	64
犹他	58%	21%	6%	15%	11
佛蒙特	47%	40%	5%	8%	8
弗吉尼亚	54%	27%	5%	13%	25
华盛顿	50%	31%	5%	14%	25
西弗吉尼亚	47%	35%	2%	15%	27
威斯康星	52%	32%	6%	10%	16
怀俄明	51%	26%	6%	17%	5

注：阴影部分为每列的最高和最低值。

资料来源：1. 总人口的医疗保险，Henry J. Kaiser Family Foundation。参见 http：//kff. org/other/state‑indicator/total‑population/#。

2. 联邦层面的联邦医疗中心数目参见 http：//kff. org/other/state‑indicator/total‑fqhcs/。

除了医疗补助和医疗保险，许多低收入者和未参保者，包括大量的非许可移民，从政府健康中心（联邦资质健康中心，FQHCs）获得越来越多的医疗卫生服务。由前任总统布什建立的政府健康中心，其初衷是为美国的边缘群体提供可负担的医疗服务。基于公共卫生服务法案第330条，这些中心是接受联邦拨款的机构。根据这些方针政策，政府健康中心必须为服务欠缺的地区和人群提供服务，为他们提供一个灵活的收费体系，并为他们提供全面的医疗服务。表4的最后一列清楚地表示了政府健康中心在各州的数量差异，加州有121家中心，在所有州中是数量最多的。具有普遍意义的是，前5个移民流入最多的州的政府健康中心数量最多，说明作为移民安全网的组成部分，健康中心至关重要。

过去十年，健康中心项目得到显著扩展，全国的中心数量增长到1200家，2006年为1500万患者提供了医疗服务（Portes et al., 2012）。对于移民劳工、其他移民和穷人而言，联邦资质健康中心是尤为重要的医疗服务提供者。2007年，医疗中心为1/9的拉美裔人口、1/8未参保者和1/7生活在贫困线以下的美国居民提供服务（美国初级保健局2008）。事实上，联邦资质健康中心被视为医疗保障的一个国家安全网络。健康中心不仅为弱势群体提供基本的医疗保障，而且代表着"一种改进的医疗体系的基石"（Searles，2011）。该项目的最新发展体现在2010年患者保护和平价医疗法案的一个条款中，根据该条款，自2011年起，未来5年将向社区医疗中心投资110亿美元，向全国健康服务团投资15亿美元（Searles，2011）。图3应用恺撒家庭基金（Kaiser Family Foundation）的最新数据描述了政府健康中心的总体地理分布。我们又一次观察到这类中心明显集中在前10个国外出生人口最多的州。

最近的立法改革，即患者保护和平价医疗法案，由奥巴马总统2010年签署而成为法律。该法案将医疗保障覆盖范围扩大到约3200万未参保的美国人民并承诺减少医疗服务总费用。合法移民可从患者保护和平价医疗法案中受益，但非许可移民被排斥在外，且不能在保险市场上购买医疗保险或接受任何补贴（Warner，2012）。所以，最

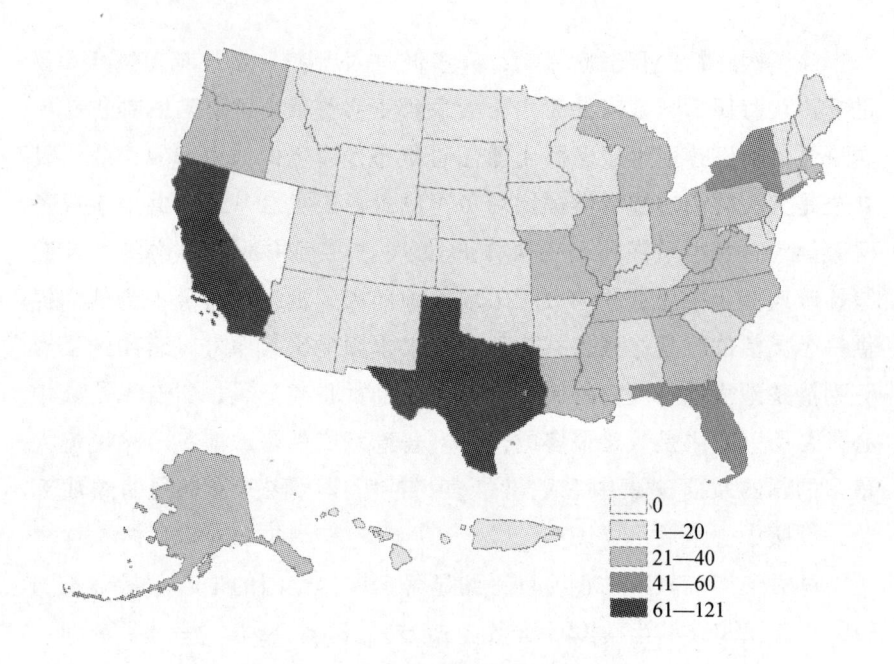

图 3　2011 年政府健康中心的分布

资料来源：Kaiser Family Foundation。原始数据参见 http://kff.org/other/state-indicator/total-fqhcs/。

近的医保改革带来了一个矛盾的效果，进一步加深了合法和非法移民间的分化，也加剧了他们之间的不平等。虽然非许可移民可以选择购买私人保险，但过程很复杂且价格高昂，还需要提供识别社会保障号，这实际上使得非许可移民无法利用私人保险市场（Marrow and Joseph, 2014）。

（二）移民的联邦主义：州和地方的作用

近期研究开始揭示，在实施美国移民政策方面，各州和地方的参与不断增多。这些研究强调移民的联邦主义，即政策实施的地方分权力，同时也说明了内在矛盾（Newton, 2012；Varsanyi et al., 2012；Ramakrishnan and Wong, 2010；Armenta, 2012）。这些研究显示，市和县越来越承担起实施移民法律和法规的主要责任，这超出了传统的联邦与州之间的权力划分。分析针对市警察局长和地方行政长官的调查数据，Varsanyi 等（2012）将这一新情形概括为"多层次管理组合",准确地描述了"混乱,且常常矛盾的美国移民执法空间布局"的特点。具体来说,重叠和相邻的地区对待移民采取矛盾的做法,特别是针对非许可移民。同时,地方政府与联邦政府合作可能破坏了地方警署和移民社区间的微妙关系。按同样的思路,Newton（2012）分析了3437条2006年至2008年各州有关移民的法规,结果显示这些条款主要关注规范就业和身份认证,比如驾驶证,目的是实施移民法律。因此,州层面的移民立法往往促进和配合联邦政策,但没有特别的创新之处。

1996年,非法移民改革和移民责任法案通过,法案包含了一个条款,允许地方执法部门与国土安全局的移民与海关执法部门合作,报告非许可移民,以驱逐和遣返非法的外国人（Donato and Armenta, 2011）。结果是,287个项目在各市和各州展开,但这些项目逐渐被安全社区计划所取代。

在这种形势下,全国各城市采取了庇护政策。各州和地方政府采取的庇护姿态,从本质上是对非许可移民的存在视而不见,并常常拒绝就逮捕和驱逐非许可移民与联邦政府合作,实际上宣布自己是非许可移民的庇护所。目前,全国有数百个中型和大型城市有庇护所的称号。这包括亚利桑那州的凤凰城和图森、密歇根州的安阿伯和底特律、新泽西州的卡姆登和特伦顿,北卡罗来纳的夏洛特和达勒姆、得克萨斯州的休斯敦和达拉斯,以及纽约、洛杉矶、芝加哥、费城、迈阿密和圣迭戈。除了为非许可移民提供安全的庇护所,这些城市通过弱化合法身份或是直接通过州财政拨款建立福利项目,为他们提供社会和医疗福利。图4展示了在各州,拥有或没有州或城市的避难立法的总体情况。格局上大体一致：有更多移民人口的州,比如加州和得克萨斯州,相较于拥有较少移民人口的州更可能成为庇护所。

除了庇护政策,城市身份证条例也提供了一个包容移民新机制,这一机制在州和地方层面存在差异性。以前的政策向非许可移民提供保护,以避开联邦审查制度,而身份证条例帮助他们更好地应对日常生活。遗憾的是,在敌视移民的政策环境下,这是唯一一个亮点。举例来说,移民身份证附带照片的问题一直在全国有激烈的争论。在"9·11"

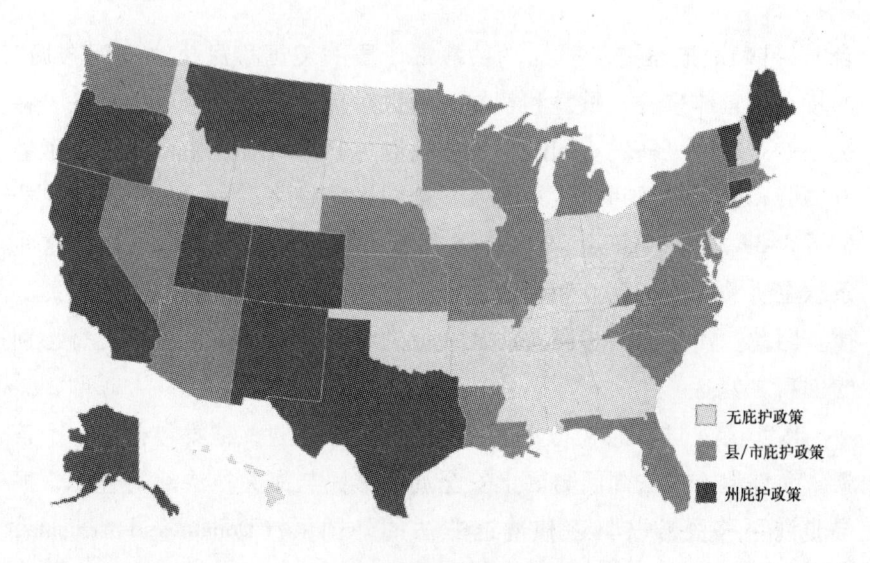

图 4　2013 年各州的庇护政策

资料来源：美国移民改革联盟。参见 http：//www. fairus. org/DocServer/amnesty_ 2013_ debate/Sanctuary_ Policies_ Across_ the_ US_ 110513. pdf。

事件之前，许多州和城市可以自由发布移民的官方身份证。但是，"9·11"事件之后，所有移民，尤其是非许可移民，面临着更高的安全性关注和更详细的审查。最近几年，一些地方政府修改了身份证条例，只要移民能够用外国护照证明自己的身份，就可以获得当地身份证。这些城市和自治地区包括纽黑文、旧金山、普林斯顿、特伦顿、奥克兰和纽约市。在美国各州，目前只有三个州（华盛顿州、新墨西哥州和犹他州）允许移民获得驾驶证。拉斯维加斯和纽约市是允许移民获得驾驶证的两个城市。

三　美国非许可移民的医疗保障参与

（一）合法身份对医疗保障参与的影响

关注合法身份十分重要，因为对移民而言，合法身份与许多社会、政策、经济和健康问题有关。合法身份不仅是获得社会资源和保障的重要途径，而且有助于避免心理与精神健康问题。Chavez（1988）在墨西哥裔非许可移民中做了质性研究，列举了移民在日常生活中面对的障碍，包括持续躲避警察、被捕的风险和对遣送的恐惧。

关于医疗保障，一个关键、有所变化的问题是，非许可移民在当地社会如何被定型和认知（Willer, 2012）。具体而言，非许可移民是否应当获得医疗卫生服务，仍陷入道德和伦理的争论中。Viladrich（2012）分析了个人责任和工作机会协调法案出台之后的社会科学和公共卫生的讨论，描述了有关移民获得医疗卫生福利的矛盾模式。一方面，公共卫生研究一致认为，移民理应获得医疗服务，因为他们的辛苦工作为美国社会做出了贡献。例如，"辛劳移民模式"强调了一个事实：移民不能充分地使用医疗卫生服务，与本国人相比，他们的医疗保障支出水平更低（Viladrich, 2012）。"节约成本模式"进一步指出，如果非许可移民的医疗状况不能在短期内得到应有的关注，将成为美国社会中潜在的中期和长期成本。

另外，医学人类学的研究关注保护当地人，使他们避开移民带来的潜在风险。例如，"国家安全模式"提出一个观点：移民可能带来更多的疾病，如肺结核和艾滋病毒，这可能威胁到本地人的健康。在"9·11"事件之后又加上非典型性肺炎的流行，"国家安全/恐怖主义模式"在全国盛行，公共卫生专家借助这个模式，论证为移民提供医疗保障的必要性；移民（合法移民和非许可移民）的福祉与美国本地人紧密相连，因此"保护他们"也被视作"保护我们"（Viladrich, 2012）。例如，许多医生在工作中采取这样的立场看待移民患者，"移民不是一个孤立的群体，而是我们社区的一个组成部分。忽视他们的需求将把整个社会置于危险之中"（Searles, 2012）。最后，"社会正义模式"倡导向一些弱势群体，如难民、孕妇、孩子和老人提供医疗服务，并常常把这种取向视为人权的体现（Vildarich, 2012）。

Viladrich（2012）也提出了"激冷效应"或"自愿退出"，用以说明，有资格获取医疗和社会福利的移民实际上并没有享受待遇。一个主要原因可能是，移民"内心认为不该享受"，这是1996年通过的福利改革的直接后果。有的学者利用这个模式证明移民的医疗和社会服务包容性,认为他们不是没有充分使用,而是不利用可获得的资源。

地方层面的政策环境也影响卫生服务提供者对非许可移民的态度。例如,Marrow（2012）发现旧金山的医疗保障机构对患者采取包容态度,尽管知道他们中的许多人是非许可移民。旧金山市对移民更宽广的包容性环境促进了这一情况,该市也是第一个为非许可移民提供官方身份证的地区之一。但是 Marrow（2012）也发现移民获取卫生保健服务的限制,当涉及专项医保或辅助社会支持服务时,非许可移民面临更多的障碍。

最后,我们不认为法律地位是一个简单的一分为二的问题。虽然关于美国移民的争论倾向于将外国出生的人口分为许可和非许可移民,但是现实情况往往更加复杂。例如,一些非许可移民可能通过旅游签证、短期工作签证或学生签证合法地到达美国,在超出签证时间逾期居留美国之后成为非许可移民。其他的非许可移民意识到自己的不利处境,并往往通过雇主担保或与美国合法居民结婚等方式来实现身份合法化。此外,移民家庭越来越多的是混合身份,家庭中一个或多个成员有合法身份但其他成员没有。同样地,一些非许可移民的孩子是美国出生的,这些孩子一出生就是美国公民。

（二）墨西哥移民与医疗保障参与

以前的研究关注拉丁裔移民与非拉丁裔移民之间和拉丁裔移民内部的参保不平等（Alegría et al., 2006; Carrasquillo et al., 2000）。一般来说,研究发现,与亚洲人及非拉美裔白人相比,拉丁裔移民的保险覆盖程度更低,更少参与医疗保险,利用医疗服务的水平更低（指初级保健就诊和急诊的次数）,而在拉丁裔移民群体中,墨西哥移民参与和利用医疗服务的水平最低（Vargas‑Bustamante, 2012, 2009; Carrasquillo et al., 2000; Durden and Hummer, 2006; Ortega et al., 2007）。许多研究也揭示了这种脆弱性的主要来源,包括社会经济背景、移民地位、语言和文化障碍、各州和联邦对公共医疗项目的限制政策、居住地点以及对医疗机构缺少信任（Derose et al., 2007; Ku and Matani, 2001; Kim and Shin, 2006; Portes et al., 2012; Okie 2007; Warner, 2012)。

有研究根据2005年当前人口调查，表明32.7%的拉美裔移民没有医疗保险，与之相比较，19.7%的黑人、16.8%的亚洲人和只有11.3%的非拉美裔白人未参保（DeNavas – Walt, Proctor, and Lee, 2005）。在拉美裔移民中，即使调整了其他可观测的协变量后，墨西哥移民的医疗保险参与水平仍是最低的（Vargas Bustamante, Fang, Rizzo and Ortega, 2009）。同样地，相比较所有其他的拉美裔移民群体，墨西哥移民更少参与和利用医疗服务，包括生病时有固定的治疗机构、及时接受医疗服务和获得医疗服务的能力（Vargas – Bustamante, Fang, Rizzo and Ortega, 2009）。

移民寻求医疗服务的途径独特，面临的障碍也是独特的：不了解美国医疗服务系统，合法身份缺失，文化和语言障碍，再加上对医生的恐惧，医生在移民眼中可能象征着流入地国家的权威人物。在最近的研究中，Portes等（2012）利用在迈阿密、劳德代尔堡、圣迭戈和新泽西中部的40家医疗服务机构的研究观察，考察了医疗服务和移民问题的交互性。他们证明了拉丁美洲移民面对如下障碍：缺少有关服务地点、服务项目的信息，文化和语言障碍，恐惧被查问或被遣送，担心官僚规则和医疗账单。对于医疗保险和医疗补助项目，联邦规定需要公民身份的证明，而免费的医疗诊所，比如联邦资质健康中心，要求有居住地点和收入的证明。前者直接排斥移民，而后者使得移民难以证实获得服务的资格，原因是他们的漂流状态和就业的非正规习性。面对这样的处境，移民形成了这样的应对策略：转向非正规的医疗服务提供者，接受跨国的医疗服务（即回国接受医疗服务）。墨西哥拥有一个统一的公共卫生体系，为所有的人提供基本医疗服务，所以非许可移民可能跨越国界以获得这些服务。但是，他们只能在非正常条件下采取这种策略，因为他们知道，重返美国涉及风险和高额成本（Portes et al., 2012）。

虽然很多研究关注医疗保险及服务获得的民族/种族不平等，但较少研究探索合法身份对健康和医疗服务利用的影响。更少有数据包含了合法身份的细节,因此,大多数以往研究考察移民身份对医疗服务参与和利用的作用(即比较移民和非移民,或比较公民和非公民)。同时,人类学和定性研究发现非许可移民面临着更大的脆弱感和不安全感,因为他们害怕被驱逐、被他人知道没有合法身份,这些都以他们生理和心理的健康和幸福为代价(Chavez,1992)。这种推断更适用于墨西哥移民,对于他们来说,随着过去十多年来非许可移民的增长和集中,合法身份问题变得非常重要。例如,来自墨西哥的非许可移民规模在2001年到2009年,从480万增长到700万(Donato and Armenta,2011)。

探索移民身份与医疗服务获取之间关系的研究发现,居住时间和公民身份与服务获取正相关。例如,Durden和Hummer(2006)结合出生地、居住时间和公民身份测量移民状况。他们应用国民健康调查数据,发现相对非拉美裔白人而言,墨西哥裔美国人、波多黎各人和其他拉美裔移民获得医疗服务的可能性都明显偏低。拉美裔移民更可能将诊所和急诊室作为他们常规的医疗服务资源,而墨西哥裔美国人获得医疗服务的可能性最低。同样地,Durden(2007)也发现墨西哥裔的子女获得医疗服务的可能性最低。

有些研究试图将合法身份和医疗服务获取联系起来。在得克萨斯州和加州4个城市对非许可移民的一项随机调查中,拉美裔移民报告的移民主要原因是经济因素——迁移以获得更好的工作(Berk,Schur,Chavez and Frankel,2000)。与其他人群相比,他们报告的看医生和住院的比例更低(Berk等,2000)。他们对LAFANS(洛杉矶家庭与邻里调查)数据的最新分析显示,即使控制了其他可观测的协变量,非许可移民仍较少获得医疗服务。基于60%的非许可移民为墨西哥裔,合法身份是影响这一移民人口医疗保险覆盖范围的一个因素。

(三) 来自拉美裔健康调查和墨西哥移民项目的实证

本部分利用2007年拉美裔人口健康调查(HHS)和墨西哥移民项目(MMP)的数据,描述了墨西哥移民的医疗保险覆盖率和利用情况。我们首先介绍来自HHS的发现,该数据包括法律身份的细节以及参与和利用医疗服务的问题。HHS 样本对 2007 年美国拉美裔人口具有全国代表性，并含有相当数量的最新移民和长期居住的美国出生公民。

图 5 展示了不同法律身份的医疗保险覆盖结果。与我们的预期相一致，与其他人群相比，公民和合法的长期居民更可能报告在过去 12 个月参加医疗保险。例如，65.7% 的美国出生墨西哥裔、63.9% 的归化墨西哥裔和 29.2% 的临时身份完全参加医疗保险，与之对照，非许可移民的这一覆盖率只有 19.7%。此外，只有 26.1% 的美国出生墨西哥裔未参加医疗保险，而 72.3% 的非许可移民未参保。

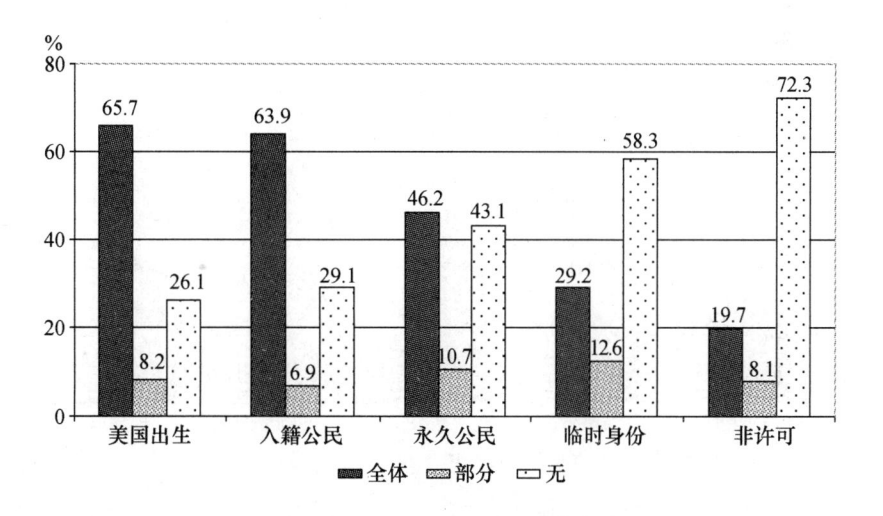

图 5　美国墨西哥裔人口不同法律身份的医疗保障参与

资料来源：2007 年拉美健康调查，皮尤拉美裔中心，加权结果（总数 = 2409）。

但是，有必要指出，在过去 12 个月超过 1/4 的非许可移民报告获得了某些医疗保险，这表示不能仅依据缺少合法身份推测他们无法获得医疗保险。以下三点原因可以解释。第一，个人可以通过配偶和父母获得医疗保险，这种情况在混合身份家庭尤为明显。第二，各州和地方的非许可移民参保水平存在差异，孕妇和儿童尤为如此。第三，持有某种身份认证的移民可以在私人保险市场上购买医疗保险。

图6展示了接受医疗服务常规地点的身份差异。① 尽管存在着明显的身份区别，社区医疗中心和医生诊所是最常见的接受医疗服务的场所。对于有固定场所接受医疗服务的人群，据报告47.4%的美国出生的墨西哥裔在医生诊所接受医疗服务，而无论什么身份，墨西哥移民更愿意在社区医疗中心接受服务。这一发现突出了社区诊所和医疗中心对移民的重要性，据估计原因在于相比较私人医生诊所，移民更可能在社区医疗中心接受双语服务。因为他们缺少医疗保障，42.7%的非许可移民报告，在生病或需要健康建议时，没有常规医疗服务的场所，而美国出生的墨西哥裔的这一比例只有17.7%。

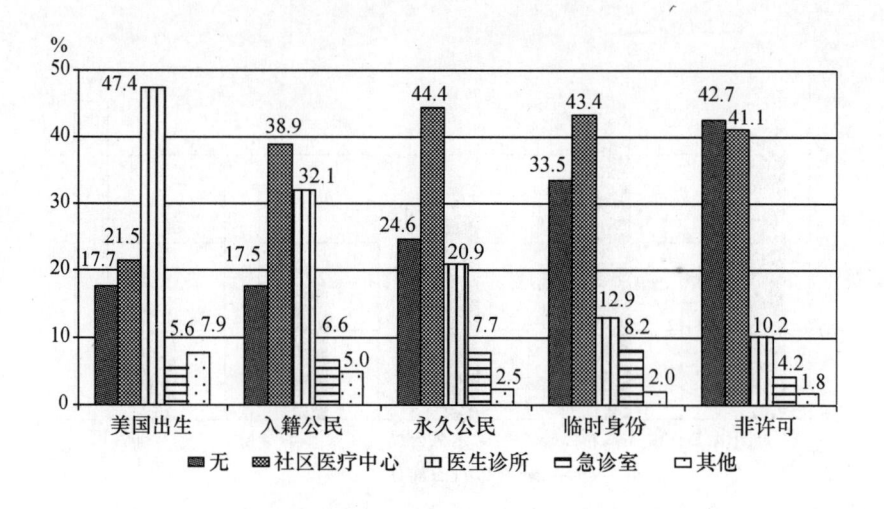

图6 美国不同身份的墨西哥裔移民的医疗服务利用率

注："其他"包括"HMO"、"其他场所"和"不去任何一个场所"。

资料来源：2007年拉美裔健康调查，皮尤拉美裔中心，加权结果（总数＝2477）。

另一包含法律身份信息的数据集是墨西哥移民项目。我们利用这个项目提供有关非许可身份影响医疗保障获取的补充信息。图7展示了不同身份移民最近一次进入美国接受医疗服务利用率。总体上说，公民和永久居民报告享受医疗服务的比例最高，而临时居民报告的就

---

① 结果基于"有固定的医疗服务地点"这样一个子样本。

诊和住院率最低。在非许可移民中，30.12%的人报告曾经看过医生，25.54%的人有住院经历。与拉美裔健康调查中的墨西哥裔相似比例相比，上述比例相对较高。由于墨西哥移民项目调查了曾经返回过墨西哥的人群，结果可能是，与拉美裔人口健康调查中的样本相比，墨西哥移民项目样本医疗服务利用率更高，在健康方面可能有反向选择问题。这与中国的情况相一致，返回农村的乡—城流动人口往往因为他们的健康状况不乐观或者医疗服务需求在城市中被延误或未被满足（Chen et al., 2010）。

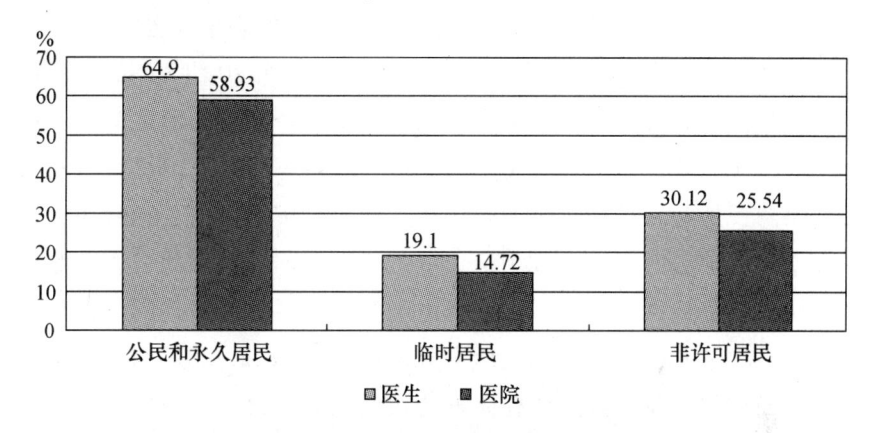

图7　不同身份移民最近一次进入美国接受医疗服务利用率

注："非许可移民"包括受访者报告没有合法文件或最近一次持假文件入境美国，以及作为游客进入美国但在美国就业的人群。

资料来源：墨西哥移民项目。

四　比较研究：对中国城市流动人口健康的启示

在本部分中，我们提出关于合法身份对移民（或流动人口）健康影响的进一步中美比较研究的逻辑依据。我们首先比较墨西哥向美国的跨国迁移和中国农村向城市的国内流动的相似性；其次讨论进入城市的农村流动人口的社会保障最新进展及其福利含义；最后思考美国的研究发现对理解中国城市中流动人口问题的借鉴和启示。

（一）比较墨西哥—美国人口迁移和中国乡—城迁移

Roberts（1997）在一篇重要文章中，指出墨西哥到美国的迁移潮和中国农村到城市的人口迁移之间的相似之处。一方面，墨西哥—美国的人口迁移历史具有独特性，且与美国和墨西哥共享的漫长边界相关，这一边界将一个发达国家和一个发展中国家相分离，并维系了墨西哥流出地和美国流入地之间巨大的工资差异（Roberts，1997）。另一方面，在20世纪的大多数时间里，墨西哥—美国迁移的本质是周期性的、循环和季节性的。墨西哥人来到美国的目的往往是努力工作，积累存款，在返家后提高生活水平。起始于20世纪90年代中期，严格的边界控制提高了再次进入的成本，降低了两国之间往返的可能性，导致更多的人选择定居美国（Massey et al.，2002）。但是，墨西哥移民的涌入已持续了100多年，结果是按照占据美国移民人口的相对份额，墨西哥人已成为最大的人口种族。不仅如此，大多数的非许可移民是墨西哥人的后代，但由于社会阶层和移民代际方面的显著异质性，这一移民人口的经历十分复杂（Jiménez，2010）。

这与中国的乡—城流动有显著的相似之处。第一，国内迁移导致了农村流动人口在城市聚集。在城市中，被称为流动人口的规模以百万计。第二，可以预见，乡—城迁移在未来几十年会进一步活跃，原因是中国经济将进一步发展以及城镇化的深化。第三，许多学者注意到了中国乡—城迁移的循环性，大多数农村流动人口称他们的最初流动是暂时的。这种暂时性在严格的户口体系下被加强，户口控制和限制了人口的流动。不过，Roberts（2002）展示了中国的流动人口开始在城市长期定居。第四，考虑到中国城市流动人口的存在和他们推动着城市社会的潜在转变，认识理解他们的城市生活和卫生服务获取，这些都是十分重要的。第五，缺少户口身份是影响他们城市生活的一个重要因素，因而使得他们与美国的非许可移民之间具有相似性。

（二）中国卫生服务覆盖范围扩大及其对流动人口健康的影响

本部分参考了介绍中国卫生服务覆盖范围和社会保障快速发展情况的已有研究。从政府宣布扩大卫生服务覆盖范围并在2020年实现全覆盖的目标以来，中国在农村和城市地区明显扩展了医疗保险项目。我们略为详细地介绍这些项目，尤其是面向城市中流动人口的卫生服务项目，并介绍有关流动人口获得服务、健康与福利之间关系的研究。

中国卫生服务体系自20世纪90年代末期以来快速扩展。十年期间，中国实现了医疗保障的近乎全覆盖。基于2003年、2008年和2011年国家卫生服务调查的数据，医疗保险的覆盖水平从2003年的9.7%增加到2008年的87.9%以及2011年的95.7%（Meng et al., 2012）。同时，在覆盖范围上有显著的区别，例如上海、汕头和厦门的覆盖水平近乎100%，而北京和珠海的覆盖率相比较而言低很多（Lam et al., 2012）。但是，卫生服务仍太昂贵和难以获得，即人们说的"看病难，看病贵"，并且服务质量差异巨大（Eggleston, 2012）。此外，尽管初级卫生服务是普遍覆盖的，但是中国的卫生服务体系严重依赖患者现款支付以获得高级治疗。

主要有6种医疗保险项目覆盖了中国的不同人群：国有部门职员、城市工人、其他城市居民、农村居民、贫困居民以及城市流动人口。"公共医疗保险"覆盖国有部门职工，该保险始于1988年，为总人口的5%人群提供保险全覆盖。"城镇职工基本医疗保险"（UEBMI）覆盖城镇居民，始于1998年并覆盖总人口的28%。这项保险主要由雇主和职工的工资税共同负担。城镇居民，例如学生和儿童以及未被UEBMI制度覆盖的其他人群由始于2007年的城镇居民基本医疗保险覆盖。这项保险由地方政府和参保人共同承担。农村居民由"新农村合作医疗保险"覆盖，起始于2003年并在2007年覆盖了7.2亿农村家庭。这项保险依靠参保人群承担，但在贫困的农村地区依靠地方政府和中央政府的大额补贴。最后，贫困人群由"医疗补助制度"覆盖，该项目依靠中央政府和省政府的资金支持，同时受民政部监督。在2009年此项目接受了未来3年每年8000亿人民币的额外资金。最近，一些地方政府发起了"农民工医疗保险"（MISM），特别针对城市流动人口群体，但是因为下文讨论的障碍，项目的参与水平很低（Lam et al., 2012）。表5大致总结了这些项目的主要特征。

表 5　　　　　　　　中国主要医疗保险项目的发展

项目简介[1]	年份[2]	各项目的贡献比率[3]
公共医疗保险（PSHI）	1988	政府（100%）
覆盖所有国有部门职工		
城市职工基本医疗保险（UEBMI）	1998	雇主（80%）和个人（20%）
覆盖所有的城市职工		
城市居民基本医疗保险（URBMI）	2007	政府（50%）和个人（50%）
覆盖所有的城市居民，特别是学生和儿童		
新农村合作医疗保险（NCMS）	2003	政府（67%）和个人（33%）
覆盖所有的农村居民		
医疗补助制度（MAS）	2003	政府（主要的）
覆盖最贫困的5%农村和城市中流动人口		
农民工医疗保险体系（MISM）[4]	2006	政府（67%）和个人（33%）
覆盖所有的农民工		

注：1. 项目细节来源于各种二手资料。2. 年份指项目开始的年份。3. 各项目的贡献比率数据大致基于项目的指导方针。数据在各年随着项目的发展而波动，政府的投入也比过去增高。政府的贡献来自中央政府和地方政府。4. 原先被称为农民工合作医疗保险体系（CHSMW）。该项目起始于2005年并演化为现在的MISM项目。

过去30年间，中国城市人口从1980年的1.91亿增长到2009年的6.22亿。人口增长的主要推动力来自农村—城市的流动人口，在2010年该群体占了城市人口的40%（大约2.6亿人）。此外，在十年间又有大约2亿人流动到城市（Gong et al.，2012）。约1/5中国人的户口登记地不是他们现在居住的地点，中国流动人口的绝对规模使其成为世界历史上最大的人口迁移潮。同时，城市流动人口的健康状况面临着一系列的风险和地方障碍，包括居住条件拥挤、住房情况差、空气污染、职业和交通危险，随着适应城市生活而改变的饮食结构和运动方式（Niu et al.，2011；Gong et al.，2012）。

最近，对流动人口的官方政策转向接纳和鼓励人口迁移，并成为经济增长的关键因素。尽管户籍制度不再控制人口迁移，但流动人口难以在流入地获得正规地位，户籍制度仍影响他们获得重要资源。因此，户籍系统排斥了流动人口获得大多数国家层面的社会保障，比如流动人口子女的教育机会和流动人口的卫生服务覆盖（Fang et al., 2006）。农民工在现有系统中的另一个限制是他们必须返回农村地区享受医疗服务。在广义层次上，这表示尽管流动人口对城市政府做出了贡献，但他们很少能获得社会服务作为回报（Chen et al., 2010）。相反，小城市和农村地区资源很少且征税很低，因为大量的劳动年龄人口向外迁移。但同时，这些地区需要对返乡的弱势群体承担责任。在这种趋势下，地方政府应该采取措施确保这一群体得到并享有他们所需的医疗服务。措施之一是通过提供房产证和房产合同而不是户口和暂住证确立人口的居民身份。

如表5所示的不同医疗保障项目表明，中国医疗服务的融资和管理也是分散的，这类似于美国移民管理与州和地方的医疗保障实施间的分离。例如，中国的省级市级政府负责医疗保障项目的筹资和资格管理。但是，这也带来了更大的不平等，因为大城市更可能获得更高的税收因此可以负担得更多。但是医疗服务系统是由地方层面负责的，现有城市规划并未包含为农民工提供卫生服务的部分。因为农民工总是不可能获得城市户口，尽管在进行改革，但他们仍然很可能被排斥在卫生服务之外，从而处在非常脆弱的地位。

至于健康状况，研究发现流动人口中一直存在卫生服务利用不足的问题，导致了拖延就医和更多健康问题（Hong et al., 2012；Mou et al., 2009；Hesketh et al., 2008）。例如，一项关于深圳市4635名农民工的研究显示，55.1%的农民工未参保，62.1%的人报告在生病时不看医生（Mou et al., 2009）。另一项浙江省的城市、农村和农民工的大型调查也证明了医疗保险覆盖间的巨大差异，58%的城市居民有保险，相比之下，只有19%的城市农民工和9.5%的农村居民被覆盖（Hesketh et al., 2008）。关于健康和福祉，该项研究也证明了"健康流动者效应"，即在控制了年龄和教育后，流动人口的自评健康水平最高，急性疾病、长期疾病和残疾的报告情况最少，尽管他们的生活水平不高也不太关注健康状况。

以上问题都与美国的非许可移民的情况十分相似。Hong等

(2010) 访谈了北京和南京的 90 位农民工，发现除了缺少医疗保险，大多数农民工也很少花费在卫生服务上，除非在立刻需要医疗服务的意外伤害情况下。大多数人也报告了很少利用卫生服务设施，原因是费用高、没时间，认为去医院看病是他们承担不起的奢侈，还有恐怕如果被视作不健康可能会失去工作（休息一天去看医生往往是他们不能承受的，因为将失去一天的收入）。由于这些因素，流动人口寻求替代办法应对疾病，采取服用非处方药自我治疗、延迟接受必要的医疗服务和去小诊所（往往无营业执照）接受治疗。他们延迟接受卫生服务的原因主要是购买力问题，而不是没有服务。举例来说，去医院被视为最后的策略和奢侈。同样地，流动人口更偏好社区医疗中心和私人诊所（Lam et al.，2012）。

五 美国经验对中国城市中流动人口健康的教训和启示

比较研究为理解中国乡—城人口迁移提供了重要的视角。第一，美国的移民潮随着时间推移已经成熟（Roberts，1997），而中国的人口迁移仍将持续。所以，美国的移民控制和融合经验可能有助于思考如何在中国城市中更好地融合流动人口。比如，美国非许可移民的污名化和边缘化促使许多学者思考这些人会长期带有种族标记并被局限于社会底层的问题（Massey，2012）。学者也证明了美国非许可移民的心理和情感成本（Chavez，1988；ArandaMenjivar and Donato，2014）以及与家庭分离的显著社会成本，特别是那些移民父母在美国而孩子被留在墨西哥的人群（Dreby，2010；Abrego，2013）。由此类推，中国的流动人口也在城市背景下经历了污名化和歧视，随着社会隔离、艰苦的工作环境和几乎缺位的法律保护。所以，急需促进流动人口在城市环境中的融合，方能提高他们的整体健康和福祉，从而降低社会成本，并在一定程度上减轻流出地社区的医疗负担。

第二，美国经历了新的移民流入地的增加和扩张，这些地点包含了规模不等的拉美裔非许可移民。具体来说，美国对边境严格控制的例子表明了移民控制的陷阱。意料之外的一个结果是更多长期定居情况的出现，标志着墨西哥—美国循环迁移的根本性转变。美国的经验表明移民政策能够并确实对移民潮产生影响。鉴于中国目前和预计的人口流动规模巨大，中央政策持续监督这种人口迁移潮是十分重要的。更多的证据表明中国的流动人口在城市定居而不再"流动"（Connelly，Roberts and Zheng，2011），因而有成效的社会融合更加重要。对于持续性往返于农村和城市地区流动的协助措施可以保持目前的迁移均衡优势，从而使流出和流入的社区都获益。

第三，对美国移民提供的卫生服务为我们理解中国城市中户口与享有卫生服务间的联系带来启示。因为中国的大城市持续应对农村和城市间的人口迁移，户口对获得卫生服务的持续影响是个重要问题，直接影响了流动人口的健康与福祉。广义上，这也提出了问题：中国城市如何很好地包容城市中的流动人口和他们的孩子。我们的教训是，非许可的身份意味着更少获得卫生服务和更糟的健康状况。据我们所知，非许可移民过多依赖健康中心和社区诊所提供的卫生服务，在中国乡—城流动人口中也有相似发现。反思社区诊所作为社会安全网的作用，要能够为流动人口提供整套的基本卫生服务还有很大差距。美国的经验说明，非许可移民获得卫生服务面临多重障碍。积极主动向流动人口提供现有服务的信息，将进一步消除这些障碍。

第四，合法身份更应被理解为一个渐进过程，而不是一步到位。正如我们的研究阐述的，许多美国家庭是混合身份，一些非许可移民正通过特殊的项目或与美国合法居民或公民结婚获得合法身份。为非许可移民提供照片认证的做法受到了欢迎，并可能意味着对该群体更包容的卫生服务和社会保障。在中国的情况下，并没有合法和非法的区分，因为城市中的流动和非流动群体都是国家的合法公民，不过他们往往被赋予不同类别的服务、基于户籍的合法权益以及其他居住要求。

例如，中国目前要求没有城市户口的农村流动人口在城市中需要获得地方政府发放的临时居住证。但是这一过程不仅缓慢复杂，而且昂贵，要求"向地方政府缴纳 12 项费用并符合 6 项政府关于就业的限制条件和准许"（Li et al.，2006b）。这些文件包括了临时居住证、流动证明、就业许可证、健康证明、婚姻情况证明以及遵守计划生育政策。这个过程至少历时 3 个月，花费 500—1000 元人民币。结果是，大多数流动人口不满足登记要求或干脆不去登记。未登记的流动人口被认定为不合法的，会受歧视和污名化。鉴于这些事实，美国的经验说明，改变登记法规、降低费用和简化程序将促进人们参与登记并纳入管理。这将有助于减少中国城市中流动人口的不合法人数，在城市中为他们提供保护。

当涉及移民政策时，地方执法权限下放对美国移民的卫生服务有重要影响。因为社会福利的日益严格控制和对非许可移民普遍的敌视环境，地方当局在区别享有卫生服务资格标准上的作用日益重要。在中国，趋向于普遍覆盖的快速扩展的医药改革也变得越来越地方化，目前地方政府负责提供服务并负担项目的费用。可能产生的结果是各市和各地区的卫生服务获得更为不平等，因为有些地区可能比其他地区拥有更多的资源投入流动人口的卫生服务。更重要的是，拥有更高比例流动人口的地方如北京、上海和深圳以及缺乏流动人口接纳经验的城市，可能都必须尽量解决为流动人口提供基本社会服务的巨大任务。美国的经验显示了州和地方层面的高度自治。同样地，关于不同的地区如何应对流动人口的比较将更有助于我们理解形成健康结果的制度和政策环境。

最后，尽管超出了本文的范围，但在城市环境中融合流动人口子女和帮助留在农村的流动人口子女至关重要。在城市中，"新生代"或"第二代"流动人口是"80 后"或"90 后"群体，并且约占"1.5 亿农民工的 2/3"（Holdaway，2011）。研究开始关注教育体系如何影响流动人口子女向上流动的机会（Holdaway，2011）。同时，流动父母的留守儿童也值得关注。为他们提供教育和卫生服务以确保他们在社会中的全面融合，还需要做相当多的工作。

总之，在比较背景中研究这些问题既很重要也相当及时，因为中国卫生服务体系已经开始改革并已经扩展覆盖。就在十年前，医疗保险仅覆盖少数人,而现在大多数中国人口都已被各种城乡医保体系覆盖。同时,卫生服务的可负担、可获得以及服务质量等问题仍然存在。此外,城乡差距依然存在,且城市中的流动人口仍然有很大部分被排除在卫生服务体系之外,不能完全获得医疗服务。关注这些不平等模式将会改善流动人口的福祉,并有助于推动他们在不断变化的中国城市中的社会融合。

参考文献

Armenta, Amada, 2012, "From Sheriff's Deputies to Immigration Officers: Screening Immigrant Status in a Tennessee Jail", Law & Policy, 34 (2): 191 – 210.

Berk, Marc L., Claudia L. Schur, Leo R. Chavez, and Martin Frankel, 2000, "Health Care Use among Undocumented Latino Immigrants", Health Affairs, 19 (4): 51 – 64. (LS)

Carrasquillo, Olveen, Angeles I. Carrasquillo, and Steven Shea, 2000, "Health Insurance Coverage of Immigrants Living in the United States: Differences by Citizenship Status and Country of Origin", American Journal of Public Health, 90 (6): 917 – 923.

Cavazos – Regh, Patricia A., Luis H. Zayas, and Edward L. Spitznagel, 2007, "Legal Status, Emotional Well – Being and Subjective Health Status of Latino Immigrants", Journal of the National Medical Association, 99 (10): 1126 – 1131.

Chavez, Leo R., 1992, Shadowed Lives: Undocumented Immigrants in American Society, New York: Harcourt Brace Jovanovich.

Chavez, Leo R., 2012, "Undocumented Immigrants and their Use of Medical Services in Orange County, California", Social Science & Medicine, 74 (6): 887 – 893.

Chen, Chuanbo, Henry Lucas, Gerald Bloom and Ding Shijun, 2010, "Internal Migration and 'Rural/Urban' Households in China: Implications for Health Care", Paper presented at the Ten Years of War against Poverty Conference, Chronic Poverty Research Center. http: // www. chronicpoverty. org/uploads/publication_ files/chuanbo_ et_ al_ health. pdf.

Connelly, Rachel, Ken Roberts and ZhenzhenZheng, 2011, "The Settlement of Rural Migrants in Urban China – Some of China's Migrants Are Not 'Floating' Anymore", Journal of Chinese Economic and Business Studies, 9 (3): 283 – 300.

DeNavas – Walt, C. , B. Proctor, and C. Lee, 2005, Income, Poverty, and Health Insurance Coverage in the United States: 2004. Washington, D. C. : U. S. Census Bureau and Government Printing Office.

Derose, Katherine Pitkin, Jose J. Escarce, and Nicole Lurie, 2007, "Immigrants and Health Care: Sources of Vulnerability", Health Affairs, 26 (5): 1258 – 1268.

DeWind, Josh and Jennifer Holdaway, 2008, "A Framework for Linking and Comparing the Development Impacts of Internal and International Migration in Research and Policy", In Josh DeWind and Jennifer Holdaway, eds. , Migration and Development Within and Across Borders. Geneva: International Organization for Migration.

Donato, Katharine M. and Amada Armenta, 2011, "What We Know about Unauthorized Migration", Annual Review of Sociology 37: 529 – 543.

Durden, T. Elizabeth, 2007, "Nativity, Duration of Residence, Citizenship and Access to Health Care for Hispanic Children", International Migration Review, 41 (2): 537 – 545.

Durden, T. Elizabeth and Robert A. Hummer, 2006, "Access to Health Care among Working Aged Hispanic Adults in the United States", Social Science Quarterly, 87 (5): 395 – 419.

Eggleston, Karen, 2010, " 'Kan Bing Nan, Kan Bing Gui': Challenges for China's Healthcare System Thirty Years into Reform," in Jean C. Oi, Scott Rozelle, and Xueguang Zhou, eds. Growing Pains: Tensions and Opportunities in China's Transformation. Stanford, CA:

Walter H. Shorenstein Asia – Pacific Research Center.

Fang, Kuangnan, BenChang Shia and Shuangge Ma, 2012, "Health Insurance Coverage and Impact: A Survey in Three Cities in China." PLoS One: 7 (6): e39157.

Fraga, Luis R, 2009, "Building through Exclusion: Anti – Immigrant Politics in the United States." In Jennifer Hochschild and John Mollenkopf, eds. Bringing Outsiders In: Transatlantic Perspectives on Immigrant Political Incorporation, pp. 176 – 192. Ithaca, NY: Cornell University Press.

Fix, Michael E., and Jeffrey S. Passel, 2002, "The Scope and Impact of Welfare Reform's Immigrant Provisions", Assessing the New Federalism Discussion Paper 02 – 03. Washington, D. C.: The Urban Institute.

Fix, Michael E., Randy Capps, and Neeraj Kaushal, 2009, "Immigrants and Welfare: Overview", In Immigrants and Welfare: The Impact of Welfare Reform on America's Newcomers, edited by Michael E. Fix (1 – 36), New York: Russell Sage Foundation.

Fortuny, Karina and Ajay Chaudry, 2011, A Comprehensive Review of Immigrant Access to Health and Human Services, Washington D. C.: The Urban Institute, April. http://www.urban.org/url.cfm? ID = 412425.

Goldman, Dana P., James P. Smith and Neeraj Sood, 2005, "Legal Status and Health Insurance among Immigrants", Health Affairs, 24 (6): 1640 – 1653.

Gong, Peng, Song Liang, Elizabeth J Carlton, Qingwu Jiang, Jianyong Wu, Lei Wang, Justin V Remais, 2012, Urbanisation and Health in China. Lancet, 379: 843 – 852.

Hartman, Micah et al., 2010, "Health Spending Growth at Historic Low in 2008", Health Affairs 29 (1): 147 – 155.

Hesketh Therese, Ye Xue Jun, Li Lu, and Wang Hong Mei, 2008, "Health Status and Access to Health Care of Migrant Workers in Chi-

na", Public Health Reports, 123 (2): 189 – 197.
Holdaway, Jennifer, 2011, "A Common Challenge: Demographic Transition, Social Stratification and the Education of the Children of Immigrants in China, Europe and the United States", Paper presented at the CASS - SSRC International Conference, "Labor Migration and The Integration of New and Second Generation", held in Beijing, August 24 – 25, 2010.
Hong Y, Xiaoming Li, Bonita Stanton, Danhua Lin, Xiaoyi Fang, Mao Rong, and Jing Wang, 2006, "Too Costly to Be Ill: Access to Health Care and Health Seeking Behaviors among Rural – to – Urban Migrants in China", World Health and Population, 2006: 5 (1) 19 – 31.
Jiménez, Tomás R. , 2010, *Replenished Ethnicity: Mexican Americans, Immigration, and Identity*, Berkeley, CA: University of California Press.
Kim, Jinsook, and Hosung Shin, 2006, "Public Health Insurance Enrollment among Immigrants and Nonimmigrants: Findings from the 2001 California Health Interview Survey", Journal of Immigrant and Minority Health, 8 (4): 303 – 311.
Ku, Leighton, and SheetalMatani, 2001, "Left out: Immigrants' Access to Health Care and Insurance", Health Affairs 20 (1): 247 – 256.
Lam, Kelvin K. F. and Janice M. Johnston, 2012, "Health Insurance and Healthcare Utilisation for Shenzhen Residents: A Tale of Registrants and Migrants?" BMC Public Health 12: 868.
Li, Bingqin, 2006, "*Floating Population or Urban Citizens? Status, Social Provision and Circumstances of Rural – Urban Migrants in China*", *Journal of Social Policy and Administration*, 40 (2): 174 – 195.
Li, X. , Stanton B, Chen X. , Hong Y. , Fang X. , Lin D. , Mao R. , Wang J. , 2006a, "Health Indicators and Geographical Mobility among Young Rural – to – Urban Migrants in China", World Health & Population 8 (2): 5 – 21.
Li X. , Stanton B. , Fang X. , Lin D. , 2006b, "Social Stigmatization

and Mental Health among Rural – to – Urban Migrants in China: A Conceptual Model and Some Future Research Needs", World Health & Population, 8 (3): 14 – 31.

Light, Donald W., 2012, "Categorical Inequality, Institutional Ambivalence, and Permanently Failing Institutions: The Case of Immigrants and Barriers to Health Care in America", Ethnic and Racial Studies, 35 (1): 23 – 39.

Livingston, Gretchen, Susan Minushkin, and D'Vera Cohn, 2008, "Hispanics and Healthcare in the United states: Access, Information and Knowledge", Pew Hispanic Center and Robert Wood Johnson Foundation Research Report. Washington, D. C.: Pew Hispanic Center, August. http://www.pewhispanic.org/files/reports/91.pdf.

Marrow, Helen B., 2012, "The Power of Local Autonomy: Expanding Health Care to Unauthorized Immigrants in San Francisco", Ethnic and Racial Studies, 35 (1): 72 – 87.

Marrow, Helen B., 2012, "Deserving to a Point: Unauthorized Immigrants in San Francisco's Universal Access Healthcare Model", Social Science & Medicine, 74 (6): 846 – 854.

Marrow, Helen B., 2009, "Immigrant Bureaucratic Incorporation: The Dual Roles of Professional Missions and Government Policies", *American Sociological Review*, 74 (5): 756 – 776.

Helen B. Marrow and Tiffany D. Joseph, "Excluded and Frozen Out: Unauthorized Immigrants' (Non) Access to Care after Health Care and Immigration Reforms", The American Sociological Association, August 17, 2014.

Massey, Douglas S., Jorge Durand, and Nolan J. Malone, 2002, Smoke and Mirrors: Mexican Immigration in an Era of Economic Integration, New York: Russell Sage Foundation.

Medina, Jennifer, 2012, "Mexicali Tour, From Tummy Tuck to Root Canal", The New York Times, June 27, A1.

Meng, Qun, Ling Xu, Yaoguang Zhang, Juncheng Qian, Min Cai, Ying Xin, Jun Gao, KeXu, J Ties Boerma and Sarah L. Barber, 2012, "Trends in Access to Health Services and Financial Protection in China between 2003 and 2011: a Cross-Sectional Study", Lancet 379: 805-814.

Mou J., Cheng J., Zhang D., Jiang H., Lin L., and SM Griffiths, 2009, "Health Care Utilisation amongst Shenzhen Migrant Workers: Does Being Insured Make a Difference?" BMC Health Service Research, 9: 214.

Nandi, Arijit, SandroGalea, Gerald Lopez, Vijay Nandi, Stacey Strongarone, and Daniel C. Ompad, 2008, "Access to and Use of Health Services among Undocumented Mexican Immigrants in a U.S. Urban Area", American Journal of Public Health 98 (11): 2011-2020.

Newton, Lina, 2012, "Policy Innovation or Vertical Integration? A View of Immigration Federalism from the States", Law & Policy, 34 (2): 113-137.

Niu, Jianlin, Zhenzhen Zheng, Linghua Zhang and Xuchun Zeng, 2011, "Labor Migrants' Working and Living Environments and the Related Health Impacts: Evidence from Shenzhen", Population Research 3: 64-75. [In Chinese]

Peng Y., Chang W., Zhou H., et al., 2010, "Factors Associated with Health-Seeking Behavior among Migrant Workers in Beijing, China", BMC Health Services Research, 10: 69.

Okie, Susan, 2007, "Immigrants and Health Care-At the Intersection of Two Broken Systems", The New England Journal of Medicine, 357 (6): 525-529.

Ortega, Alexander N., Hai Fang, Victor H. Perez, John A. Rizzo, Olivia Carter-Pokras, Steven P. Wallace, and Lillian Gelberg, 2007, "Health Care Access, Use of Services, and Experiences among Undocumented Mexicans and Other Latinos", Archives of Internal Medicine, 167 (21): 2354 - 2360.

Passel, Jeffrey S., D'Vera Cohn and Ana Gonzalez - Barrera, 2012, Net Migration from Mexico Falls to Zero - and Perhaps Less, Washington, D. C. : Pew Hispanic Center, April. http: //www. pewhispanic. org/files/2012/04/Mexican - migrants - report_ final. pdf.

Passel, Jeffrey S. and D'Vera Cohn, 2011, Unauthorized Immigrant Population: National and State Trends, 2010, Washington, D. C. : Pew Hispanic Center, February. http: //www. pewhispanic. org/files/reports/133. pdf.

Passel, Jeffrey S., 2002, Percent of "Non - Green Card" Aliens Who Are Undocumented Immigrants, for Most Recent Period of Entry to the U. S., Based on Urban Institute Estimates Derived From March Current Population Surveys of 1999 - 2001: Custom Data Table, Washington, D. C. : Urban Institute; November 6, 2002.

Portes, Alejandro, Patricia Fernández - Kelly and Donald Light, 2012, "Life on the Edge: Immigrants Confront the American Health System", Ethnic and Racial Studies, 35 (1): 3 - 22.

Provine, Doris M. and Monica W. Varsanyi, 2012, "Scaled Down: Perspectives on State and Local Creation and Enforcement of Immigration Law. Introduction to the Special Issue of Law & Policy", Law & Policy, 34 (2): 105 - 112.

Gonzales, Roberto G., 2011, "Learning To Be Illegal: Undocumented Youth and Shifting Legal Contexts in the Transition to Adulthood", *American Sociological Review*, 76 (4): 602 - 619.

Ramakrishnan, S. Karthick and Tom Wong, 2010, "Immigration Policies Go Local: The Varying Responses of Local Governments to Low - Skilled and Undocumented Immigration", In Taking Local Control: Immigration Policy Activism in U. S. Cities and States, eds. Monica W. Varsanyi, 73 - 93, Palo Alto, CA: Stanford University Press.

Roberts, Kenneth, 1997, "China's 'Tidal Wave' of Migrant Labor:

What Can We Learn from Mexican Undocumented Migration to the United States?" International Migration Review, 31 (2): 2490 – 293.

Roberts, Kenneth, 2002, "Female Labor Migrants to Shanghai: Temporary 'Floaters' or Settlers?" International Migration Review 36: 2.

Rodríguez, Michael A. , Arturo V. Bustamante, and Alfonso Ang, 2009, "Perceived Quality of Care, Receipt of Preventive Care, and Usual Source of Health Care among Undocumented and Other Latinos", JGIM: Journal of General Internal Medicine, 24: 508 – 513. (Pew Data)

Searles, Christopher, 2012, "Beyond Health Care Reform: Immigrants and the Future of Medicine", Ethnic and Racial Studies 35 (1): 135 – 149.

Shah, Sarita N. , and OlveenCarrasquillo, 2006, "Twelve – Year Trends in Health Insurance Coverage among Latinos, by Subgroup and Immigration Status", Health Affairs, 25 (6): 1612 – 1619.

Suro, Roberto, 2005, Survey of Mexican Immigrants: Attitudes about Immigration and Major Demographic Characteristics. Washington, D. C.: Pew Hispanic Center, March. http://pewhispanic. org/files/reports/41. pdf.

Terrazas, Arron. 2010. U. S. in Focus: Mexican Immigrants in the United States. Washington, D. C.: Migration Information Source, Migration Policy Institute. http://www. migrationinformation. org/USFocus/display. cfm? ID = 767.

U. S. Bureau of Primary Care, 2008, Health Centers: America's Primary Care Safety Net. Rockville, MD: U. S. Bureau of Primary Care.

Vargas – Bustamante A. , Fang H. , Garza J. , Carter – Pokras O, Wallace SP, Rizzo JA, Ortega A N. , 2012, "Variations in Healthcare Access and Utilization among Mexican Immigrants: the Role of Documentation", Journal of Immigrant and Minority Health, 14: 124 – 131.

Vargas – Bustamante, Arturo, Hai Fang, John A. Rizzo, and Alexander N. Ortega, 2009, "Heterogeneity in Health Insurance Coverage among

U. S. Latino Adults", Journal of General Internal Medicine, 24: 561 – 566.

Vargas – Bustamante, Arturo, Hai Fang, John A. Rizzo, and Alexander N. Ortega, 2009, "Understanding Observed and Unobserved Health Care Access and Utilization Disparities among U. S. Latino Adults", Medical Care Research and Review, 66 (5): 561 – 577.

Varsanyi, Monica W., Paul G. Lewis, Doris M. Provine and Scott Decker, 2012, "A Multilayered Jurisdictional Patchwork: Immigration Federalism in the United States", Law & Policy, 34 (2): 138 – 158.

Viladrich, Anahí, 2012, "Beyond Welfare Reform: Reframing Undocumented Immigrants' Entitlement to Health Care in the United States, a Critical Review", Social Science & Medicine, 74 (6): 822 – 829.

Warner, David C., 2012, "Access to Health Services for Immigrants in the USA: From the Great Society to the 2010 Health Reform Act and After", Ethnic and Racial Studies, 35 (1): 40 – 55.

Willen, Sarah S., 2012, "Migration, 'Illegality,' and Health: Mapping Embodied Vulnerability and Debating Health – Related Deservingness", Social Science & Medicine, 74 (6): 805 – 811.

Zheng, Zhenzhen and Pengling Lian, 2005, "Health Vulnerability among Temporary Migrants in Urban China", Presented at XXV International Population Conference July 13 – 18, 2005; Tours, France.

流动人口的健康：现状与政策启示

牛建林　郑真真[*]

一　引言

20世纪60年代以来，中国的户籍制度在控制人口流动和社会资源分配方面发挥了重要作用。建立户籍制度的初衷，是通过城乡居民的居住地登记掌握人口分布现状，但其后逐渐将公共资源、社会福利及社会服务与个人户口挂钩，形成了城乡之间和地区之间的差距。因而，从农村到城市打工的流动人口往往因自己的非本地户籍被排斥在流入地的社会经济生活之外。多年来，各种调查研究所记述的农民工在流入地经历中，与当地居民相比，存在社会资源不足、经济社会地位低下、缺乏社会保障等问题。

现有研究揭示，农民工更易受到不利于健康的因素影响（例如，Xiang，2004；黄起烈、陈伟、张兴树，2001；王国杰等，2006；赵平等，2008）。主要原因包括（1）与城市居民相比，农民工往往更缺乏健康知识，保健意识和保健需求较弱，可利用的健康服务较少（Wang，An，et al.，1999；Zhang et al.，2006；程光英等，2007；黄江涛、余森泉、俞小英，2005a，2005b；郑真真等，2001）。（2）农

---

[*]　牛建林，女，中国社会科学院人口与劳动经济研究所副研究员；郑真真，女，中国社会科学院人口与劳动经济研究所研究员。

民工的经济状况较差，加之到城市打工的主要目的是挣钱寄回家，因而更有可能因经济原因牺牲个人健康（葛学凤、叶文振、夏怡然，2004；张洁、王德文、翁金珠，2007）。(3) 由于外出打工隔断了原有的社会网络和传统观念的束缚，农民工在性与其他行为上面临更大的健康风险（谢立春等，2006；谢立春等，2007；张金辉、陆杰华，2005）。(4) 农民工更可能处于不安全的生活和工作条件中；由于经济等各种原因，农民工居住条件往往是拥挤和脏乱差的（Jaakkola & Heinonen, 1995; Roberts, 1997; Meng & Zhang, 2001; Wang et al., 2002; Shen & Huang, 2003; Liang & Xiang, 2004; Wang et al., 2007；安琳、高燕秋、郭春晖，2006；陈月新、郑桂珍，2001；方晓义等，2007）；他们更为集中在劳动密集型工作岗位，经常加班，从事健康风险较高的职业（Roberts, 1997；蒋长流，2006；谭深，2003）。(5) 农民工在为当地经济发展做出贡献的同时，却很少能与当地居民享有同等程度的社会保障、福利和公共服务（Wang & Zuo, 1999; Li et al., 2006a, 2006b；陈刚等，2006a, 2006b；高轶等，2008；刘英涛等，2006）。他们在流入城市后形成了庞大的"边缘"群体，在社会经济方面的边缘化尤其不利于农民工的身体和心理健康（House et al., 1988）。

近年来，为了适应快速发展的社会经济和长期大规模的人口流动，各地都开始进行户籍制度改革。1997 年国务院通过了《小城镇户籍管理制度改革试点方案》①；2010 年，中央推动中小城市户籍改革（《中共中央、国务院关于加大统筹城乡发展力度　进一步夯实农业农村发展基础的若干意见》）②，为中小城市的外来农民工享受本市居民待遇创造了条件。

与此同时，为农民工提供社会服务的情况也有所改善。2003 年国务院办公厅下达了《关于做好农民进城务工就业管理和服务工作的通

---

① http://www.lawyee.org/Act/Act_Display.asp? RID = 37703.
② http://www.lawinfochina.com/display.aspx? lib = law&id = 7923.

知》①，该文件首次提出农民工社会医疗保险属地化问题。劳动与社会保障部办公厅于 2004 年下发的《关于推进混合所有制企业和非公有制经济组织从业人员参加医疗保险的意见》中，强调了为农民工提供医疗保险、在大中城市改善医疗保险系统的重要性。2006 年，国务院发布了《关于解决农民工问题的若干意见》②，明确指出农民工应当享有同等社会保险。

各地户籍制度改革和农民工社会保障试点在中央的推动下陆续展开。由于中国在改革开放后在社会保障方面各地方案和实施不同，加之社会经济和人口形势也存在明显的地区差别，不同地区、不同城市对农民工的政策和社会服务也不尽相同。随着各地改革步骤的推进，在居民福祉和社会福利方面的地区差距日益显现，在与农民工相关的政策和服务方面，地区差距尤为突出。从而拉大了在农民工的健康状况和卫生服务资源方面的地区差距。

本文旨在了解农民工的健康状况，分析社会因素及制度安排与农民工健康的潜在关联。我们聚焦以下一系列研究问题：首先，不同流入地农民工的健康状况和卫生服务利用情况如何？其次，与农民工相关的社会政策和社会服务的地区差别对农民工健康状况是否有不同影响？最后，在农民工的福利和社会保障受户籍限制的背景下，不同制度安排对农民工健康的影响有哪些政策启示？我们选择了深圳和北京作为两个案例，考察两地农民工在健康状况和卫生服务利用方面的异同，探讨制度和结构因素对农民工健康的作用。

以下将首先简要回顾中国卫生保健系统的发展历史，然后应用深圳和北京的两次流动人口健康调查结果，介绍两地流动人口健康状况和卫生服务利用情况，比较和分析两地异同，并对分析结果进行讨论。

---

① http：//www.gov.cn/zwgk/2005 - 08/12/content_ 21839. htm.
② http：//www.gov.cn/jrzg/2006 - 03/27/content_ 237644. htm.

二 中国卫生保健系统发展简要回顾

中国的卫生保健系统自20世纪50年代以来采取了城乡二元的制度和社会经济分隔的方式。城市居民大多由单位提供医疗保障,农村居民则由农村合作医疗提供基本卫生服务。尽管个体的卫生保健因户口性质而不同,但在其建立后的30年中,中国在该系统下有效降低了死亡率。不过,改革开放后的医疗保健系统在快速市场化影响下发生了很大变化。城乡医疗系统普遍经历了商业化和私有化,20世纪80年代以后农村合作医疗实质上瓦解,城市医疗保健系统也日益受到城镇化和商业化的挑战。城乡健康保险体系的滞后发展导致医疗服务对普通民众而言过于昂贵(Barber & Yao, 2011; Eggleston, 2010)。

进入21世纪后,政府重新在卫生服务投入方面发挥了作用。2002年起建立的新型农村合作医疗保险(NCMS)在财政上得到中央政府的支持、地方政府的相应投入和家庭参保。自1998年起在城镇地区建立的城镇职工基本医疗保险系统取代了单位提供的医保(UEBMI)(Liu, 2011),此后建立的城镇居民基本医疗保险(URBMU)覆盖了未纳入职工医保的居民。值得指出的是,新建立的医保制度强调卫生服务的投入和管理。不过在满足需求和普遍可获方面,现有系统仍面临巨大挑战。

首先,目前中国的社会医疗保险虽然覆盖面广,但保障水平低。例如,新农合的年度保险补贴仅为80元(Wang, 2009)。其次,现有社会医疗保险难以携带,限制利用保险地区(县或市)以外的服务,流动人口难以从中获益。最后,卫生服务系统存在巨大地区差距,与其他公共服务系统相似,在财政上都是以地方为主,因而当前运行的系统各不相同,完全取决于当地政府的能力(Barber & Yao, 2011; Bloom, 2011; Wang et al., 2011; Lin, Liu & Chen, 2009)。表1列出了四个城市流动人口医疗保障的主要特点,包括本文涉及的深圳和北京。

表1　　　　　　　　　　　流动人口社会医疗保障举例

保障范围	北京	上海	深圳	成都
	住院和大病	住院	住院和门诊	住院
起付标准	年度内第一个结算期1300元，第二个结算期及以后650元	截至2011年：上年度全市职工年平均工资的10%（如2011年约为4675元）；2011年后：1500元	一级医院：300元；二级医院：400元；三级医院：500元；其他：600元	
封顶线	50000元	截至2011年：1—4倍于上年度全市职工年平均工资；2011年后：70000元	0.5—2倍于年平均工资	
住院缴费率	一级医院：3%（1万元以下）—15%（4万元以上）；二级医院：4%—18%；三级医院：5%—20%	截至2011年：20%；2011年后：15%	一级医院：10%；二级医院：20%；三级医院：30%；其他：40%	25%
缴费基数	上年度全市职工月平均工资的60%（不固定）	上年度全市职工月平均工资的60%（不固定）	每月12元（固定）	
保险生效	自参保起	截至2011年：参保后3月起；2011年后：自参保起	自参保起	参保后6月起
补偿待遇	与本地职工相同		与本地职工不同	
缴费责任人	用人单位	截至2011年：用人单位；2011年后：用人单位和个人	流动人口个人	
未缴纳保费情况下的报销	用人单位		不报销	

深圳和北京除了在人口构成方面的差异，在农民工医疗保险政策方面也不相同。北京自2004年起实施了《北京市外地农民工参加基本医疗保险暂行办法》，根据该项规定，在北京工作的农民工享有大病和住院医疗保险（见表1），保险不含门诊发生的费用。保险的缴费基数为上年度职工月平均基本工资的60%，在住院和大病医药费用报销方面农民工享有与当地职工相同的待遇。根据规定，用人单位负责为职工缴纳保险金（Xu et al.，2011；黄金辉等，2007；林娣、焦必方，2012）。

深圳于2005年启动了合作医疗系统，2008年之后发展为当前的社会保障体系。该体系覆盖了农民工的住院和门诊医药费用。不过缴费基数固定在较低水平，农民工个人需要付保险费。在未能按时缴纳保费的情况下，北京规定用人单位应按保险的标准为本单位职工（无论本地或外地户籍）报销医药费用；深圳则因个人缴纳保费，在未缴费情况下不能报销医药费用。

总的来说，比较深圳和北京两地的外来务工者医疗保险规定，北京的保险水平相对较高，但是只保住院和大病。北京在保险范围内的医药费报销方面的规定对农民工和本地职工相同。相对而言，深圳的医保规定将农民工与本地职工区别对待，且其虽然覆盖面较广，但保险水平可能不足。

鉴于社会经济和制度规定方面的不同，不同流入地的农民工在享受福利和个人健康方面也可能因这方面的地区差别而有所不同。本文旨在探讨不同人口、社会和经济背景下，受到户籍限制的流动人口在个人健康方面可能与哪些主要因素有关。

三　数据与分析方法

本文所用数据分别来自2010年和2011年在深圳和北京流动人口中开展的问卷调查。尽管两次调查设计相同，但深圳和北京的流动人口构成有较大差异。本部分将首先介绍两地流动人口概况，然后简要介绍研究所使用的数据以及分析方法。

1. 深圳和北京流动人口简况

深圳和北京都是全国各地流动人口的主要流入地，流入人口达数百万人。不过，两市在地理位置和经济结构上有显著不同，人口流动历史和相关政策也不相同。尽管新中国成立后北京有大量人口迁入，但在 20 世纪 60 年代以后一直在政策上对流入人口加以限制，而深圳在改革开放后的城市发展和经济增长主要依靠流入人口。根据 2000 年人口普查结果，北京的跨区县流动人口占本地常住人口的比例不到 20%（见表2），占全国流动人口的 3.3%。而深圳则不同，20 世纪 80 年代以后大量劳动力迁入深圳，2000 年深圳跨区县流动人口规模是北京的两倍多。深圳居民中长期有 83.5% 为流动人口。进入 21 世纪后，北京流动人口规模急剧上升，2010 年已占本地常住人口的 45.5%，占全国流动人口的 5.2%。与此同时，深圳流动人口增长速度放缓，2010 年深圳流动人口占全国流动人口比例为 4.82%。

表2　　　　　　　　　北京和深圳的人口规模与构成

年份	人口指标	北京	深圳
2000	人口数量（人）	13569194	7008831
	其中流动人口比例（%）	19.2	83.5
	其中跨省流动人口比例（%）	18.2	57.9
	流动人口占全国流动人口比例（%）	3.31	7.43
2010	人口数量（人）	19612368	10358381
	其中流动人口比例（%）	45.5	79.9
	其中跨省流动人口比例（%）	35.9	56.0
	流动人口占全国流动人口比例（%）	5.19	4.82

注：此处的"流动人口"指离开户籍地半年以上的跨区县流动者。

资料来源：2000 年和 2010 年人口普查资料。

深圳和北京两地流动人口的社会经济特征也不尽相同。尽管大部分流动人口为初中教育程度，深圳流动人口中初中及以下受教育程度的比例相对较高。根据 2005 年人口抽样调查资料分析,约 3/4 深圳流动人口的受教育程度为初中或高中,仅有 11.8% 受过大专及以上教育(见表 3)。北京流动人口中的相应比例则分别为 59.3% 和 25.1%。两城市中大部分流动人口都在工业或服务业工作,不过深圳流动人口更多在制造业就业,北京流动人口则更集中在服务业。

表3　　　　2005 年北京和深圳人口的主要社会经济特点　　　单位:%

	北京			深圳		
	户籍人口	流动人口	合计	户籍人口	流动人口	合计
受教育程度						
小学及以下	19.08	15.62	18.04	14.17	12.83	13.08
初中	30.32	37.63	32.52	13.50	49.62	43.13
高中	26.59	21.63	25.09	27.88	25.71	26.10
大专	10.92	11.37	11.05	21.42	7.54	10.03
大专及以上	13.10	13.74	13.29	23.03	4.30	7.67
职业						
各类负责人	6.44	6.05	6.29	16.89	4.11	5.74
专业技术人员	22.02	15.45	19.46	33.29	6.55	9.94
办事人员	13.54	7.40	11.15	21.29	7.92	9.61
商业服务人员	21.78	44.66	30.70	20.05	29.26	28.09
农业生产人员	12.34	1.23	8.01	0.12	0.31	0.28
生产运输工人	23.71	24.99	24.21	8.36	51.86	46.33
其他	0.17	0.21	0.19	0	0	0

资料来源:2005 年 1% 人口抽样调查。

2. 数据简介

调查对象为 16—60 岁、离开户籍地半年以上、调查时在本市工作的乡—城流动人口。两次调查的问卷设计、抽样设计、调查员培训和现场质量督导均由中国社会科学院人口与劳动经济研究所的研究团队承担。两次调查的抽样均采用多阶段分层配额抽样,选择了流动人口比较集中的区开展调查(深圳调查所在区为福田、宝安和龙岗,北京为丰台)。我们根据 2005 年人口抽样调查的两地流动人口结构,确定了目标人群的年龄、性别、职业构成,在选中的社区或企业按结构进行配额抽样。调查最终获得有效样本为深圳 1025 人、北京 3007 人。[①]

问卷调查收集了两个城市流动人口受访者的社会人口特征、流动史、身体和心理健康状况、健康服务需求与利用、工作条件和生活环境等信息。由于两次调查问卷中的核心问题设计和措辞完全相同,我们可以应用合适的分析方法比较两地调查结果。

表 4 为两城市调查受访者的基本信息。通过简单比较分析可以发现,这两个样本在不少特征上都存在显著差异。由于流动人口对流入地的选择并不是随机的,而是基于个人对流入地工作机会的了解和社会网络,也与流出地的人口流动传统、流动者的家庭情况等密切关联,存在这些差异在所难免。

表 4　　　　北京和深圳流动人口调查的受访者基本情况　　　　单位:%

	北京	深圳	χ^2 检验
有效样本	3007	1025	
出生年代			
90 年代	14.07	11.12	$\chi^2(3) = 33.14$
80 年代	39.28	46.83	$p < 0.001$
70 年代	32.86	25.46	
60 年代或更早	13.80	16.59	
性别			
男	48.52	56.84	$\chi^2(1) = 21.13$
女	51.48	43.16	$p < 0.001$
受教育程度			
小学及以下	7.51	5.58	$\chi^2(3) = 75.16$
初中	43.43	41.14	$p < 0.001$
高中或中专	29.21	42.02	
大专及以上	19.85	11.26	

---

① 对两次调查的更详细介绍,可参见郑真真等《中国流动人口:健康与教育》,社会科学文献出版社 2014 年版,第 6—9 页。

续表

	北京	深圳	χ^2 检验
婚姻状况			
已婚，与配偶同住	61.03	38.03	$\chi^2(3)=196.4$
已婚，未与配偶同住	8.32	16.52	$p<0.001$
未婚	29.91	41.94	
丧偶/离婚/分居	0.74	3.52	
子女是否同住			
是	42.14	16.49	$\chi^2(1)=219.28$
否	57.86	83.51	$p<0.001$
来本地之前是否有流动经历			
是	22.60	59.02	$\chi^2(1)=456.95$
否	77.40	40.98	$p<0.001$
职业			
各类负责人	1.77	1.19	$\chi^2(5)=707.45$
专业技术人员	11.38	12.57	$p<0.001$
办事人员	7.12	6.83	
商业服务人员	67.47	36.53	
生产运输工人	3.32	31.58	
其他	8.93	11.29	
上年个人年均收入			
≤1万元	21.60	39.67	$\chi^2(3)=146.65$
1万—3万元	52.69	46.43	$p<0.001$
3万—5万元	18.57	9.99	
>5万元	7.14	3.92	
每周工作时间（小时）	49.18	58.08	
住房来源			
自购/父母	11.74	9.49	$\chi^2(3)=301.73$
租赁	67.24	45.89	$p<0.001$
雇主提供	16.77	43.15	
其他	4.26	1.47	
户口所在地区			
东部	43.13	28.29	$\chi^2(3)=302.58$
中部	33.56	39.32	$p<0.001$
西部	12.44	31.51	
东北	10.87	0.88	

尽管两地受访者中有一半以上是生于20世纪80年代及以后的"第二代"流动人口，但与北京相比，深圳的流动人口较为年轻。深圳受访者中男性比例较高。大多数深圳受访者的受教育程度为初中或高中（83.16%），小学及以下或大专及以上受教育程度者相对较少。此外，深圳受访者当中已婚且与配偶共同居住的比例较低，同时已婚者携子女同在流入地居住的比例也较低。

深圳受访者中约40.98%来本地之前没有流动经历，而北京的相应比例为77.40%，间接说明两地的流动性差别。深圳受访者当中更多为生产运输工人，与北京相比在服务业工作的比例较低，反映了两地在经济和劳动力市场方面的差别。深圳受访者的个人年平均收入显著低于北京，而平均工作时间则更长。此外，深圳受访者有更高比例的居住在雇主提供的住房中。

尽管两地流动人口来自全国20多个省、市、自治区，不过与北京相比，深圳流动人口中来自东北和东部的比例相对较低。

3. 分析方法

本文试图探讨不同制度规定对农民工健康状况和卫生服务利用的影响。鉴于如表4所示两城市调查的受访者的社会经济差异，有可能与两个样本之间的任何健康状况和服务利用差距相互混淆，从而难以判断和厘清政策作用，尤其是有些社会经济差异可能与流动目的地选择的决策相关。为了增强研究分析的有效性，我们应用倾向值匹配法对两个样本进行匹配后的分析结果进行了灵敏度分析[①]，结果发现匹配后的分析结果与匹配前相当一致。我们在正文中将介绍未匹配的分析结果，有关倾向值匹配和相应的灵敏度分析结果放在附录中。

本文的结果变量包括流动人口的健康状况和医疗保健服务利用。代表健康状况的有三个指标，即心理健康（*psycho*）、压力（*pressure*）和慢性病（*n_chronic*）。前两个指标应用主成分分析方法从问卷中以下两组问题构成：（1）过去一个月频繁经历的主要心理问题，包括紧张、绝望、孤独、焦虑或烦躁、沮丧、做什么事情都费劲、感到自己

[①] 有关倾向值匹配方法此处省略，该方法的介绍可参见郭申阳（2012）。

一无是处等，变量的编码为0"从来没有"，1"很少"，2"偶尔"，3"经常"；（2）过去一个月经常感受的压力，包括因无法预期的事情发生而心烦意乱、感觉无法控制自己生活中重要的事情、感到紧张不安和压力、感到事情堆积如山无法处理、常为很多事情的发生超出自己所能控制感到生气、感到自己有办法处理生活中烦人的事、能有效处理生活中发生的重要改变、能成功地处理生活中烦恼、对于有能力处理私人问题感到很有信心、感到事情顺心如意、常能掌握时间安排方式、经常想到有些事情是自己必须完成的、感到有能力控制自己的生活等，变量的编码为0"从来没有"，1"很少"，2"偶尔"，3"经常"，4"总是"。第三个健康指标是受访者自己报告已被诊断的现有慢性病数量的总和，包括支气管炎/肺炎/哮喘、高血压/高血脂/心脏病、糖尿病、肠胃疾病、肾炎/泌尿系统疾病、肝炎、妇科/男科疾病、贫血、关节炎/血管炎、中风等。指标值范围为0—5，均值为0.19，标准差为0.47。

代表医疗保健服务利用的三个指标为常规体检（$hchq\_yr$），就诊（see_doc）和有需求却未就诊（$notsdoc$）。常规体检指标是根据受访者对问题"您最近一次的常规体检距现在有多久？"的回答，将最近两年内曾做过常规体检的赋值为"1"，未在最近两年内做过常规体检的赋值为"0"。就诊指标是将过去12个月内看过病的情况赋值为"1"，没看过病的赋值为"0"。第三个指标旨在反映未满足的服务需求，根据对问题"在过去的12个月中，您是否曾经感到需要看病却没有去？"的回答，将回答"是"赋值为"1"，回答"否"则赋值为"0"。

我们应用以上健康及服务利用指标，比较深圳和北京两地与流动人口健康相关的现状异同，并进一步分析和讨论政策制度的作用。

四 主要研究发现

1. 健康状况

表5为三个健康状况指标的多元线性回归分析结果。[①] 模型中包

---

① 样本匹配后的回归结果列于附表3，可供比较。

括了在理论上与流动人口健康相关的社会经济和环境指标。分析结果显示，在社会人口和经济特征相同的情况下，深圳流动人口自报的心理健康、压力和慢性病状况均相对较差，即压力较高、心理健康较差、慢性病患病较多。这表明不同城市流动人口的健康状况存在未能直接观察到的较大差异，其中可能包括与流动人口健康相关的结构和制度差异。我们将在本文的最后部分讨论可能导致差异的影响因素。

表 5　　健康指标的回归分析结果

	压力（pressure）	心理健康（psycho）	慢性病（n_chronic）
流入地（参照组：北京）			
深圳	0.419**	0.239**	0.196**
流出地（参照组：东部）			
中部	-0.066	0.0004	-0.002
西部	-0.067	0.072	0.006
东北	0.021	0.0004	0.024
女性	0.058	0.040	0.085**
出生年代（参照组：90年代）			
80年代	-0.120	-0.154*	0.050
70年代	-0.218*	-0.106	0.102**
60年代或更早	-0.140	-0.231*	0.112**
受教育程度（参照组：小学）			
初中	0.005	-0.020	0.010
高中/中专	0.004	0.013	0.014
大专及以上	-0.034	0.092	0.049
婚姻和居住（参照组：已婚与配偶同住）			
已婚未与配偶同住	0.215**	0.039	0.021
未婚	0.297**	-0.011	0.003
丧偶/离婚/分居	0.306	0.135	0.293**
与子女同住	0.119*	0.033	0.016
职业（参照组：其他）			
各类负责人	-0.208	-0.059	-0.040

续表

	压力（pressure）	心理健康（psycho）	慢性病（n_chronic）
专业技术人员	0.090	-0.074	0.028
办事人员	0.171	0.064	0.033
商业服务人员	0.082	-0.077	-0.026
生产运输工人	0.152	-0.108	0.035
个人年均收入（参照组：1万元及以下）			
1万—3万元	0.036	-0.245**	-0.037
3万—5万元	-0.045	-0.170*	-0.0001
>5万元	-0.227*	-0.114	0.023
不良工作环境	0.838**	0.921**	0.415**
每周工作时间	-0.001	0.003**	0.0004
此前有流动经历	-0.017	0.108*	0.103**
本次外出时间（参照组：2年以内）			
2—5年	0.002	-0.085	-0.001
>5年	0.031	-0.012	0.013
常数项	-0.361*	-0.296	-0.108
R^2	0.08	0.06	0.12
N	3338	3338	3299

注：*表示 $p<0.05$；**表示 $p<0.01$。"不良工作环境"是根据受访者报告的工作环境问题构建的。问卷中的问题是："您目前工作的地方是否存在以下问题？"回答选项包括：非常冷、非常热、非常潮湿、非常脏、非常嘈杂、拥挤、危险、可能接触灰尘或有害固体、可能接触烟雾气体或有毒液体，以及工作要求长时间坐着、长时间站立或蹲着、不断走动、不能随意变换姿势、需要过量负重等。用以上选项为"是"的总和除以所有未缺失项的总和，得到标准化后的指标值。该指标取值范围为0—1，样本均值为0.15，标准差为0.12。

表5还揭示了流动人口个人特征与健康之间的密切关联。与男性相比，女性流动者自报慢性病症的平均数量更多；而较年轻的流动人口，尤其是"90后"，自报有更大压力。已婚并与配偶同住对流动人

口的健康有重要的保护作用。与已婚并与配偶同住的流动者相比，未婚和已婚但独自流动的受访者有相对较高的压力，丧偶或离婚的流动者则报告有更多的慢性病症。不过，与子女同住的流动者显著感受到更大的压力。

个人收入与流动者健康之间存在非线性关系。对于心理健康而言，将中低收入（1万—3万元）与最低收入群体相比较，收入在一定程度上起到保护作用，不过这种保护作用在更高收入组并不显著。这种结果暗示着与高收入相伴随的在经济活动方面高投入（体力和精神方面）对健康的累计损害结果。

不良工作环境对流动者健康有显著的负效应。工作环境越差，受访者的压力越大，心理健康越差，慢性病症越多。超长工作时间则对流动者的心理健康有负面效应。此外，与初次流动者相比，此前有流动经历的受访者自报慢性病症数显著较多，但两者在压力和心理健康方面没有显著区别。

2. 医疗保健服务利用

有关医疗保健服务利用的多元 Logit 回归分析结果列于表6。在控制了人口、社会、经济、工作环境和健康状况的变化之后，深圳的流动人口在医疗保健服务利用方面仍与北京有显著不同。与北京的受访者相比，深圳受访者更可能在近两年做过常规体检、在最近一年内找医生看过病，且更有可能虽有需求但未去看病（见表6第1行）。

表6　　　　　　　医疗保健服务利用指标的回归分析结果

	常规体检 ($hchq\_2yr$)	就诊 (see_doc)	有需求却未就诊 ($notsdoc$)
流入地（参照组：北京）			
深圳	0.947**	0.753**	2.013**
流出地（参照组：东部）			
中部	0.182*	-0.118	0.012
西部	0.327**	-0.079	-0.196
东北	0.011	-0.061	0.067

续表

	常规体检 (hchq_2yr)	就诊 (see_doc)	有需求却未就诊 (notsdoc)
自我健康评价差	-0.224	0.605**	0.649**
慢性病症数	0.197	0.579**	0.702**
女性	0.495**	0.412**	0.051
出生年代（参照组：90年代）			
80年代	-0.203	-0.287*	-0.033
70年代	-0.633**	-0.596**	-0.082
60年代或更早	-1.124**	-0.643**	0.041
受教育程度（参照组：小学）			
初中	0.037	0.063	-0.539**
高中/中专	0.091	0.046	-0.273
大专及以上	0.380*	0.173	-0.363
婚姻和居住（参照组：已婚与配偶同住）			
已婚未与配偶同住	-0.028	-0.153	0.032
未婚	-0.211	-0.544**	-0.01
丧偶/离婚/分居	0.071	-0.673*	-0.299
与子女同住	-0.284**	-0.093**	-0.023**
职业（参照组：其他）			
各类负责人	0.940*	-0.069	0.198
专业技术人员	0.718**	0.466**	-0.316
办事人员	0.411*	0.244	-0.094
商业服务人员	0.266*	-0.08	-0.017
生产运输工人	0.420*	0.317	0.055
个人年均收入（参照组：1万元及以下）			
1万—3万元	-0.125	-0.238*	0.08
3万—5万元	0.009	-0.296*	0.005
>5万元	0.248	-0.458*	0.139
不良工作环境	-0.706	1.331	1.199
每周工作时间	-0.003	-0.007**	-0.002
此前有流动经历	0.247**	0.415**	0.379**

续表

	常规体检 ($hchq\_2yr$)	就诊 (see_doc)	有需求却未就诊 ($notsdoc$)
本次外出时间（参照组：2 年以内）			
2—5 年	-0.242*	0.069	-0.033
>5 年	-0.117	0.068	0.101
常数项	0.772	0.171	-0.539
N	3285	3295	3298

注：* 表示 $p<0.05$；** 表示 $p<0.01$。

在自报健康状况较差的受访者中，最近一年更有可能去看病，而且他们虽有病，但不去看的可能性也更高。患有慢性病也与医疗保健服务利用和服务需求未满足状况显著相关，报告有更多慢性病症的受访者，在最近一年中更有可能找医生看病，也更可能存在需要看病而实际没有去看病的经历。这些结果说明，尽管受健康状况影响，健康较差的流动人口会更多地利用医疗保健服务，但是相应服务未能满足他们的需求。与北京的流动人口相比，深圳流动人口的健康状况相对较差，因而尽管他们更多地利用医疗保健服务，但仍存在较多的未满足的服务需求。

在医疗保健服务的利用方面，也存在不同人群之间的差异。女性流动者在最近两年做过常规体检和在最近 1 年去看病的可能性都大于男性。年龄较大的流动者最近两年做过体检的可能性相对较小，不过有病就医的可能性显著大于较年轻的人。未婚或离婚/丧偶的受访者最近 1 年看病的可能性相对较小，子女同在流入地居住的受访者也较少看病。由于后两项差异在匹配分析后不再显著，可以认为这种结果反映了不同子群体的结构性差异。

流动者的职业也与健康服务利用密切相关。在控制了身体健康状况以及其他社会经济变量后，专业技术人员更有可能最近一年看过病；"其他"职业的从业者最近两年做常规体检的可能性更小。这种职业差别部分是由于某些职业对从业者的健康要求，例如，有些服务业和工厂企业通常要求雇员进行在岗体检。回归结果还显示个人收入也与最近1年看病有关,高收入受访者显著倾向于更少去看病。

最后,工作时间显著影响医疗保健服务利用,工作时间较长的受访者报告自己最近1年看病的可能性更小。此前有流动经历的流动者更有可能最近两年做过常规体检、最近1年看过病,且他们存在需要看病但实际未去看病的经历,不去看的可能性也相对更高。此外,本次外出时间对流动人口的体检有显著影响。受访者在流入地居住时间越长,他们最近两年做常规体检的可能性越小。

五 小结与讨论

通过对深圳和北京两城市农民工调查结果的分析,我们探讨了与农民工健康相关的状况及相关因素。本文重点研究不同流入地流动人口的健康状况以及与之相关的制度政策因素。我们应用倾向值匹配法消除了与流入地选择相关的样本差异,改善了两个城市调查样本的可比性,然后比较分析了两个城市流动人口有关健康指标的差异。分析结果发现,即使在控制了社会经济和环境的影响之后,两个城市的流动人口在健康状况和卫生服务利用方面仍存在显著差异。与北京的流动人口相比,深圳流动人口自报健康状况较差,在医疗卫生方面的未满足服务需求也较为突出。

以上比较分析结果说明,流动人口的健康状况和卫生服务利用与流入地政策和制度安排及其他结构性因素密切关联。虽然流动人口的社会融入和健康状况基本上取决于这些制度和结构因素,但这些制度和结构性因素在实证研究中往往难以测量,因而有可能得不到应有的重视。除了本文前面已经介绍的两地在医疗卫生保险方面的不同之外,可能至少还有以下因素导致两地流动人口的健康差异。

首先,深圳和北京在产业结构上不同,因而劳动力市场和劳动人口结构也不相同。尽管两个城市均为流入人口最多的城市之一,但是无论在历史上还是当前,两市的经济结构和劳动力市场都大不一样。

深圳自成为经济特区以来,"三来一补"是其工业的主要支柱之一,有大量规模不等的劳动密集型工厂企业。紧张的工作和加班是工人们为了保持竞争力的普遍做法。相对而言,北京的经济结构则不同,流动人口在工厂工作的比例相对较低,更多人是在服务行业工作。与劳动密集型工厂的流水线工作相比,服务业往往与本地居民有更多的人际交往,也更多暴露于公共监管之下。

其次,北京和深圳在制度安排方面不尽相同,特别是在与流动人口相关的政策方面不同。北京近年来出台和改进了多项与流动人口相关的政策,包括在户籍改革与公共服务方面,逐步努力涵盖所有社会阶层,包括农民工。深圳虽然在改革方面一向在国内领先,但在与流动人口相关制度安排方面似乎更有利于白领阶层,而不是人力资本较低的农民工。

最后,不同地方落实政策的实践也不相同。尽管两个城市在流动人口相关政策方面大体一致,但政策落实的力度和质量有可能不同,甚至在一个城市中的不同街道或不同企业也会有所不同。对于没有流入地户籍的农民工而言,政策的落实以及公共服务质量对他们的健康来说至关重要。农民工往往在各类企业中非正规就业,包括小型私人企业,而对这类企业在落实政策的监管方面往往并不到位,从而置农民工于更大的健康风险之中。因此,制度改革和政策制定固然重要,而对政策落实的有效监管同样不可忽视。

本文比较分析了深圳和北京两个城市农民工的健康状况和医疗卫生服务利用,发现两地流动人口在这两方面的差距,讨论了可能造成差距的结构性和制度性因素。这些差距可能是源于不同流入地在社会经济结构、政策和制度安排以及政策落实方面的不同,在新型城镇化和户籍改革进程中,对这些因素及其影响的观察和评价尤为重要。但是由于这些因素无法直接测量比较,仅依靠问卷调查和定量分析难以完成,还需要从政策角度进一步做更为深入的研究,这也启示我们在未来的研究中更为关注结构性和制度性因素对非本地户籍农民工的影响。

附　录

倾向值匹配法的原理与步骤

为了尽可能地消除样本自选择性偏差，本文首先使用倾向值匹配法对北京和深圳两市的流动人口样本进行匹配，在此基础上使用匹配后的样本考察两市制度和结构性因素对流动人口健康及卫生服务利用的净效应。倾向值匹配法是用来平衡观察数据中因缺乏实验设计中的随机赋值或实验控制而可能出现的样本选择性问题，以达到平衡数据、从而便于使用观察数据进行因果推断的统计分析手段。为了考察两个主要人口流入城市的制度性因素导致的健康差异，本文在倾向值匹配过程中将其中一个城市（深圳）视为实验组，另一个城市视为控制组。这样，这两个城市之间的政策规定的差异（包括政策执行的具体差异）便可视作实验过程。本文首先选用一系列不同的匹配标准以确定两个城市流入人口的最佳匹配样本，并对这些不同匹配标准所得结果进行比较，检验分析结果对匹配方案的敏感性。

具体而言，本文的倾向值匹配分析过程包括以下步骤：首先，使用 Logit 模型拟合被访流动者对流入地的选择（"北京"或是"深圳"），预测其对不同流入地的选择倾向大小（即"倾向值"）。其次，利用已预测的倾向值进行一对一匹配。这一过程中使用了不同的匹配标准，包括钳内近邻匹配、马氏距离匹配法等。[①] 最后，利用匹配样本拟合多元模型分析流入地对流入者健康的"实验"效应，并与匹配前初始样本的多元模型分析结果进行比较。

倾向值匹配结果

目的流入地选择的倾向值

根据既有理论和实证研究发现（如郑真真、解振明，2004），本文考虑了一系列可能影响流入地选择的因素来考察被访流动者对流入

---

① 具体匹配步骤参见 Guo and Fraser（2010）。

地的选择的决定因素，包括个人、家庭及流出地的地区特征。分析发现，较早出生队列、最高学历为中等教育的、户籍地为中西部地区的被访者更倾向于选择流向深圳。这反映了深圳开始吸引外来人口流入相对较早的现实，改革开放以来，深圳经济特区政策和"三来一补"产业迅猛发展的势头率先吸引了大规模的劳动力流入；这些流动人口更多的是来自中西部较为落后的农村地区，他们接受过中等水平的教育，深圳蓬勃兴起的外向型产业为这些劳动力提供了大量的就业机会。这也正反映在两市流动人口不同的职业分布中，与北京相比，深圳流入人口更多地从事产业工人、技术或办事人员的工作。此外，深圳流入人口已婚的可能性相对更小，且已婚者外出时有配偶或孩子陪同的可能性也更小；他们的个人既有流动经历表明，深圳流入人口的流动性相对更大。概括而言，本文拟合的 Logit 模型检验统计结果显示（见附表1），模型中包含的变量较好地预测了流动者对流入地的选择倾向。

附表1　　被访流动者对流入地选择的 Logit 模型回归结果

	系数
户籍地（参照组=东部）	
中部	0.460 **
西部	1.063 **
东北地区	-2.375 **
女性（参照组=男性）	0.063
出生队列（参照组=90 年代）	
80 年代	1.181 **
70 年代	1.292 **
1969 年及以前	2.001 **
受教育程度（参照组=小学）	
初中	0.278
高中/中专	0.592 **
大专及以上	-0.223

续表

	系数
职业（参照组=其他）	
干部	0.481
专业技术人员	0.723**
办事人员	0.743**
服务人员	-0.144
工人	2.640**
婚姻状况（参照组=已婚，配偶随迁）	
已婚，但配偶未随迁	0.484**
未婚	0.926**
离婚/丧偶/分居	1.699**
子女随迁	-0.995**
有其他流动经历	1.530**
截距	-3.982**
Pseudo-R Square	0.323
N	3816

注：*表示 $p<0.05$；**表示 $p<0.01$。因变量=流入地：1"深圳"，0"北京"。

样本匹配

本文使用一对一匹配方案来平衡北京、深圳两市的样本特征，采用的具体匹配标准分别为：（1）以预测倾向值的标准差的1/4（0.74）为钳半径的钳内近邻匹配法（匹配方案一）；（2）更小半径的钳内近邻匹配法（匹配方案二）；（3）最小马氏距离匹配法（匹配方案三）。这些匹配标准依次变得更为严格，相应地，能够匹配的样本对数也在下降。通过对比匹配前后样本的特征，检验结果显示，本章所使用的三种匹配方法均能较好地消除深圳和北京两市流动者主要特征的差异。附表2展示了对这三种匹配方案的统计检验结果以及匹配前后流入地对健康的"实验效应"的对比。

附表2下半部分所示为深圳和北京两市流动者主要健康指标的平均差异，其中包括三个健康结果变量和三个卫生服务利用指标。结果表明，不论是匹配前还是匹配后，与北京流入者相比，深圳流入者的自报健康状况平均更差、卫生服务利用程度更高、未满足的医疗服务需求也更多。在使用倾向值匹配之后，两市流入者的平均健康差异略有下降。因而，本文的分析结果意味着，即使在消除可观测的流入地选择效应之后，深圳流入者仍面临更大的健康风险和未满足的卫生服务需求缺口。为了进一步探讨影响流入地对健康影响的作用机制，本文利用匹配后的样本对健康状况和卫生服务利用指标分别拟合了多元模型。在消除样本选择性的基础上，为了尽可能保留样本多样性，本文将主要利用上述第一种匹配方案匹配的样本展示相应的多元分析结果。①

附表 2　不同匹配方案的统计检验结果及相应的"实验效应"

	深圳	北京	实验效应
样本			
匹配前	1025	3007	
匹配方案一	757	757	
匹配方案二	662	662	
匹配方案三	462	462	
流入地对健康指标的实验效应			
pressure			
匹配前	0.32	-0.22	0.54***
匹配方案一	0.29	-0.20	0.50***
匹配方案二	0.30	-0.22	0.52***
匹配方案三	0.32	-0.15	0.47***
psycho			
匹配前	0.10	-0.31	0.41***
匹配方案一	0.08	-0.28	0.36***
匹配方案二	0.11	-0.30	0.41***

---

①　匹配方案一消除了除职业外的所有显著差异。不过职业差异仅在 0.05 水平上显著。为了尽量减少案例缺失，我们在以下分析中采用此方案。将其与其他方案相比较，所得结果基本相同。

续表

	深圳	北京	实验效应
匹配方案三	0.10	-0.31	0.41***
n_chronic			
匹配前	0.40	0.12	0.28***
匹配方案一	0.37	0.13	0.24***
匹配方案二	0.36	0.12	0.24***
匹配方案三	0.40	0.14	0.26***
流入地对卫生服务利用指标的实验效应			
see_doc			
匹配前	0.71	0.40	0.31***
匹配方案一	0.70	0.43	0.27***
匹配方案二	0.69	0.43	0.26***
匹配方案三	0.70	0.43	0.27***
notsdoc			
匹配前	0.85	0.33	0.52***
匹配方案一	0.85	0.33	0.52***
匹配方案二	0.84	0.34	0.50***
匹配方案三	0.83	0.33	0.50***
hchq_2yr			
匹配前	0.82	0.63	0.19***
匹配方案一	0.80	0.65	0.15***
匹配方案二	0.79	0.64	0.15***
匹配方案三	0.79	0.63	0.16***

注：*表示 $p<0.1$。匹配方案一使用钳内近邻法，以 $1/4 \times SD$（pscore）为半径；匹配方案二使用半径为0.1的钳内近邻法；匹配方案三使用最小马氏距离法匹配。

附表3　　利用匹配后样本对健康指标拟合的回归结果

	pressure	psycho	n_chronic
流入地（参照组=北京）			
深圳	0.392**	0.257**	0.214**
户籍地（参照组=东部）			
中部	-0.075	0.037	0.027

续表

	pressure	psycho	n_chronic
户籍地（参照组=东部）			
西部	-0.111	0.120	0.014
东北地区	-0.174	-0.225	-0.007
女性	0.159*	0.059	0.134**
出生队列（参照组=90年代）			
80年代	-0.108	0.030	0.095
70年代	-0.335*	-0.006	0.097
1969年及以前	-0.174	-0.050	0.124
受教育程度（参照组=小学）			
初中	0.141	0.043	-0.015
高中/中专	-0.006	0.125	-0.006
大专及以上	-0.004	-0.022	-0.045
婚姻状况（参照组=已婚，配偶随迁）			
已婚，但配偶未随迁	0.162	0.061	0.006
未婚	0.234*	-0.007	-0.014
离婚/丧偶/分居	0.144	0.033	0.255**
子女随迁	0.130	0.090	0.050
职业（参照组=其他）			
干部	-0.514	-0.149	0.010
专业技术人员	0.101	0.116	0.088
办事人员	0.240	0.233	0.088
服务人员	0.042	-0.064	-0.004
工人	0.126	-0.021	0.075
个人年均收入（参照组=1万元及以下）			
1万—3万元	-0.056	-0.272**	-0.020
3万—5万元	-0.113	-0.217	0.028
>5万元	-0.168	-0.121	0.143*
不利工作条件数	0.958**	0.667**	0.353**
每周工作小时数	-0.003	0.008**	0.0001
有其他流动经历	-0.076	0.126	0.132**

续表

	pressure	psycho	n_chronic
本次流动时间（参照组＝不超过2年）			
2—5年	0.037	-0.129	-0.004
>5年	0.032	-0.092	0.011
截距	-0.164	-0.748**	-0.178
R^2	0.10	0.06	0.11
N	1405	1405	1392

注：*表示$p<0.05$；**表示$p<0.01$。

附表4　利用匹配后样本对卫生服务利用指标拟合的回归结果

	see_doc	notsdoc	hchq_2yr
流入地（参照组＝北京）			
深圳	0.787**	2.142**	1.104**
自评一般健康为差（参照组＝好）	0.675**	0.736**	-0.415*
慢性病数量	0.458**	0.701**	0.181
户籍地（参照组＝东部）			
中部	-0.001	0.128	0.220
西部	-0.055	-0.260	0.312
东北地区	-0.052	0.451	0.760
女性	0.338**	0.116	0.449**
出生队列（参照组＝90年代）			
80年代	-0.232	0.084	-0.374
70年代	-0.271	0.305	-0.763*
1969年及以前	-0.438	0.291	-1.066**
受教育程度（参照组＝小学）			
初中	0.356	-0.517	-0.049
高中/中专	0.276	-0.410	-0.052
大专及以上	0.459	-0.271	-0.010
婚姻状况（参照组＝已婚，配偶随迁）			
已婚，但配偶未随迁	-0.173	-0.132	-0.072
未婚	-0.311	0.214	-0.223

续表

	see_doc	notsdoc	hchq_2yr
离婚/丧偶/分居	-0.767	-0.442	-0.073
子女随迁	-0.108	-0.058	-0.336
职业（参照组=其他）			
干部	0.127	0.380	0.741
专业技术人员	0.607*	0.173	0.439
办事人员	0.726*	0.332	0.592
服务人员	0.192	0.200	0.488*
工人	0.484*	0.322	0.561*
个人年均收入（参照组=1万元及以下）			
1万—3万元	-0.521**	0.202	-0.212
3万—5万元	-0.291	-0.007	0.187
>5万元	-0.524	0.282	0.458
不利工作条件数	1.435**	0.943	-1.462**
每周工作小时数	-0.002	0.006	-0.006
有其他流动经历	0.469**	0.418**	0.263
本次流动时间（参照组=不超过2年）			
2—5年	-0.021	-0.102	-0.467**
>5年	0.065	0.069	-0.515**
截距	-0.691	-1.655**	1.373*
N	1391	1392	1387

注：*表示 $p<0.05$；**表示 $p<0.01$。

参考文献

Barber, Sarah L., & Yao, Lan, 2011, "Development and status of Health Insurance Systems in China", *The International Journal of Health Planning and Management*, 26: 339-356.

Bloom, Gerald, 2011, "Building Institutions for an Effective Health System: Lessons from China's Experience with Rural Health Reform", *Social Science & Medicine*, 27: 1302-1309.

Eggleston, K., 2010, "'Kan Bing Nan, Kan Bing Gui': Challenges for China's Health Care System Thirty Years into Reform", in Jean C. Oi, Scott Rozelle and Xueguang Zhou, eds., Growing Pains: Tensions and Opportunities in China's Transformation. Stanford, CA: Walter

H. Shorenstein Asia – Pacific Research Center, 2010.

Guo, Shenyang & Mark Fraser, 2010, *Propensity Score Analysis: Statistical Methods and Applications*, Thousand Oaks: Sage Publications.

Jaakkola, J. J., and O. P. Heinonen, 1995, "Shared Office Space and the Risk of the Common Cold", *European Journal of Epidemiology*, 11 (2): 213 –6.

Li, X., B. Stanton, X. Chen, Y. Hong, X. Fang, D. Lin, R. Mao, J. Wang, 2006a, "Health Indicators and Geographic Mobility Among Young Rural – to – Urban Migrants in China", *World Health & Population*, 4: 2 –18.

Li, X., B. Stanton, X. Fang, D. Lin, 2006b, "Social Stigma and Mental Health among Rural – to – urban Migrants in China: A Conceptual Framework and Future Research Needs", *World Health & Population*, 6: 2 –18.

Liang, Youxin, and Quanyong Xiang, 2004, "Occupational Health Services in PR China", *Toxicology*, 198: 45 –54.

Lin, W., Liu, G. G. & Chen, G., 2009, "The Urban Resident Basic Medical Insurance: A Landmark Reform Towards Universal Coverage in China", *Health Economics*, 18 (S2): S83 –S96.

Meng, Xin and Junsheng Zhang, 2001, "The Two – tier Labor Market in Urban China: Occupational Segregation and Wage Differentials Between Urban Residents and Rural Migrants in Shanghai", *Journal of Comparative Economics*, 29: 485 –504.

Roberts, Kenneth D., 1997, "China's Tidal Wave of Migrant Labor: What Can We Learn from Mexican Undocumented Migration to the United States?" *International Migration Review*, 31 (3): 249 –293.

Shen, Jianfa and Yefang Huang, 2003, "The Working and Living Space of the 'Floating Population' in China", *Asia Pacific Viewpoint*, 44: 51 –62.

Wang, Feng and Xuejin Zuo, 1999, "Inside China's Cities: Institutional Barriers and Opportunities for Urban Migrants", *American Economic*

Review, 89 (2): 276 – 280.

Wang, Feng, Xuejin Zuo and Danching Ruan, 2002, "Rural Migrants in Shanghai: Living under the Shadow of Socialism", *International Migration Review*, 36 (4): 520 – 545.

Wang, H., Gusmano, M. K., & Cao, Q., 2011, "An Evaluation of the Policy on Community Health Organization in China: Will the Priority of new Health Care Reform in China be a Success?" *Health Policy*, 99 (1): 37 – 43.

Wang, H., 2009, "A Dilemma of Chinese Health Care Reform: How to re – define Government Roles", *China Economic Review*, 20 (4): 598 – 604.

Wang, Qiuwei, Hui Xu, Fang Yao, Chunxin Jiang, 2007, "To Discribe and Analyze the Floating population Maternal and Children Health Care in Changzhou City", *Maternal and Child Health Care of China*, 22 (28): 3924 – 3926.

Xiang, Biao, 2004, "Migration and Health in China: Problems, Obstacles and Solutions", Asian Metacenter Research Paper Series 17, Asian Meta Center for Population and Sustainable Development Analysis. Asia Research Institute, National University of Singapore.

Zhang, Xiaosong, Gengli Zhao Linhong Wang, Jiuling Wu, 2006, "Analysis on the Reproductive Health Situation of Unmarried Floating Young Women in Cities", *Journal of Reproductive Medicine* 15 Suppl, (1): 24 – 27.

安琳、高燕秋、郭春晖:《北京、青岛两市流动人口健康状况分析》,《中国农村卫生事业管理》2006年第11期。

陈月新、郑桂珍:《不同生活工作条件下女性流动人口生殖健康状况的调查和思考——上海浦东新区四街道调查》,《南方人口》2001年第3期。

陈刚、吕军、张德英、刘英涛、张立:《133名流动人口妇幼卫生保健服务意向调查分析》,《中国全科医学》2006年第9期。

陈刚、吕军、张德英、刘英涛、张立：《流动人口妇女儿童卫生保健服务现状及对策研究概述》，《中国全科医学》2006年第7期。

程光英、傅苏林、邵子瑜、孙自婷：《合肥市流动人口孕产妇保健及新生儿出生状况分析》，《中国全科医学》2007年第22期。

段成荣、杨舸、张斐、卢雪和：《改革开放以来我国流动人口变动的九大趋势》，《人口研究》2008年第6期。

方晓义、蔺秀云、林丹华、刘杨、李晓铭：《流动人口的生活工作条件及其满意度对心身健康的影响》，《中国临床心理学杂志》2007年第1期。

高铁、乔春莉、胡花、许依群、夏传荣：《非所在地户籍妇女产前保健服务利用现况研究》，《中国妇幼健康研究》2008年第5期。

葛学凤、叶文振、夏怡然：《流动妇女孕期保健状况及其影响因素》，《人口研究》2004年第4期。

郭申阳、弗雷泽著：《倾向值分析：统计方法与应用》，郭志刚等译，重庆大学出版社2012年版。

黄江涛、余森泉、俞小英：《年轻女性流动人口生殖健康知识及需求调查》，《中国妇幼保健》2005年第2期。

黄江涛、余森泉、俞小英：《年轻女性流动人口生殖健康知识及需求调查》，《中国公共卫生》2005年第2期。

黄金辉、胡善联、陈文、应晓华：《城镇非户籍人口的医疗保障总结和评价》，《中国卫生资源》2007年第10卷第5期。

黄起烈、陈伟、张兴树：《深圳市外来人口肺结核病防治效果及影响因素研究》，《中国防痨杂志》2001年第6期。

蒋长流：《非公平就业环境中农民工健康负担压力及其缓解》，《经济体制改革》2006年第5期。

李培：《中国城乡人口迁移的时空特征及其影响因素》，《经济学家》2009年第1期。

林娣、焦必方：《我国农民工医疗保险制度：北京、深圳与上海三市比较》，《中国卫生经济》2012年第31卷第2期。

刘英涛、陈刚、吕军、张德英、张立：《流动人口妇女孕产期保健服务利用状况分析》，《中国全科医学》2006年第7期。

谭深：《珠江三角洲外来女工与外资企业、当地政府和社会之间的关系》，载杜芳琴等主编《妇女与社会性别研究在中国（1987—2003）》，天津人民出版社2003年版。

王国杰、Adrian Sleigh、Sukhan Jackson、刘禧礼：《外出打工者肺结核病危险因素分析》，《中国公共卫生》2006年第2期。

王燕、安琳、张学斌、王绍贤：《北京地区604名流动人口育龄妇女生殖健康状况的研究》，《生殖与避孕》1999年第2期。

谢立春、钟于玲、曾序春、叶江霞、宋晓红、刘荣娇、陈泽强、史闯：《深圳市流动已婚育龄妇女生殖健康现况调查》，《中国计划生育学杂志》2006年第7期。

谢立春、曾序春、谷学英、钟于玲、董时富、刘荣娇、陈泽强、史闯、陈雄、黄惠贤、麦慧玲：《深圳流动已婚育龄妇女生殖健康现状及需求研究》，《中国妇幼保健》2006年第7期。

徐真真、蒋虹丽、胡敏、刘桦、陈文：《上海市外来就业人员医疗保障的现况分析》，《中国卫生资源》2011年第14卷第4期。

张金辉、陆杰华：《城市流动人口的生育健康状况调查》，《中国生育健康杂志》2005年第2期。

张洁、王德文、翁金珠：《流动妇女健康影响因素分析——福建省厦门市的实证研究报告》，《南京人口管理干部学院学报》2007年第3期。

赵平、李洪敏、杨智斌、王鹏、张爱洁、张弘、张士怀：《1996—2006年北京市朝阳区流动人口肺结核病流行特征分析》，《疾病控制杂志》2008年第1期。

郑真真、解振明：《人口流动与农村妇女发展》，社会科学文献出版社2004年版。

郑真真、周云、郑立新、杨元、赵东霞、楼超华、赵双玲：《城市外来未婚青年女工的性行为、避孕知识和实践》，《中国人口科学》2001年第2期。

再学习的安全空间：移民学生从高中到社区大学的过渡

Vivian Louie[*]

在美国，向移民家庭子女提供平等的教育机会是一项广为人知的挑战，这些父母只接受了有限的正规教育。关于移民子女的教育，这一挑战可以回溯至从19世纪中期到第二次世界大战后，再从20世纪60年代至今的很长的美国历史。当今时代关键特点是劳动力市场上，高等教育回报的转变。不同于以往，移民子女如果没有接受大学教育，他们不能找到高回报的好工作。如此看来，美国经验确实可以为中国提供一个样板，因为中国经济有一个类似的转变，正在经历移民从农村向城市中心的流动。

本文聚焦促使美国主要的少数民族和移民——拉美裔移民教育途径得以成功的因素。在笔者看来，20世纪90年代到2005年，拉美裔移民通过完成高中学业和读大学取得了一定程度的成功。这一关注揭示了一个长期存在于民族和种族差距及资源不平等的公共基础教育系统，尽管国家承诺为所有的学习者提供平等的教育机会。正如笔者将展示的那样，拉美移民求学者的经历映射出这些差距，并进一步使之复杂化。本文分析了大部分属于工薪阶层移民的多米尼加人和哥伦比亚人的子女如何完成高中学业并继续接受高等教育，尽管是开放招生且收费低的低层次大学或社区大学。他们的成功建立在：（1）一个为高等教育个体提供更高回报的劳动力市场；（2）劳动力市场上的不平

---

[*] Vivian Louie，女，美国 W. T. Grant Foundation。
本文由史毅译，张展新校。

等与资助大学前教育，后者使儿童和年轻人有机会向高等教育过渡。本文着眼于移民家庭当前面临的限制和机遇。

考虑到拉美裔移民的可观数量及其增长、在次等公立学校就学与分层的教育获得格局，分析为什么他们取得教育上的成功有重要意义。1965 年的移民法案颁布之后，美国重新开放大规模外来移民，拉美裔移民达到 5200 万左右，几乎占到美国人口的 16%，这其中有 36% 是在国外出生的（皮尤西裔研究中心，2013 年 9 月）。拉美裔移民占公立学校额学生总数的 1/4，均匀分布在幼儿园、小学和初高中（皮尤西裔研究中心，2013 年 9 月）。拉美裔学生面临"三重隔离"，就读的公立学校中，大部分学生是穷人、拉美裔，英文差（Fry，2007）。意料之中的是，拉美裔移民的教育现状揭示了惨淡的统计数据，但也有一些亮点。所发现的惨淡之处是两极分化，例如辍学率、被录取大学的类型，以及学士学位的毕业率。2011 年，在所有 16—24 岁的种族群体中，最有可能不上学或拿不到高中毕业证书的是西班牙裔，比例达到 14%（国家教育统计中心）。但是，西班牙裔完成高中学业并被大学录取的可能性略高于白人（西班牙学生为 49%，白人学生为 47%）。在所有族裔中，25 岁及以上的拉美裔完成学士学位的可能性依然最低，2012 年仅有 14.5%。

如果观察拉美裔大学生，我们可以看到他们被四年制大学录取的可能性比白人更低，四年制大学通常比二年制大学能够带来更多物质回报，同时他们进入优选的四年制大学的可能性也较低（皮尤西裔研究中心，2013 年 9 月）。人们发现，46% 的拉美裔学生就读于二年制大学，这是现行模式的一种延续（Swail et al., 2003；皮尤西裔研究中心，2011）。考虑到美国总人口中按照受教育程度分的年均收入、失业率和贫困率上的差异，这些拉美裔移民的总体趋势是令人不安的。如表 1 所示，25—32 岁的人口中，毕业于四年制大学的人的年均收入是高中毕业生的 1.6 倍；但是比社区大学毕业生或者有学院教育经历的人的薪资只高出 2000 美元。失业率和贫困率的情况也非常相似，社区大学毕业生和有学院教育经历的人正好降至中间，比四年制大学的毕业生高但又比高中毕业生低。

表 1　　　　　　　　美国 25—32 岁人口的教育回报

	分受教育水平的年均收入 （全职工人的中位数，2012，美元）	失业率（%）	贫困率（%）
本科及以上学历	45000	3.8	5.8
专科学历	30000	8.1	14.7
高中学历	28000	12.2	21.8

注：年均收入中位数是根据调查的上一年收入和工作状况统计的，对象是上一年年龄为25—32岁、全职工作、报告有收入的人。"全职"指上年通常每周至少工作35小时的人。失业率指劳动力（有工作和正在寻找工作的人）中无工作者的比例。贫困率是根据调查上一年的受访者家庭收入判定的。

资料来源：皮尤研究中心统计表，2013年3月当代人口调查（CPS）。

本章分析拉美裔移民在社区大学的过渡，因为这往往是他们聚集的地方。本文中的多米尼加和哥伦比亚裔受访者是成功的，他们完成高中学业并进入某类学院。受访者升入社区大学，尽管这是在美国大学排行中地位低下的四年制大学，也显示出他们必须克服很多挑战来完成这样很普通的学业，不过这仍然能带来比高中毕业证更大的好处（Schneider and Stevenson，1999；Attewell and Lavin，2007；Teranishi，Suarez‐Orozco and Suarez‐Orozco，2011）。只有受到家庭外关键支持的个体才可以获得比移民家庭更多的有效信息和指导，这样受访者才能避免来自社区和学校的风险，并实现他们的愿望。换言之，他们避免了走上同代人中常见的弯路（如青少年犯罪和青少年怀孕），最后高中毕业。他们在社区大学旅程进一步凸显他们在高中阶段曾经面临的障碍，同时也说明他们如何欢迎社区大学，将其视为获得补偿、得以恢复并充满希望地前进的安全空间。

这里提出的论点基于对24个多米尼加人和哥伦比亚人以及他们的13名移民父母的定性研究。这些第二代人多数在艰苦的社区中长大，进入了繁忙的城市高中，处于向社区大学转变的过程中。少数受访者进入了更高质量的郊区高中、天主教高中或公立名牌高中，这正好与城市高中生面对的挑战形成鲜明对比。总的来说，有一半人要么仍就读于两年制学校，要么还停留在这一水平，有的得到学位，有的还没有，而另外 8 人已经成功转到四年制大学。少数人从四年制大学辍学之后转到社区大学。

美国有 1200 多所社区大学，其中大多是公立的，拥有全国 44% 的本科生（Teranishi, Suarez‐Orozco, 2011），其中多数为低收入家庭的学生，可能是第一代大学生，也可能是少数种族或少数民族。差距是明显的：44% 低收入家庭[①]的学生在完成高中学业后开始在社区大学学习，而只有 15% 高收入家庭的学生如此。[②] 基于此，如果不能展示其费用低、间接获取学士学位的特点，社区大学将遇到明显的麻烦。人们普遍认为，通过参加社区大学可以获得学士学位，而且无须支付四年制大学（通常收取比社区大学更高的学费）的四年全部学费。一个人可以在社区大学花两年时间获得大专文凭，然后转到一个四年制大学，并在两年后获得学士学位。当然，虽然一些社区大学学生一开始就抱着转到一个四年制大学的目的，但他们实际上不太可能获得学士学位（国家公共政策与高等教育中心，2011 年 6 月）。

本文分析学生为什么以及如何选择社区大学，尤其是那些刚从表现不太好的城市高中毕业的学生。本文将探讨如何联系个人情况进行决策，如学生的家庭收入或家长教育程度；就学环境，比如高中老师和辅导员按照以后进社区大学，而不是去四年制大学的学生来对待（McDonough, 1997）。换句话说，本文将被访者早期小学和中学教育（尤其是高中）同他们通向社区大学的路径和社区大学经历联系起来，这是一个尚未研究的领域（Gelber, 2007；Louie, 2007）。

在这一分析的基础上，本文将论证低收入和贫困移民子女的当代美国教育模式与中国的差异和相似之处同样多。这两个国家都强调平等，但实际上日常生活中充斥着不平等。两国的大学前教育都有强烈的地方性，当地税收提供大部分资金，美国缺乏课程和教学规范的统一标准；政府设置的关于教学和学习的政策模糊不清，学校一直面临

[①] 低收入家庭被定义为年收入低于 25000 美元的家庭。
[②] 当考虑到学生父母的教育背景时同样是对的，这是影响教育成就的另一个显著变量。38% 的学生的父母没有完成大学学业，这些学生一开始在社区大学读书。只有 20% 的学生的父母是大学毕业生（国家公共政策和高等教育中心，2011 年 6 月）。

着快速人口变化的挑战（Hochschild and Scovronick，2003）。美国移民学生事实上的种族隔离与中国的法律权利分割同时存在，中国已经确定走向一个明显隔离和不平等的打工子女教育系统。在这两个国家，家长参与均为教育者所期待，在中国的案例中，有一种被中产阶级和工薪阶层家庭共同接受的充满活力的协定培养模式，他们让孩子就读收费和市场化的课外课程，以应对国家考试，决定孩子去哪所高中、大学，同时也为孩子提供内容丰富的活动。相比之下，在美国，主要是本地和移民中产阶层家庭这样做（Lareau，1999，2003，2008；Louie，2012a）。① 然而，工薪阶层和贫困移民从以社区为基础的团体那里获得援助。非政府部门的这项事业起始于独特的民族组织和睦邻中心，由19世纪末的土生土长的白人发起，并发展成今天的社区团体。

一 理论视角

（一）美国公立教育体系：工业化，移民和创新

考察美国公共教育系统的发展，看这一进程是如何与早期欧洲大规模移民的经历、土著黑人与拉美人的不同轨迹相联系的，这对于理解当代移民家庭面临的教育情况是很有意义的。在19世纪40年代之前，在美国没有真正的教育"体系"。相反，正规的学习只是一个富人才有的选择（Lazerson，1977）。传统的教育模式是阅读、写作和学好算术，包括死记硬背和专制教学（Reisner，1930；Cremin，1951；Bryk，Lee and Holland，1993）。变化的部分动力来自从1865年到1920年的工业化后期②，这带来一些新的挑战。技术进步（电报、电话）和运输（横贯大陆的铁路）引发了大规模、高度常规化和组织

---

① 亚裔移民工薪家庭是例外，以韩国和中国移民为代表，他们进入本族裔开办、大量招生的预备学校或补习学校。见 Byun 和 Park（2012）、Park（2012）。

② 从19世纪初叶到20世纪中叶，美国早期的工业化经历了从本地手工业到工厂的转变，例如纺织厂。

化的产业。这些产业吸引了大量的低工资劳动力，他们以移民的方式来到美国，主要来源地是南欧、中欧和东欧。然而，新来人口的语言（意大利语，斯拉夫语）和随之而来的宗教（天主教和犹太教）对美国习俗来说是外来的（Lieberson, 1980; Pedraza, 1995）。

到 1900 年，美国成为世界上最大的工业经济体，但它在新移民及其子女方面遇到双重困境，除了他们对劳动力市场的贡献，还有工业化衍生的社会问题，有童工制和两大阶级形成，企业主获取工业化成果，而他们的工人在受剥削的工作环境下经受着艰苦漫长的工作日和低工资。始于19世纪40年代，作为公立学校前身的普通学校被社会改革者视为解决问题的方案（Reisner, 1930; Cremin, 1951; Bryk, Lee and Holland, 1993）。推动自由理念的运动，强制的小学教育由公共资金资助，这成为当地学校和政府官员的共同责任。1852年，马萨诸塞州通过了第一个强制入学的法律。到1918年，完成了教育改革中义务教育的内容，所有州已经通过法律要求孩子至少要在公立小学入学（Lazerson, 1977）。

随着儿童参加新建公立学校的新要求，教育本身有了关键的变化。在美国，有海外经历的教育工作者与受过良好教育的移民一道，重新强调观察能力和推理能力。伦理学和心理学被纳入学校教育，这包括了斯坦利·霍尔的研究，他认为学校必须适应孩子们的需要；还有威廉·詹姆斯的研究，他强调学校在培育好公民、提升国民整体幸福感方面的作用。欧洲的创新被引入美国的教育体系，如德国在幼儿园方面的实践。

另一个引进的著名创新是睦邻中心。由像简·亚当斯这样的白人中产阶级女性改革家领导、实际上在伦敦的起源、在传到美国之前就在欧洲流行的睦邻中心，其立足的理念是，在贫困社区居住的人可以通过获取所需要的各种服务来改善生活。服务方式是全面的，包括提供托儿所和向成人移民提供的夜校课程、职业指导咨询等。现场医护和学校午餐计划成为公立学校相同特征的典范。尽管这些睦邻中心是私人资助，但与政府有联系。如果特定项目成功，睦邻中心将鼓励当地城市接管并扩大该项目，并鼓励其他城市进行项目复制。

当然这幅图景并非完全乐观。在主流舆论看来，移民儿童被视为有缺陷的，由于来自"外国"家庭，难以接受美国的规范。新公立学校的一部分任务是通过强调美国精神的国旗仪式，英语语言习得和教科书将移民子女美国化（Olsen，1990；Graham，2005）。然而，移民父母并不是这一教育程式的被动接受者。天主教学校的兴起与天主教移民的宗教派别和新兴公立学校系统的不睦关系有关，这类学校认为新兴公立学校有新教烙印，就像是在背诵新教版主祷文（Cross，1965；Lazerson，1977；Leahy，1991）。在某些情况下，天主教徒和新教徒之间的紧张关系升级为暴力，导致像无知党那样的本土主义运动兴起（Leahy，1991）。天主教学校系统的发展及其成熟与天主教徒对"学校的话语权、透明度和权力"的渴望有很大关系（York，1996）。尽管如此，到1924年，由于反移民情绪导致大规模移民的大门被关闭，公立学校被视为发展公民权、促进社会流动和社会融合的通道。

（二）黑人与拉美裔的教育不平等：历史与现实

这个历史背景下的另一问题是黑人和拉美裔的教育不平等，以及为什么尽管公共政策目标是缩小差距，但这类差距还是得以维系。理解这个缘由，还有刚刚叙述过的欧洲移民子女的孩子故事，这些都是非常重要的，二者塑造了当代移民所面临的教育结构和关于成功的主流观念。虽然欧洲移民遭受过实质性歧视，不同群体之间肯定存在教育程度差距，他们的经历是有过不平等，但最终融合到美国的主流（Lieberson，1980；Perlmann，1988；Foner and Alba，2006）。到1986年，在美国，南欧、中欧和东欧血统与其他欧洲血统的白人在教育程度和收入水平上没有差异（Dinnerstein and Reimers，1999）。

白人之外的移民，尤其是拉美裔和黑人，是一个完全不同的情景：虽然社区、学校与白人隔离的程度有一定差异，他们都有在资源匮乏的公立学校就学的经历。与南欧、中欧和东欧移民的情况类似，西南部的墨西哥裔美国人通过公立学校教育形成了美国化倾向，但有一些家庭转向天主教学校，至少在最初保持自己的宗教和族群认同（San Miguel and Valencia，1998）。但也有明显的对比：墨西哥裔移民父母的子女没有获得有如意大利裔和波兰裔那么多的教育。这部分是由于地理原因，北方城市（欧洲移民倾向于在那里定居）的中学教育普及较早。然而，很大一部分差异是因为，美国西南部①的墨西哥裔美国人在学校遭遇到比他们的欧洲同辈更大的歧视（San Miguel and Valencia, 1998；Perlmann, 2002）。虽然这些早期定居美国的墨西哥裔后代已经取得了新进展，但他们仍一直在教育程度和经济地位上落后于本地白人。墨西哥裔美国人的教育类似于美国黑人，也就是说，作为少数族裔，他们面对着强大的制度障碍和低等教育。在教育过程开始时，墨西哥裔美国人更多地进入资金匮乏且缺乏资深老师的公立学校。即使进入一体化学校，他们还会继续偏向要求不太苛刻的课程。

从1900年到1960年的芝加哥案例说明，与本土白人和欧洲移民后裔相比，本地黑人接受了怎样劣质的教育。虽然本土白人与欧洲移民后裔的同化是公立学校的一个典型特征，种族融合的呼声相对较弱。大量黑人在20世纪初到20年代来到美国，由于本地白人拒绝与他们共同生活，学校的种族隔离迅速蔓延。在1915年，美国中西部城市的小学生只有8%在以黑人学生为主的学校②就读，到1930年，这一数字上升到84%。种族隔离学校迅速转化为黑人提供教育的劣质学校。在社会问题发生之前，这些学校不得不解决资金缺乏（由于社区的税基较低）、过度拥挤、新手教师和教师高流动率等问题（Neckerman, 2007）。

一直持续着的这类差距建立在如何向公立学校提供资助并为其配备师资方面的不平等基础上，这部分地来源于分散式体制本身和其他政策，与学校教育本身无关，但是不平等在很大程度上影响了学校教育（Anyon, 2005）。地方和州为美国公立中小学提供了大部分资金，而联邦政府的投入只有8%。考虑到面积广大、穷人和大部分少数族

---

① 西南部是美国很大的一部分，包括得克萨斯州，1845年被合并入美国，先前属于墨西哥；加利福尼亚，新墨西哥州和后来合并的亚利桑那州；内华达州和犹他州也在美墨战争（1846—1848年）胜利之后被割给美国。更多关于20世纪60年代中期之前美国西南部墨西哥裔人口增长的讨论，详见 Hing（2004）和 Louie（2012b）。

② Neckerman（2007）将其定义为黑人学生超过90%的学校。

裔居住的城市中心区与对应郊区之间的财富分化，强调地方出资至关重要（Hochschild and Scovronick，2003）；这种分化是将种族与城市空间相联系的公共政策后果，第二次世界大战后联邦政府补贴计划鼓励中产阶级白人定居在新开发的郊区，而把贫穷的少数族裔安排到城市中管理不善的公共住房项目之中（Jackson，1985）。结果是黑人和拉丁美洲人在城市公立学校就学，这里的学生大部分来自低收入家庭，学校缺少合格师资和资深教师，教师的流动率很高（NAE，2007；Frankenberg and Siegel - Hawley，2008；Gandara et al.，2003）。[1]这类学校的特征是：学业期望低、课程简单、高辍学率和暴力事件高发率、学生攻读大学的准备不足（Carter，2005；Kasinitz，Mollenkopf，Waters and Holdaway，2008；Suárez - Orozco，Suárez - Orozco and Todorova，2008）。因此毫不奇怪，2008年，在高贫困率学校接受基础教育的学生中，实际上只有略超过2/3的人毕业。相比之下，在低贫困率学校就读的学生大约有91%完成学业。[2]

针对这些差距，一些重要政策出台，最初是布朗诉教育局案（1954），当时最高法院裁定：区分是不平等的，学校不能以种族为标准进行隔离，但差距依然存在。1964年的民权法案致力于废止种族隔离，存在种族隔离的学区提交废除种族隔离的计划后才能接受联邦资助。随后是1965年的《中小学教育法案》，这是该时代第一个最大的联邦政府资助的基础教育立法，这意义非凡，原因是以前和当时，教育主要由地方和州政府负责（Vitteritti，2012）。《中小学教育法案》向贫困集中学区的孩子们提供额外的教育资金，并将他们就读的学校划分为Ⅰ类学校，

---

[1] 20世纪60年代后，核心讨论集中于白人和少数民族学生不读同一所公立学校的原因。流行的论据是因为最高法院降低了整治种族隔离的力度，联邦政策重视考试成绩和问责制，而不是种族隔离的学校和区域范围内的学校选择政策，这项政策允许学生跨区择校（Bett et al.，2006）。如Orfield（2006，2008）、Noguera（2003）、Grant（2009）、Datnow、Solorzano、Watford 和 Park（2010），以及其他人前面所说的那样，这些因素使学校已经变得再隔离。然而，Fiels（2013）最近认为在考虑到国家人口转变的情况下，比如白人数量下降导致白人学生变少，这样的学校构成变化并不奇怪。他表明如此大规模的人口转变导致了美国学校人口结构的改变，而不是公平实践和政策的原因。

[2] 这一统计也称为新生平均毕业率，更多信息请看http：//www.idra.org/Attrition/Study/Types_ of_ Dropout_ Data_ Defined/。

这使那些孩子受益（Louie, 2006）。两个最高法院的裁决也对移民子女有影响。劳诉尼古拉斯案（1974）裁定公立学校为英语学习者提供英语语言支持。① 普雷勒诉多尔案（1982）裁定公立中小学学校为所有的孩子提供教育，不考虑法律身份，不能询问关于身份的问题。

然而，这些政策的效果并不像预期的那么好。种族和收入产生的居住隔离继续使黑人和拉美人转向低劣的教育，包括当时已经是本地人和移民的黑人和拉美人。在底特律推动的法律挑战要推翻州议会的跨区废除种族隔离计划（将城市的黑人学生和郊区的白人学生并入一个合并的地方），最高法院驳回米利肯诉布拉德利案（1974），击败这一挑战。在这一裁决中，着重强调了地方控制公立学校（Meinke, 2011）。然而事实上，当地对这类计划的支持甚少，尽管在城市与郊区整合上有一系列努力，但成功的程度不一（Sills, 1982; Raffel, 1985; Grant, 2009）。一段时间过去了，《中小学教育法案》对学生学业的影响相当有限，种族和收入差距的影响依然强大。② 为了给贫困儿童提供更好的服务，在其他领域有一些初步的投资计划（Borman, 2005; Viteritti, 2012）。长期的负面影响源于"官僚制"，而不是研究与实践的教学策略（Borman 2005），参加 I 类学校的学生也被他们的老师视为未必会有长进的"高危学生"。关于语言，最高法院没有发布任何条款来保证英语学习者平等接受教育的权利。相反地，双语和二元文化的教学方法③陷入了只说英语运动的罗网，这一运动被反移民的焦虑和偏见引发，尽管在美国，英语只是作为通用语④

---

① 该法案是在旧金山华裔美国学生代表申请发起的，这些学生被认为是英语不够熟练。法案的关键在于推进了他们的代表不得不处理 1964 年民权法案的第 4 条，这条法案禁止因为来源国的国别而产生的歧视。它成功地证明了帮助华裔美国学生做家庭作业时，以语言为基础的教学支持的缺失侵犯了他们平等接受教育的权利。

② 详见 Viteritti (2012)，第 2091 页和第 2093 页，对相关研究有进一步的讨论。

③ 有几种使用母语和英语两种不同的方式的说明。通过 Samson 和 Collins (2012)，这些说明包括"使用母语和英语的双语介绍，针对结构化和保护性的英语专门学习班，在那里英语课程是针对英语学习者改良的，针对主流班级，在班里英语学习者接受非母语英语课程的支持（被推进非母语英语课程）或者在非母语英语课程班里度过（被拉出去）。"

④ 英语是美国事实上的官方语言，虽然没有法律规定这一地位（Portes & Hao, 2002; Fogg - Davis, 2005）。

(Lieberson, 1981; Hakuta, 1986; Salomone, 2013)。关于合法地位，联邦政府没有向当地学区拨付额外的资金来为无证学生提供教育。缺少资金配套的命令使之称为一个有争议的问题，在教育成本上升的州尤为如此（Rodriguez, 2011）。在移民改革中，联邦政府就调整无证移民身份做了大量的尝试，但迄今为止都遭遇到失败，无论是前任总统乔治·布什还是现任总统巴拉克·奥巴马的当政时期都是这样。

除了英语语言能力，英语学习者需要非通用语言的支持。[①] 概括地说，我们对众多移民子女在学校的情况知之甚少。相反，移民学生的学习成果被放入成绩差距的数据中，这些数据主要沿着种族这条主线讲述文化故事。传统智慧认为，早期更多的是当代的迁移大潮中的移民，也包括黑人移民，他们凭借家庭观念和职业道德在学校获得成功，但无论是过去还是现在，非洲裔美国人都被看作缺乏这些特质（Waters, 1999; Noguera, 2004）。不同移民群体之间的差异被归因于成功者的超凡文化价值观，包括强调辛勤工作和好好学习（Suarez-Orozco, 2001）。从历史上看，与意大利、爱尔兰和斯拉夫人相比，美国犹太人就被视为这样的典范。今天，我们看到了亚裔美国人的杰出成就者和拉美裔后进生的故事情节。然而，随处可见，并且正如在本章也揭示，这个故事情节忽略了制度的重要性，即公共政策塑造着人们居住的社区、孩子们读的公立学校和家庭得到的支持（Louie, 2004, 2006, 2011, 2012a, 2012b）。

二 研究设计

本文提供的材料来自人口调查，2002 年 2 月到 2005 年 7 月期间对 24 个多米尼加裔和哥伦比亚裔美国人的英语访谈，还有 2003 年 7

[①] 详见 Louie (2012a)。

月到 2005 年 7 月期间对 13 个西班牙裔移民父母的西语访谈。① 人口调查询问孩子们中小学教育经历、家庭特征和语种。访谈询问了孩子们对社区环境、中小学教育、大学教育、家庭移民历程、家庭抚养孩子情况、身份认同、成功和歧视的经历和看法。父母的访谈主要问他们自己及其子女移民和定居在美国的经历，家庭史，对教育的看法，对美国教育系统的了解和身份认同。形成本章样本的大规模调查是有关迁移与教育的首次研究，观察同一家庭的成员（如成年子女、母亲或父亲）对在美国旅程和定居经历的看法和经历。

作者和两个研究助手采访的成年子女是第二代或 1.5 代移民，意味着他们的父母都是移民，但他们自己出生在美国，或者出生在其他地方，但 12 岁时已经来到美国，并且大部分时间在美国学校度过。除了一位经过一年学习获得职业证书的女性，所有受访者都读完了高中，几乎所有人都进了两年制的高校或社区大学。表 2 描述了受访者的中学后/大学教育水平。我们通过几个策略招收被访者：作者拥有东北大学和北埃塞克斯社区大学的机构许可，也得到纽约市立大学多米尼加研究所授权寻找受访者。② 作者同其他一些地方种族和非学校组织一道，会见了 31 个社区团体的领导人并进行交流，并同研究助手一起，考察大量多米尼加人和哥伦比亚人聚居、包含研究案例的移民社区。在马萨诸塞州，因为北埃塞克斯社区大学位于多米尼加和波多黎移民为主的城镇，很正常，样本包括 15 个多米尼加人和 9 个哥伦比亚人。这也可能是因为哥伦比亚人更可能比多米尼加人在高等教

---

① 数据是从一项较大的研究中提取的子样本，该研究现已出版成书。进一步信息可见 Louie（2012）。在本章笔者分析了 16 个受访者的特征，其余的人由两位助理完成，两位助理师分别是 Claudia Pineda 博士生和 Silvia Covelli，他们两位都是哥伦比亚当地人，成年时来到美国。在 Carola 和 Marcelo Suárez - Orozco 主持的移民学生适应长期研究中，他们都对大波士顿区的多米尼加移民家庭进行过广泛研究。Pineda 博士、Covelli 小姐和 Ana Tavares 小姐，作为二代移民和西班牙语—英语双语的多米尼加裔美国人，分析了这个子样本全部的父母访谈。

② 笔者通过 Luis Falcon 博士和 Elena M. Quiroz，还有拉美学生文化中心主任的帮助，得到东北大学的授权；通过 Katharine Rodger 和北埃塞克斯社区大学院长，得到了北埃塞克斯社区大学的授权；通过纽约州立大学多米尼加研究中心主任 Dr. Ramona Hernandez，得到了该中心的授权。

育上走得更远。

表2　　　　　　　　受访者的高等教育/大学成就　　　　　　单位：个

	高职学历	就读于两年制大学	副学士学位	就读于四年制大学	学士学位
多米尼加裔	—	12	—	2	1
哥伦比亚裔	1	3	—	3	2
合计	1	15	—	5	3

除了两个受访者，其他所有受访者来自工薪阶层的家庭，父母大多数在工厂工作。因为这些是移民家庭，关注其家庭的迁移流动路径也很重要。笔者比较了移民父母在迁出国和美国的所作所为，并做了以下分类。迅速向上流动者至少需要满足两个经济向上流动的条件：在美国上过学（除了学习英语作为第二语言），在美国的工作比在迁出国的职业地位高，同时/或者拥有一个家庭。有限上升者只能满足上述其中的一个条件。复制地位者自身没有经历流动，更确切地说，他在原住国或高或低的地位在美国得以复制。最后是向下流动者，他们这里有比在多米尼加共和国和哥伦比亚更高的工资，但经历了职业层次的下降，比如建筑师做园丁的工作（Foner，2000；Akresh，2006），对照先前在国内中产阶级地位，他们加入了美国的工人阶级（Gans，2007，2009）。

这是一个几乎一致的工薪阶层样本，但在流动上仍存在差异。表3显示，尽管24个受访者中有7个来自迅速上升的家庭，但大部分人的父母在美国没有过得很好，甚至比原来还要差。许多迅速上升家庭的父母和那些过得不太好的移民一样，还生活在同一社区，把他们的孩子送到同样的学校。

表3　　　　　　　　被访者父母的迁移路径

	迅速向上流动者	复制（高）地位者	复制（低）地位者	有限上升者	向下流动者
多米尼加裔	4	—	3	7	1
哥伦比亚裔	3	—	—	3	3
合计	7	—	3	10	4

笔者使用了深度定性研究的方法，尽管由于依赖小型非随机样本而限制了一般性，但是这可以帮助我们了解事件、概念、情况、行为对受访者的含义，在他们的解释中分析矛盾，描述和解释各种关系。通过展示更广泛的社会力量如何塑造个人的社交情景或生活经验，我们对事件的发生获得更丰富的理解（Smalls, 2009）。通过这样的研究，我们把握了以工薪阶层为主的移民子女如何走进大学，尽管他们面临着一系列强大的挑战。

三 城市公立高中生：危机与希望之间

（一）社区：空间，阶层和种族

我们采访的在城市社区长大的受访者与所发现的全国性趋势相一致，低收入和贫困拉美裔的邻居经济资源也很少，虽然这些邻居不一定是拉美裔（Quillian, 2012）。他们不得不面临聚集效应，当穷人和低收入人群集中居住时，制度短缺引起的内部压力，如城市公共服务不足，包括公立学校质量、住房和就业机会。他们还必须应对在这种极端的社会条件下可能出现的行为，如犯罪的增加、缺乏与主流业界的联系（Wilson, 1987; Sampson and Wilson, 2012）。19 个城市受访者中多数（有 17 个）在工薪阶层家庭和贫穷社区长大，在那里，拉美裔移民不是主导就是一个核心，尽可能地回避一个年轻人所说的轻微犯罪（盗车、家庭入侵、街头打斗）。

劳伦斯和洛厄尔的居民提到最贫穷社区的环境，包括严重犯罪。麻省的劳伦斯过去曾是制造业中心，部分地反映出从 1998 年到 2008 年的全州趋势，租金较低和低薪工作的小城市吸引拉美裔移民，本案例中是多米尼加人和波多黎各人。11 个受访者在劳伦斯长大，当时那里显然令人沮丧，是麻省 10 个贫困率最高的城市之一（Lavan and Uriarte, 2008）。这座城市以它的种族隔离闻名——根据 2000 年美国人口普查，近 60% 的居民是西班牙裔或拉美裔居民（http://censusviewer.com/city/MA/Lawrence），他们通常与白人分开居住，生活在更多暴力和劣质学校的区域。① 几年来，这座城市的唯一一所公立普通高中反映出该地区的更大动荡——它有一段学业问题的历史，导致1997年到2004年没有通过评审。② 与城市的统计数据一致，劳伦斯居民③将他们的社区形容为毒品交易和吸毒的地方，盗窃、黑帮、斗殴、飞车、枪击和暴力是日常生活的一部分。在一个公共住宅区长大的 Betty④ 回忆起曾目击一个男人被殴打致死，当时她七岁，正学着叫警察"猪"。父母把他们的孩子关在家里，孩子们自己学会认为暴力是司空见惯的事，并通过了解哪条街是"坏的"来避免一些暴力。

另外三个被访者住在梅休因市，一个以白人为主的富裕城市，与劳伦斯相邻。受访者在那里居住期间，这座城市随着西班牙裔和黑人移民的到来慢慢地变得更加多样化。根据美国2000年的人口普查，当时梅休因市居民中有9.6%是西班牙裔或拉美裔，这一数字在10年后已上升到18%左右（http：//censusviewer.com/city/MA/Methuen）。两个城市之间有明显的标志性区别。当 Marissa 读四年级的时候，她的家人从劳伦斯搬到梅休因，她十分清楚两边的差距，以她的朋友们未有过的轻松经历了这种不同。谈到她在梅休因的白人朋友，她记得，"我知道我的很多朋友认为劳伦斯是真的，真的可怕。他们真的害怕劳伦斯。但是，对我来说不是这样"。相反地，她说，有时候拉美裔的朋友说她是白人，因为她接受了他们的一些习俗。对于梅休因的两个居民来说，虽然劳伦斯的问题往往超出他们所能接受的尺度，但其中一个住在梅休因市和劳伦斯交界处的人很少注意到帮派，除了偶尔听到枪声、知晓有很多典型暴力事件的两条街。另一个人回忆他成长在白人住宅区内的一座西班牙裔聚集的建筑中。但等到家庭搬出、Michelle 可以乘公交车去城里的高中时，面对越来越多的西班牙

---

① 该城市继续在和它高失业率、犯罪率、贫困和公立学校落后的历史作斗争。按2010年人口普查显示，"劳伦斯有美国最低的收入中位数"，为 31631 美元（NYT May 29, 2012）。
② 新英格兰学校协会取消了对学校低入学率、高辍学率、基础设施落后和成绩下滑的评审（Boston Globe, Oct. 21, 2004）。
③ 基于我们对8个劳伦斯居民中7人的调查数据。
④ 我对受访者和他们提及的人使用假名。

裔居民迁入，白人逃亡的情况已经发生。她记得附近已经变得不安全——建筑安装了一个摄像头，青少年常在街角闲逛，有传言说一个少年在该建筑中被杀。

还有三个受访者成长于 13 英里外的麻省洛厄尔，那里也曾是制造业中心和该州第四大城市，洛厄尔面临类似的问题，贫穷、犯罪和暴力。但洛厄尔是一个比劳伦斯更多样化的城市，大约有 2/3 的白人和相当多的少数族裔人口，包括亚洲移民（这个城市拥有全美国第二多的柬埔寨人口）、拉丁美洲原住民（波多黎各人）、巴西和哥伦比亚移民。很不幸的是，人口的混合在青年帮派间引起种族冲突，他们居住在同样低收入的社区，并争夺控制权（Fry，2007；McDevitt et al.，2007）。有研究发现显示，"洛厄尔的暴力犯罪率是麻省的两倍"（Frattaroli，2010）。

以距离劳伦斯最近的两城镇和波士顿为例，劳伦斯本地人 Charles 精辟地概括了社会阶层和空间之间的联系："劳伦斯是贫穷的，处于中下层……不是说人们是低等人。梅休因可能是中层，安多弗可能是中上层。当你到了波士顿，就知道那里是富人。"他也十分清楚种族的空间配置，目睹了白人为了避免和大量外来的贫穷、低收入拉美裔生活在一起，离开劳伦斯，去附近的城镇。

（二）就学次等高中或在其阴影下

不足为奇的是，曾在所有公立学校，包括劳伦斯高中和洛厄尔高中读书的受访者都经受过最具挑战性的经历。与城市总人口相匹配，劳伦斯高中有超过 4/5 的西班牙人，但洛厄尔高中学生的成分更复杂，在受访者上学期间，有 2/5 到 3/5 的学生是西班牙裔、黑人和亚裔。[1] 尽管学校的人口构成不同，受访者都回忆到那里的暴力事件，尽管与学校的人口统计资料不同。一致的看法是少数族裔学生的学习成绩差（与白人学生相比），在少数族裔学生中，受访者的成绩是偏

---

[1] 统计数据来自美国教育部核心数据，在劳伦斯高中的案例中，基于 1994—1995 年和 2001 年的全体学生结构；在洛厄尔高中的案例中，基于 1990—1991 年和 2001—2002 年的全体学生结构。

低的。学业期望值低是在中小学时开始的，到高中阶段依然延续。少数学生知道他们需要为物质生活而挣扎，他们希望老师不管他们，甚至把他们退掉，不希望没有学到真东西但毕业了。Betty 回忆：

> 我现在的一些成绩不是我应得的。我不认为我们是优等生。就像西班牙的孩子和美国的孩子，他们的成绩不一样……由于其他孩子，他们做得更好。但是……就像，你甚至不用功，但仍然能得到过得去的成绩。

更让她吃惊的是，她的来自糟糕的家庭背景的一些朋友，父亲贩毒而母亲是妓女，作业只得 30 分，但依然能通过。查尔斯，看到很多和他一起长大的朋友从高中辍学。他说："像其他人一样，我小学同学的朋友，不是少数，竟然能够毕业……他们中有些进了监狱或被杀。有些转去贩毒、做坏事。有些只是工作维持生计。我好像真的再也不认识他们了。"查尔斯也很快意识到，在劳伦斯，他相对中游的定位意味着他不会从老师那里得到技能培训或他想要的关注。

> 即使在校内，也有一群不一样的学生。（老师们）知道他们会成功。他们喜欢给他们的好处，帮助他们进入更好的学校。原因是他们知道这些学生能成功。他们大多数人聚在一起。这类人喜欢高级班、填充教学。然后也有像我一样的普通学生。

Carlos 的母亲，把全家从牙买加搬过来，从纽约的皇后区搬到劳伦斯，一开始就对后者的公立高中质量非常失望。她发现劳伦斯的公立社区学校比不上她的孩子曾经在纽约读的学校。尽管这里的教育体系本身就是以不均衡的教学标准和大量糟糕学校而闻名的（Kasinitz et al.，2008）。她说："学校非常糟糕，我看他们不用功，但看上去课程更多。他们在纽约能学到比劳伦斯高中更多的东西。"她也注意到，随着时间的推移，劳伦斯确实有所改善。

Rafael 主要由于是"西班牙人"而进入劳伦斯非常差的公立学校

学习，他说，他父亲对于"坏孩子"类别特别苦恼，因此决定送他的孩子们去天主教中学。有趣的是，在接受采访时，他的父亲说天主教学校提供的优良的纪律是决定性因素，不认为教学质量的差异有很大关系。不管原因如何，父亲和儿子一致认为不得不去读公立高中，因为家庭难以再负担天主教学校学费（Louie and Holdaway, 2009）。Rafael 指出，在劳伦斯，他的西班牙同辈及其家庭的可选机会有限："像很多孩子一样，他们真的不想去劳伦斯公立学校，所以他们试着去其他学校。但如果不是居住在那个镇，他们是不会让你就读的。所以人们想尽办法以期进入（更好的）高中。"他的情况是，发现了惠蒂尔职业高中，一个远离劳伦斯的小镇，没有居住要求并且为他提供班车。虽然这所高中不是大学升学导向的，Rafael 选择了它而不是劳伦斯高中，因为他相信这是摆脱劳伦斯公立学校系统唯一可行的出路。

当被问到老师对他和他的同学们的期望时，Rafael 回顾了他的不同学习经历，包括在拉美裔公立小学的主要经历，天主教中学学习，对他来说除了他和他的家人以及一个黑人女学生外好像"全是白人"，惠蒂尔职业高中也大部分是白人，也有拉美裔和少数的亚洲人。他承认，一些老师会对拉美裔学生期待不高："他们不认为（西班牙裔）孩子们会成功，会专心学习。所以他们只是快速完成教学。我不知道。基本上我只是看到更多白人（与老师）有联系。"与此同时，他指出，教师选择关注表现出学习兴趣的学生，而这些学生恰巧多数是白人。然而，如果一个拉美裔学生，比如他，也表现出类似的兴趣，教师也有一个相似意向的关注。

> 我是那些西班牙孩子之一，老师们对我说，你可以，我希望你能做得更好，我不想让你只得 B。我希望你得 A。但也有另一个西班牙孩子，只是在后面坐着，他们就像，哦，你得了 C，就是这样。他们会更关注某个学生。

然而，他并非看不起天生没有学习兴趣的拉丁裔同学，说这是双向大道（Carter, 2005）。他热衷于对比高中时期，他那时去了天主教中学,他觉得那里的老师敦促所有学生学好,提升学习标准(Louie and Holdaway, 2009)。"在高中的时候,我做的事有时候我认为是愚蠢的,所以我就没做。就像很多西班牙的孩子有这样的感觉。如果没有挑战,那么他们不会做这件事。他们认为这太容易了。"

少数受访者曾经去该地区的天主教学校或多米尼加的高质量学校,在劳伦斯和洛厄尔高中学习的过程中也曾有更好的经历。区别非常明显,他们的成绩似乎显示他们进入了一个完全不同的学校,但实际上,他们只是被列入学校的高水准学生的行列。这就是 Charles 前面谈过的学生——对于这些学生,老师"知道(他们)会成功"。这些被访者承认他们从老师那里得到了更多的关注,并被放置在更高水平的班里。Raymond 和他的姐姐哥哥一起,已经在天主教学校学了 8 年。但是因为三个孩子的年龄都如此接近,天主教高中使移民家庭花费巨大(Louie and Holdaway, 2009)。Raymond 说,他的父母也意识到了劳伦斯高中的声誉不佳(他称为"刻板印象"),但由于他年长的兄弟姐妹以优异的成绩毕业于那里,他的父母送他去那里也觉得合适。有一次 Raymond 选了一些高级课程,尽管高中比他曾去过的更大,但也很享受与他的老师良好的关系,"这是一种,我不知道,一种更个性化的家的环境。我们放学后会留下来和我们的老师聊天"。

Cristina 在洛厄尔高中有类似的体验。她在美国去了一个白人天主教小学,然后当她的母亲再也不能支付学费时去了公立中学。尽管在接近市中心的洛厄尔公共住宅区长大,她在那里目睹了人们在大街上公开出售毒品、驾车枪击和街头枪击事件,Cristina 觉得天主教学校使得她免受了不良行为的影响。公立学校(让她觉得)是一个梦醒时刻:"公立学校的学生对一切都更开放。在那里你知道谁吸毒谁制毒,这里让你大开眼界。我猜他们使我的双眼睁得太开。"三年后,Cristina 的母亲变得厌倦了她女儿的调皮,送她到哥伦比亚与她的祖母一起生活,并让她在那读女子公立中学。当 Cristina 回来时,她在一个天主教学校读完了中学,但她知道天主教高中对她的母亲来说将是一个很大的经济负担。因此,尽管她们担心——母亲和女儿听说洛厄尔高中打架伤人的事,Cristina 还是入学了。像 Raymond 一样,Cristina 发现自己被纳入升入大学的快班，那主要属于白人学生："我通常不了解拉美裔移民。我主要是和白人在一块。你知道，我远离麻烦。"她澄清说，问题并不意味着只有拉美裔学生，而是"大部分不想上学的人，他们总是在慢班逃学。我不是那种去慢班的类型。我是那种想保持忙碌并确保做好自己事情的人"。

由父母在梅休因养育的少数受访者知道，他们那时正在读比劳伦斯高中更好的公立高中。Marissa的母亲非常直截了当地告诉我们，她从劳伦斯搬到梅休因，就是为孩子寻求更高质量的教育。

> 我第一次来美国时住在劳伦斯。后来随着孩子的成长我想离开劳伦斯而住在梅休因，因为这里的学校更好。实际上，当我们住在劳伦斯时，我把孩子送入私立学校，为此用了整整一年的时间。当然，我不希望他们在劳伦斯的学校上学。梅休因百分之百比劳伦斯更好。

Francisco的父母采取了类似的方式搬到麻省的哈弗希尔，一个有更多白人的城市，是为了确保儿子接受更好的教育，但他们经历了一个更为困难的时期。Francisco指出，他的父母已经陷入进退两难的境地：在波士顿牙买加平原，一块多米尼加飞地上的"贫民区学校"对他们的家庭开放，但父母不想考虑这类少数族裔学生为主的学校；父母当时又没有做好准备去白人学校就读，到后来才将他送去，父母对于种族主义也无准备，他们和他都意识到面临这一问题。最后，无论是在哈弗希尔高中还是在牙买加平原的英语高中，学业问题都困扰着Francisco，后来由于其他一些原因就读了后一学校。在哈弗希尔，学生中有83%是白人，Francisco是一个局外人，并认为别人把他当作一个弃儿；在牙买加平原的英语高中，拉美裔学生大约占86%，他是一个局内人，但屈服于同辈压力。Francisco的父母说：

> 问题开始于在哈弗希尔高中的时候。在学校他没有做得很好……老师总是就学习问题打电话给我……我认为这是种族歧

视，因为那所学校是十足的种族主义者，因为大多数孩子是白人。我认为，种族歧视让他的生活难以忍受。我觉得他们帮助我的儿子不够多。他们没有促使他学到更多东西。

对 Francisco 来说，不公正是明显的，因为他被停学三次，在他打了一个叫他"美籍西班牙人"的白人学生之后，当地新闻甚至报道了这件事。

> 是的……他们就出去在走廊喊你美籍西班牙人。我的意思是就教育而言，你知道我的意思，这比牙买加平原更好，就像从贫民窟到郊区一样。所以这部分是很好的，你知道吗？但歧视和种族主义吗？（我的父母）他们真的不喜欢。

在这种经历中他也感到非常孤独，他的父母并没有"真的为他们自己大声疾呼"，或者为他说些什么。另一个讽刺性事件是，尽管他的父母搬到了安全的街道，Francisco 仍在一场青少年争斗中遭遇枪击，他和他的朋友与此争斗毫无关系，但他的朋友却被杀死。他陷入沮丧后，他的父母决定搬回他们在波士顿的老地方，希望这种改变会对他有好处。但回到牙买加平原以拉美裔为主的公立学校，竟然带来了新的问题。Francisco 与一群坏的拉美裔同学厮混并开始吸食大麻、制造麻烦、逃课，不得不去上暑期辅导班。他母亲说："他能毕业是因为我始终在监督他。"

总体而言，其他五个城市的受访者，他们大多数在大波士顿上学，没有这样消极的记录。他们的高中并不是所在地最好的，也不像劳伦斯高中或洛厄尔高中有那么多的麻烦，附近没有表现特别差的学校。不过，受访者们也看到老师如何对少数族裔学生期望不高，像英语学习者一样，即使他们自己没有经历过（Harklau, 1994; Gutierez, 2002）。据 Isabel 观察，青少年新生有最困难的时期，他们有上进的积极性，但由于语言障碍，没有得到老师足够的支持来帮助他们学习得更快。① 一些人相信即使非英语学习者也会经历一个艰难的时期，除非他们能够否定老师认为他们做不好的期望。Mary 曾在马萨诸塞州的剑桥就读种族混杂的天主教和公立学校，还在迈阿密就读以拉美裔为主的公立初中和高中，他这样说："如果你不是白人，你就必须证明自己。一旦你证明了你自己，你就没问题了。在学业上证明自己。在社交上证明自己。你得认真上学。"

（三）迈向希望：社区组织与其他社会资本

城市受访者的社区和就学环境充满风险，但是此外几乎没有别的地方能让他们扩展希望，那么他们是如何应对这些挑战的？在美国，教育工作者期待父母参与子女教育，这有一段悠久的历史。典型的期望是父母参加家长会，提供作业指导，为学校里的某个孩子提供帮助，做家长教师协会（PTA）的志愿者，并为学校改善服务帮忙筹钱（Epstein, 1995; Lopez, 2001; Garcia Coll et al., 2002）。毫不奇怪，低收入和贫困移民（还有本地出生的）父母为满足这些期望而努力奋斗，因为他们用白人和中产阶级的父母对待子女所在学校的方式来规范自己（Louie, 2012a）。在这项研究中，移民父母的生活面临很强的制约，使这种参与变得不大可能：父母不能经常放弃工作、走访孩子的学校，肯定没有掌握足够的英语去进行交流，在孩子的学校与员工和老师的互动时会感到不自在。

城市受访者，如果去了附近的或不太有吸引力的公立高中，常常谈论他们自己的学校生活。受访者很快意识到，虽然他们的父母爱他们，希望给他们最好的教育，但并不能在学校帮助他们。在基础教育阶段，父母能够提供的帮助最多，特别是试图让他们的孩子进入更好的学校，无论是公共学校还是天主教学校。随着年龄的增长，孩子进入连续的教育系统，即从初中到高中再到大学，他们和他们所依赖的父母共同了解教育系统，找到合适的步骤搞好学业，并无缝过渡到下

---

① 对于一个迁移和学习一门新语言的人而言，研究者发现青春期是最难的时期（Rumbaut, 2004）。在美国，让发展风险雪上加霜的是，美国公立高中并没有配备教授英语学习者的小学（Short and Fitzsimmons, 2007）。

一个阶段。大多数受访者记得他们父母有我所说的基本参与。换句话说，他们的父母和他们谈论学校，询问成绩和上学情况，并努力确保他们的子女避免社区和上学面临的危险接触。他们还履行了学校的程序性要求，签署必要的协定，接送孩子，（在需要时）会见老师。

为获得有关他们在学校里需要做什么的指导意见和方法，这些城市受访者依靠他们直系亲属以外的资源。这里需要再次指出，美国非政府组织有着悠久的历史，无论是基于信仰、社区或种族（如一些例子），这些组织帮助遭遇贫困或危机的人，也帮助移民调整、定居和融入美国（Lissak，1983）。在后者的情况下，这些包括由移民本身发起的协会，就像老乡会、慈善会、商会和职业协会（Kwong，2012）。这类组织主要不是为大多数低收入和贫困移民设定无法实现的期望（如美国家长的参与规范），组织的发展对移民家庭的日常生活有帮助。换句话说，移民获得社会资本——人或网络，向移民提供如何在美国生活的有用信息。通过这样的组织，移民学习如何获得他们有资格获取的各类政府福利，如何参与政治和选出他们利益的政治代表，如何获得众多的法律援助服务、心理健康咨询、作为第二语言的英语学习和劳动力培训。为了子女保育、社会心理健康和子女的学业支持，父母经常求助于这些组织（Jenkins，1981，1988；Basch，1987；Lissak，1989；Kasinitz，1992；Codero – Guzman，2005）。当被问到他们放学后和周末做什么的时候，受访者提到去参加活动，地点包括基督教青年会、当地女孩俱乐部、课外辅导班、哥伦比亚青年舞蹈团体、教堂和社区篮球比赛，等等。

但除了父母，受访者还通过其他方式了解这些项目。对 Michelle 来说，她高中的商业老师指引她参加一个有关商业教育的暑期付费项目，该项目在梅里马克学院，一所当地的四年制大学。她记得：他挑出一些不是麻烦制造者的学生，他把我挑出来，他就像在说"你是一个好学生"。对 Isabel 来说，一个朋友将她带进芭蕾舞领域，并通向了古典音乐的世界。陪她的朋友去舞蹈学校，Isabel 得知一个奖学金项目为就像她一样的"内城的孩子"提供参与机会。Isabel 也通过汉德尔和海顿社团获得奖学金，这是一个表演巴洛克和古典音乐的波士顿公司，这使她在高中四年能够在新英格兰音乐学院上课。我们采访她的母亲，得知这些项目使 Isabel 有机会看到波士顿以外的世界（包括多米尼加共和国，Isabal 在家庭旅行中曾去过 5 次），让这位青少年去了意大利和纽约（家里负担了她的旅行费用）。

受访者的记录表明，移民从这些项目得到很多好处，包括社会能力、学习技能和社会情绪幸福（Gandara, 1999; Stanton – Salazar, 2001; Gibson, 2003; Harris, Jamison and Trujillo, 2008; Portes and Fernandez – Kelley, 2008）。根据 Vandell 与合作者的研究（2005），青年参与以学校为基础的课外项目，专注于艺术、学业、运动和社区服务，可以"经历更多的内在激励，激发出更多的协力合作，感受到更少的冷漠"，这要好于从事非项目活动，例如"看电视，吃饭和同龄人打交道"。在活动本身之外，这些项目的收益也是互相关联的。成年人，无论是员工还是志愿者，他们中有成功生活的榜样，也可以向青年人展示如何达成这些目标，无论是如何与别人相处还是如何在争议升级之前去化解（实际上这是在所在社区和高中的环境下，受访者的一个重要任务）。事实上，项目提供了一个"衔接"功能，将受访者所在的常常孤立的社区和学校与主流世界联系起来。

对于 10 位没有参加这种项目受访者来说，这种关联是至关重要的，使他们在关键时刻能够从生活中的成人和同伴那里得到急需的帮助。这种支持来自有心的教师，就像 Billy 的情况，老师带领他走向荣誉和大学预修课程，并关注他的学业成长。或者在一些情况中，这种支持来自大家庭或被访者关系亲近的人，这种关系就像家庭网络（或者是虚构亲属关系）。Betty，这个在劳伦斯公共住房项目长大的年轻女性，回忆起与她表哥一起在纽约的短暂生活。劳伦斯高中外的年轻人枪击事件给 Betty 这个大学新生留下一个震惊。虽然在后来的风险中对 Betty 的保护不够（恶劣前男友的谋杀和未婚先孕），但她把时间视为一种培养经历，向她展示了一个以婚姻、公民参与、高等教育和职业主义为特征的稳定生活方式，对她尤其重要的是她看到在这条道路上生活的拉美裔人。Betty 说：

> 这是我第一次喜欢一个妈妈或爸爸。那是第一个稳定的环境，在那里我看到了类似专业人士的人群。她所有的朋友是律师和社会工作者。每个人都有学位。她是个激进主义分子。比如说，她带我去我的第一次抗议活动。我们抗议海湾战争。她带我去华盛顿特区……我们去佛罗里达，在那里暴食。因为在迈阿密，每个人都是西班牙裔，都是律师或医生。每个人都有职业。所以她想让我看到这些。她让我们有榜样。我认为如果说有人影响了我的生活，那就是她。

Miguel，另一个劳伦斯本地人，谈到了他和他的同辈们从 Henry 那里得到指导和照顾，Henry 比他们年长，也是在社区中长大的。Henry 毕业于劳伦斯高中和麻省大学（洛厄尔），对 Miguel 和他的朋友们产生了很大的积极影响，试图帮助他们控制潜在的风险，他本人已经成功应对了这类问题。

> 他常常来接我们，带我们去玩篮球，去基督教青年会。他与我们处得很深。现在他仍然和我们有联系。在我的人生中，他是那种积极帮助我明辨是非的人。我赞赏他这一点。他依然与我们关系密切。我们有一小群一直混在一起的堂兄弟。我们大多数人还是上了大学。一些人做了生意。这差不多就是与你混在一起的人。如果你和垃圾混在一起，你将成为垃圾。我试着让自己与积极的人交往。

总的来说，尽管他们不同程度地面对具有挑战性的社区和教育环境，但受访者能够利用资源完成高中。合乎逻辑的下一步似乎是大学。下一节表明，超越挑战不是一件容易的事。读社区大学的决策和过去的经历与期望联系在一起，也受到约束，这是受访者及其家庭在美国必须面对的。

（四）过渡到社区大学："别无他择"

对多数受访者而言，显而易见的是，完成高中学业之后，由于在学校分级系统中表现不佳，他们只有很少的可行选择。值得注意的是，他们不是顶尖公立学校的毕业生，学业上被限制进入排名高的公立大学，只能进入社区大学，正像 Malcom – Piqueux（2013）关于加州拉美裔学生的研究中发现的那样。实际上，他们所属的高中生群体被 Deil – Amen 和 DeLuca（2010）称为"服务不周的第三类"，他们既没有读大学的学业准备，也没有得到充足的商贸工作训练。即使这些所谓服务不周的第三类得到高中文凭并过渡到大学，通常是社区大学，他们带着不扎实的学习技能而来，这对他们坚持学业并获得学位是有害的。

正如前面所讨论的，一些受访者学业表现不佳，这折射出他们就学高中的质量低下，并且缺少老师的关注。但这些问题发生在受访者读高三之前。到高三时，所有因素聚集在一起——可怜的成绩，没有通过学术能力测试，错过四年大学申请的截止日期，甚至没有一个大学申请计划，或计划申请四年制大学但被拒绝，加上家庭没有足够的钱来支付大学四年的学费——使读社区大学似乎顺理成章，事实上是唯一的选择。进入当地的社区大学的决定也有道理，他们的一些教师已经从那里得到学位，亲戚和朋友也是如此。不完全是教师和辅导人员推动他们去社区大学，尽管有些人是这样做的。无论如何，受访者之前的学业成绩使他们做出这样的选择。Charles 观察到：

> 基本上，（劳伦斯高中的老师们）要做的第一件事就是把你送到北埃塞克斯社区大学。那是他们想让每个人都去的地方……（或者每个"普通"的学生）。即使我想去一个不同的学校，我的成绩也达不到，你知道的，到我高三那年，我的成绩不行——不能到那。我不能到那。所以……我来了这。

Cliff，劳伦斯高中的另一个毕业生，也知道他的成绩不能让他进入一所四年制大学。他说："北埃塞克斯社区大学是第二个机会，因为我在高中没有取得很好的成绩，我只想继续读，北埃塞克斯社区大学就像是我止步的地方。"

尽管 Isabel 从一所更好些的高中毕业，林恩古典高中，她的情况也是相似的。按她母亲的说法，当他们住在这时，父母避免让她读波士顿公立学校，在由于她丈夫的一份电子公司工作搬去林恩之前，把 Isabel 送到了天主教学校。这位母亲很高兴 Isabel 能进入林恩的公立学校系统，但 Isabel 在高中平均绩点只有 1.5 分。尽管她的学术能力测试成绩很差，Isabel 申请了大波士顿地区的几所四年制大学，但最后都被拒绝了。她被迫听从高中辅导员给她的建议，但她最初并不重视这个建议。

所以我只能接受现实，我不得不去社区大学，也许它没有那么糟，也许我需要面对……那恰好是我需要的。最初我的辅导员说，我的成绩不太好，所以应该考虑去社区大学充实我的学习习惯，但我没有听她的，因为那时我觉得我什么都懂。

钱在 Billy 眼里也是一个代表性因素。高三时因为害怕被拒绝，Billy 既不参加学术能力测试也不申请四年制大学。他父母的经济环境进一步促使他选择去社区大学。

你知道，很多老师说去那里是个好主意，拿个大专文凭毕业，再去一所四年制大学，原因是你这么做看起来很好，节省了 15% 的钱，我没有太多钱，我的母亲也没有很多钱。就这样，我决定去社区大学。

（五）补偿、恢复和前进的安全空间

尽管由于学业成绩和父母的经济限制，社区大学对他们而言成为一种选择，但我访谈到的城市高中毕业生中，超过 2/3 的人认为，这项选择对他们来说很不错。他们的背景条件勾画出一幅社区大学的图景，那里有很多他们的公立学校所没有而且他们认为四年制大学可能也没有的优势：小班，能协调工作或有孩子的学生的上课时间，有来自老师和员工的个性化关注，有充满激励和上进心的同伴，免学费，还有期末放松研讨会，针对第一代大学生的延伸项目。结果是，受访者们惊讶地发现自己的学业成果丰硕：他们最终能学到应该在高中掌握的技能，尤其是数学，掌握了如何学习（Isabel 发现她是一个视觉学习者，那种要"写5遍，看5遍去掌握"的人），并且意识到他们自己的关键努力。Charles 实际上非常高兴，他现在想读书，业余时间尤为如此。

就说读书，我过去从来不拿起一本书，除非我必须读，高中时就是这样。现在我比高中时更喜欢读书。那时我不感兴趣。现在我读一本书，只是为了从其中得到知识，而不是因为我必须读它。

Charles，一开始对于不得不去社区大学的事不太开心，现在认为在北埃塞克斯社区大学读书是一个很棒的决定，并在访谈期间赞美它的优点。

与 Deil-Amen（2011）定性研究中的社区大学生相似[1]，被访者能够以各种方式"成功地培养归属感和能力感，增强目标认同，获得重要的社会资本"，这帮助他们融入学校并坚持下来。与梅休因高中的作业相比，Marissa 发现大学作业具有挑战性但也容易掌握，她很感谢北埃塞克斯社区大学的资源，尤其是那些花费时间去"真正解释问题"的老师们。Francisco 这个年轻人，在读白人高中时曾感觉那么孤独，对于他在北埃塞克斯社区大学受到的欢迎和指导几乎是受宠若惊。

总会有人按照一些方式、在一定程度上帮助你。这就是我想说的，我已经在这个校园里得到了很多帮助。真是恩惠，财务资助主任和电脑系主任，他们心甘情愿地提供帮助，这并不奇怪。

---

[1] 基于对一个中西部大城市附近的 14 个两年制大学（同时包括公立学校和私立学校）中的 238 个学生和教员的访谈。

我的意思是他们想帮我太多，以至于我有点担心了。

Herman，劳伦斯高中一个称自己为"中等"的学生，在米都塞克斯社区大学工作和上课，花了5年而不是两年的时间去获得大专文凭。他将作为一个图形设计员的职业成功归因于从老师那里得到的建议。Herman在竞聘一个医院实习生的岗位之后就开始漂泊，意识到自己对放射技术不感兴趣，他感到"非常失败"。那是1997年，因为Herman从未接触过电脑，他没考虑图形设计工作，尽管他有艺术天赋。老师告诉他，还是要从事图形设计，那个领域的人会向他展示如何使用电脑。在她的支持下，他克服了恐惧并进入这个领域，在一所四年制大学毕业后，这成了他的职业。

从一所四年制大学辍学后，Thomas在社区大学里认识了自己。他先前得过一所小型私人大学的奖学金，这所大学离他父母在东波士顿的家不远。每周寄宿在那里，Thomas周末回家，并在附近机场做兼职工作。作为寄宿生，Thomas有了新的自由，但不能把握自己，开始逃课。他说，没人干预（他），他甚至没有想到去求助，直到后来为时已晚。仅仅在一学期后，Thomas就退学，并搬回家中。在他就读的麻省湾社区大学，尽管在做兼职工作，Thomas还是很感激老师们充分的关心，让他知道他们的学生是怎么样的。他说，"像教授那样开始知道你的名字"，以这个作为他有意向去寻求帮助和发展牢固同事关系网的基础（Light，2001）。与读过的四年制大学的教学人员相比，他注意到社区大学老师对待他的差异。提到社区大学的老师，他说："即使你缺了一两节课，他们会问'你去哪了？你还好吗？老兄，你好吗？你是不是有麻烦了？'"

在城市受访者中，Rafael是少数不喜欢社区大学的人，他一开始在北埃塞克斯社区大学，但并不满意，说这所学校"看起来更像高中"。他想要他所谓的四年制大学式"完整的大学经历"，但又无力负担。Rafael在北埃塞克斯社区大学看到一些他在惠蒂尔技术职业高中的同学，这让他感到很失望。这加强了他认为社区大学只是更大的高中的想法。同时，他在工作一整天后上夜校，那里有很年长的同学，这使他感到不自在。到最后，他觉得没有积极性，也不向他的老师们寻求帮助。他的结果是，在退还学费的截至日期已经过去的时候退学。在这种情况下，他的愿望也改变了，不再希望转到一所四年制大学并获得学士学位，Rafael 此时满足于获得一个大专文凭（考虑到他的过去，这是一个非常有挑战性的目标）并找一个更好的工作。

四 郊区公立高中、天主教高中和城市精英高中的学生

（一）优良且安全的学校

在郊区公立高中、天主教高中和城市精英高中的 5 个毕业生怎么样呢？显而易见，他们的高中经历和那些从挣扎中度过城市公立高中的毕业生很不一样。其中，有 4 人是在安全的、中产阶级居住的郊区长大，那里大部分是白人，他们的父母选择了优秀的公立教育系统。即使他们的子女没有在当地学校上学，这些家庭知道，优良教育是一个"好社区"的标志。Julian 是个例外，他在东波士顿的工薪家庭长大，那里以前是这座城市的意大利裔美国人居住区，慢慢地哥伦比亚人成为多数。尽管他回忆东波士顿有安全问题，比如人被抢劫或车子被偷，但这里没有枪击事件。从一开始，他的父母就有了足够的意识，把他送到更好的小学读书，那时起他就被认为是一个高水准的人。他考入波士顿拉丁中学（七年级到十二年级），这是这个城市最好的公立学校。这些高中，以及郊区和天主教的小学和中学，以其严格而闻名。

鉴于 Javier 和他父母对城市和郊区两种教育体系都了解，他们的经历显示出两者差距的水平。这个家庭刚来美国时，他们和 Javier 的姑妈住在一起，她的姑妈和一个美国内地白人结婚，居住在堪萨斯市的以本地白人为主的高档郊区。在那里，居民们夜不闭户，父亲们是经常出差的公司领导，母亲留在家里做"足球妈妈"。后来，生活在寒冷孤立的郊区的他的父母特别思乡，他们就搬到了佛罗里达州的迈

阿密，那里有很多包括哥伦比亚人在内的拉美裔，有灿烂的阳光和温暖的天气。需要权衡的是公立学校系统。Javier 以前在哥伦比亚最好的男子私立学校之一读书，在堪萨斯郊区度过了一年中学和半年高一，并在佛罗里达州的迈阿密读完了高中。对比是鲜明的，他在迈阿密看到了更大规模的班级，学生们粗鲁地对老师和其他人讲话，移动式教室或学校操场上拖车式的房子中容纳了两倍的学生。他评论说："你知道，老师们，对老师们来说很难维持课堂纪律。你知道，有打架的，有很多不同，我在我读过的其他学校从没见过。"他的母亲也同样感到羞愧。她在堪萨斯遇到孩子们的老师，看到那里的高中怎么"比大学更好"，每个班级都有实验室。事实上她和迈阿密的老师没有联系，并因看到在那里她的孩子们学业水平下滑而失望。对于 Javier，她说："他毕业了。他学到很少，几乎没有学到东西。我知道他可以做得更好。我觉得他来这看到的每件事都是混乱的，凭借听课和专心，他取得了好成绩。"

（二）一些相似之处

然而，城市受访者和这个群体也有相似之处。尽管这些学校的质量全都更好，但也有排序。对 Bella 来说，她开始被认为是落后生，并被拉出常规班级，每天接受特殊辅导。她开始在常规课程中落在后面，因为没有试图去弥补失去的时间。Bella 也因为老师和同学们说她"慢"而感觉受到侮辱，并以在家里更少说西班牙语为回应。与他们的女儿一起，Bella 的父母见了她非母语英语课程的老师，一个阿根廷裔本地人。老师建议 Bella（和她的父母）"正好忘了"西班牙语，可以淘汰掉这门语言，就像它是一把"旧钥匙"，她的父亲不同意这一看法：

> 他说，"不，如果有区别的话，（西班牙语）会对她有用。也许现在让她成绩落后，因为你们经常把她从班里叫出来去上非母语英语课程。"他还说，"如果你们最后决定在这方面改进，把非母语英语教程作为额外课程加到早晨或晚上，而不是占用她的课堂学习时间，那才可能真的有帮助"。

然而，学校没有采取这些步骤。Bella 的问题一直持续到高一才结束，那时她要求作为英语熟练的学生重新分班，并最终获准。反思这段经历，Bella 认为是双语教育如何实施的问题，而不是内在缺陷和实践本身（Snow and Freedson-Gonzales，2003）："非母语英语课程，一般来说，是很好的事情。但关键在于老师不能让学生们感觉到不如其他学生。"的确，与 Bella 相反的事例是在波士顿拉丁高中毕业的 Julian，他从小学到中学也在接受双语教育。他相信双语教育项目可以让他学有所成，同时保持种族认同，并为他在波士顿拉丁高中学习做好了准备。

但英语学习者不仅仅受制于被低估的期望，就像 Julia 所说的那样。即使他一直被老师们认定为成功者，他也看到了老师们是如何对待他的少数族裔同学的，有时候甚至包括他本人。这是他在基础教育阶段自始至终观察的东西。

但在我们刚刚被固化的种族角色中，我们只是被当作坏孩子，所以你并不能真正得到很多的关注，我想……很明显，是有例外的。我遇到了很多好的白人老师，他们真的把你当作人来关心。他们并不介意你是不是白人、黑人或者其他什么人。他们只关心你的教育。但诚实地说，有些人降低了对你的期望。

当被问到不被期望能做得很好，他有什么感觉时，Julian 说只有两个选择：

你要么把它当成激励你的工具，"我会让你惊讶，向你展示我可以做到"；要么把它当作逃避的理由，"你知道吗？我没必要做什么。忘了它吧，我只是在浪费时间。"

相似的是，在他们上学的基督教学校，Carmel 注意到，她的弟弟是如何一直被他的四年级老师单挑出来，为的是他不做作业，坐不住，她的父母又如何不得不请牧师来干预。Carmel 相信她弟弟受到这样的对待，是因为和自己相比他"真的很黑"，Carmel 的肤色更浅一些，常被误认为是意大利裔。

所有父母都全心参与到他们子女的教育中，但还是要说，只是基本程度的参与，包括选基础教育学校，有时要为子女选择附加课程。因为父母的学习曲线不太合理，他们的决定不都是最好的。Carmel 的父母承认，他们一开始就应该把孩子送到郊区公立学校，而不应去教育资源并不充足的基督教学校。当最后一所基督教学校搬到其他镇之后，父母最终把孩子送到了北安多弗学校系统。父母发现，在孩子的学校，有时候他们不受欢迎。Carmel 的父母说，郊区公立学校的资源很丰富，但家长与老师的关系不怎么样。"他们告诉孩子，如果家长需要帮助，来找我，但教师们真的不感兴趣。很明显，老师说关心是父母的事，父母说这是老师的事。我觉得关心应该是两者的结合，但没有一方为此负责。"

按照 Natalia 所说，她天主教学校的一些老师一视同仁地帮助所有学生和他们的父母，完全不考虑他们的社会经济地位。但其他老师很习惯于这些差异。她说，她的母亲花了很长时间才明白怎么样扮演一个值得引起那些老师们关注的父母角色。很多学生的父母都有工作，但 Natalia 的母亲是一个医院工人，不是医生或律师。她的母亲没有积极参加学校活动和募款（获得一些老师优待的另一种方式）。甚至像一个父母穿什么以及如何与老师沟通这样简单的事情都可能成为问题。谈到其他学生的母亲，Natalia 说：

> 她们穿着得体，而我的母亲不行。她总是风风火火地进来。我的表哥也在这个学校，我的姨妈拜访教导主任或校长时穿着也很得体……对，看起来很优越，又有自己的气派。我的姨妈能准确地掌控气氛——我来时想得到的，离开时就要带走。

（三）社区大学：一个中转站

除了去更好的中小学之外，受访者们与一般城市学生发展轨迹的差异在于，他们是如何进入社区大学的。他们去社区大学不是一个被迫的选择，而是一个在考虑了一些选项之后做出的抉择。换句话说，这些受访者有更多的能力过渡到大学。尽管他们没必要考虑他的高中老师和辅导员给他们的非常个性化建议，但仍有三个女孩被四年制大学录取。然而，对他们的父母来说，费用是一个重要因素，这意味着这些女孩不能接受她们的首选，而是受到鼓励，去任何收费低的地方。Sally 的父母希望她通勤去纽约大学（坐火车和地铁每次要 90 分钟），以此方式削减开支；类似地，虽然 Carmel 的梦想是住宿东北大学，但父母告诉她，要从他们家坐车通勤去洛厄尔读马萨诸塞大学。Natalia 在西班牙做了一年海外新生之后，想在高中和大学之间中断一年，这个想法被父母否决了。就哪里上学这个问题，Carmel 和 Natalia 遵从了父母的愿望，但在第一年就退学了。按照父母的要求，Natalia 工作了，又去了那桑社区大学，但是很快她就计划转到东北大学。Carmel 的路更曲折了。为了从父母那里争取独立，她从家里搬出来，搬到自己的公寓，在电话电报公司（AT&T）从事了约 3 年的全职工作。她最终去了北埃塞克斯社区大学，因为他的老板提供了优厚的助学金项目，她也意识到要想找到薪水更高的工作，就需要比高中更高的文凭。和城市受访者们相似，北埃塞克斯社区大学的课表为 Carmel 这样的在职学生做了调整，那里的老师和教学资源也很有用。

　　Sally 的决定是，正当她离开天主教女子学校的庇护环境之时，去外地读四年制大学是她难以把握的。她选择了待在家里，与全家在一起并去了那桑社区大学，尽管这所大学被她的高中同学鄙视为"十三年级"或"笨蛋"去的地方。然而，Sally 在那里很活跃——这里对她来说是理想的中转站，她和她的新同学组成了一个"过渡"学生俱乐部（由学校支持），租了一辆面包车开始了四年制大学的旅行，同时也在寻求那桑社区大学教职人员的指导。Sally 被康奈尔大学录取，并在两年后从那里毕业。

　　同时，Julian 决定沿着一个朋友的路线去了海军陆战队，他说知道自己负担不起私立大学教育的学费，其最终目标是让海军陆战队帮他付学费。但在高中三年级期间，他因为踢足球受伤，医生在他膝盖里打了两根钢针，他就无法达到海军陆战队的身体要求了。现在，时间太晚了，已经无法申请大学，因此他在高中毕业后休息了半个学期，然后听从另一个朋友的建议，去了邦克山社区大学。后来证明，这一决定是对的：学费低，他遇到一些好教授，在两年后去了麻省州立大学读大学三年级，在那里，他主修管理，专业是金融。

最后，Bella是一个异数，她选择了从四年制大学退学。但是，有必要了解她的退学选择——她不是被迫的，不是屈从高中老师或辅导员的压力，也不是因为学习成绩或考试分数差。她随她的姨妈去了一所当地高等教育职业学校，一年后得到了办公室管理的文凭，并找到了一份办公室主任的工作。

五 结论

20世纪60年代后期，随着大规模移民的再度兴起，这个国家又一次需要向移民儿童提供教育，而他们的父母只有很少的正规学历。本章考察多米尼加裔和哥伦比亚裔向社区大学过渡，他们的家庭背景多为工薪阶层。对他们而言，从高中向社区大学过渡是一个需要认真对待的人生挑战，折射出其大学前教育的缺陷。这类缺陷主要与美国公立学校的地方特点有关；大部分情况下，受访者的移民家庭发现自己受困于地点、种族、阶级的负面标签，住房位于贫困或低收入社区，那里的学校也差。无论是选择居住区还是选择学校，受访者都面临不少风险。他们通常从家庭以外获取支持资源，从而取得进展。

虽然在美国高等教育体系中，社区大学的门槛较低，但受访者还是要为此奋斗。一旦成功入学，他们发现依然需要帮助，以恢复高中阶段的学习经验，获取高中没有充分获得的学业技能。他们的经历显示，社区大学是不错的选择，但很清楚，对于来自工薪阶层的差学生来说，社区大学的整体前景并不清晰，这一体系的确需要改进（Rosenbaum et al., 2015）。本文中有少量个案，受访者在资源较为优越的社区成长，在优质学校入学，在大学阶段有更好的选择。

一个可能对中国的政策制定者有益的重要发现是，社区部门发挥着一些关键功能。以往聚焦移民社区的研究显示，这类社区向移民提供了许多适合的服务（Codero - Guzman, 2005；Okamoto, Feldman &Gast, 2013）。在美国，基于社区的非政府组织经常从联邦、州和地方政府获得资金，支持这类组织提供服务。这意味着，对于降低移民儿童的不平等而言，教育（大学前和大学阶段）、住房和就业政策是至关重要的。在这方面，无论是美国还是中国，都面临着类似的挑战。

参考文献

Akresh, Ilana Redstone, 2006, Occupational Mobility Among Legal Immigrants to the United States, *International Migration Review*, 40, No. 4: 854 - 884.

Anyon, Jean, 2005, What Counts as Education Policy? Notes Toward a New Paradigm, *Harvard Educational Review*, 75th Anniversary Issue on Educational Policy, Vol. 75, No. 1, pp. 65 - 88.

Attewell, Paul and David Lavin, 2007, *Passing the Torch: Does Higher Education for the Disadvantaged Pay Off Across the Generations?* New York: Russell Sage Foundation.

Aud, Susan, William Hussar, Michael Planty, Thomas Synder, Kevin Bianco, Mary Ann Fox, Lauren Frohlich, Jana Kemp, Lauren Drake, 2010, *The Condition of Education* (NCES 201 - 028), Washington D. C.: National Center for Education Statistics, Institute of Education Sciences, U. S. Department of Education.

Basch, L., 1987, The Vicentians and Grenadians: the Role of Voluntary Associations in Immigrant Adaptation to New York City, pp. 159 - 194 in Foner, Nancy (ed.), *New Immigrants in New York*, New York: Columbia University Press.

Betts, Julian R., Lorien A. Rice, Andrew C. Zau, Y. Emily Tang and Cory R. Koedel, 2006, *Does School Choice Work? Effects on Student Integration and Achievement*, San Francisco: Public Policy Institute of California.

Bidgood, Jess, 2012, After Seeing a Dismal Reflection of Itself, a City Moves to Change, *New York Times*.

Borman, Geoffrey D., 2005, National Efforts to Bring Reform to Scale in High – povertyschools: Outcomes and Implications, In L. Parker (Ed.), *Review of Research in Education*, 29 (pp. 1 – 28).

Bryk, A. S., Lee, V. E. and P. B. Holland, 1993, *Catholic Schools and the Common Good*, Cambridge, MA.

Byun, Soo – yong and Hyunjoon Park, 2012, The Academic Success of East Asian American Youth: The Role of Shadow Education, *Sociology of Education*, 85: 40 – 60.

Cordero – Guzman, Hector R., 2005, Community – Based Organizations and Migration in New York City, *Journal of Ethnic and Migration Studies*, Vol. 31, No. 5, pp. 889 – 909.

Cremin, L. A, 1951, *The American Common School*, New York: Teacher's College Press.

Cross, R. D., 1965, The Origins of Catholic Parochial Schools in America, *American Benedictine Review*, 16: 194 – 209.

Datnow, Amanda, Daniel G. Solorzano, Tara Watford, Vicki Park, 2010, Mapping the Terrain: The State of Knowledge Regarding Low – Income Youth Access to Postsecondary Education, *Journal of Education for Students Placed at Risk*, 15: 1 – 8.

Deil – Amen, Regina and Stefanie DeLuca, 2010, The Underserved Third: How Our Educational Structures Populate an Educational Underclass, *Journal of Education for Students Placed at Risk*, 15: 27 – 50.

Deil – Amen, Regina, 2011, "Socio – Academic Integrative Moments: Rethinking Academic and Social Integration Among Two – Year College Students in Career – Related Programs", *Journal of Higher Education*, 82 (1): 54 – 91.

Dinnerstein, Leonard and David M. Reimers, 1999, *Ethnic Americans: A History of Immigration*, New York: Columbia University Press.

Epstein, Joyce, 1995, School/family/community partnerships, Caring for the Children We Share, *Phi Delta Kappan*, 76 (9): 701 – 712.

Fiel, Jeremy E. , 2013, "Decomposing School Resegregation: Social Closure, Racial Imbalance and Racial Isolation", *American Sociological Review*, 78 (5): 828 – 848.

Foner, Nancy, 2000, *From Ellis Island to JFK: New York's Two Great Waves of Immigration*, New Haven, Conn: Yale University Press.

Foner, Nancy and Richard Alba, 2006, The Second Generation from the Last Great Wave of Immigration: Setting the Record Straight. *Migration Information Source*, www. migrationinformation. org.

Frattaroli, Shannon, Keshia M. Pollack and Karen Jonsberg, 2010, Streetworkers, Youth Violence Prevention, and Peacemaking in Lowell, Massachusetts: Lessons and Voices. *Progress inCommunity Health Partnerships: Research, Education, and Action*, Vol. 4, Issue. 3, pp. 171 – 179.

Frankenberg, Erica and Genevieve Siegel – Hawley, 2008, November, *The Forgotten Choice: Rethinking Magnet Schools in a Changing Landscape*, Los Angeles, CA: The Civil Rights Project/ Proyecto Derechos Civiles.

Fry, Rick, 2007, The Changing Racial and Ethnic Composition of U. S. Public schools, Washington, D. C. : Pew Hispanic Center (http: //pewhispanic. org/files/reports/79. pdf) .

Gándara, Patricia, Russell Rumberger, Julie Maxwell – Jolly, and Rebecca Callahan, 2003, English Learners In California Schools: Unequal Resources, Unequal Outcomes, *Educational Policy Analysis Archives*, Vol. 11 (36): 1 – 54.

Gans, Herbert, 2007, Acculturation, Assimilation and Mobility, *Ethnic and Racial Studies*, Vol. 30, No. 1: 152 – 164.

Gans, Herbert J. , 2009, First Generation Decline: Downward Mobility Among Refugees and Immigrants, *Ethnic and Racial Studies*, 32 (9):

1658 – 1670.

Garcia Coll, Cynthia, Daisuke Akiba, Natalia Palacios, Benjamin Bailey, Rebecca Silver, Lisa DiMartino, and Cindy Chin, 2002, Parental Involvement in Children's Education: Lessons from Three Immigrant Groups, *Parenting: Science and Practice*, 2 (3): 300 – 324.

Gelber, Scott, 2007, Pathways in the Past: Historical Perspectives on Access to HigherEducation, *Teachers College Record*, 109 (10), 2252 – 2286.

Gibson, M. A., 2003, Improving Graduation Outcomes for Migrant Students. ERIC Clearinghouse on Rural Education and Small Schools, EDO – RC – 03 – 02.

Graham, Patricia, 2005, *Schooling America: How the Public Schools Meet the Nation's Changing Needs*, Oxford and New York: Oxford University Press.

Grant, Gerald, 2009, *Hope and Despair in the American City: Why There Are No Bad Schools in Raleigh*, Cambridge, MA: Harvard University Press.

Hakuta, Kenji, 1986, *Mirror of Language: The Debate on Bilingualism*, New York: Basic Books.

Harklau, Linda, 1994, Jumping Tracks: How Language – minority Students Negotiate Evaluations of Ability, *Anthropology and Education Quarterly*, 25 (3), 347 – 363.

Harris, Angel L., Kenneth M. Jamison, and Monica H. Trujillo, 2008, Disparities in the Educational Success of Immigrants: An Assessment of the Immigrant Effect for Asians and Latinos, *ANNALS, AAPSS*, Vol. 620, pp. 90 – 114.

Hing, Bill Ong, 2004, *Defining American through Immigration*, Philadelphia: Temple University Press.

Hochschild, Jennifer and Nathan Scovronick, 2003, *The American Dream and the Public Schools*, New York: Oxford University Press.

Jackson, Kenneth, 1985, *Crabgrass Frontier: The Suburbanization of the United States*, New York: Oxford University Press.

Jenkins, S., 1981, *The Ethnic Dilemma in Social Services*, New York: The Free Press.

Jenkins, S. (ed.), 1988, *Ethnic Associations and the Welfare State: Services to Immigrants in Five Countries*, New York: Columbia University Press.

Kasinitz, P., 1992, *Caribbean New York: Black Immigrants and the Politics of Race*, Ithaca: Cornell University Press.

Kwong, Peter, 2012, Rural Migration and Primitive Accumulation of Capital in China, In *Encyclopedia on Global Human Migration*, edited by Alex Julca. Wiley – Blackwell Publishers.

Lareau, Annette and Erin M. Horvat, 1999, Moments of Social Inclusion and Exclusion: Race, Class, and Cultural Capital in Family – School Relationships, *Sociology of Education*, 72 (1): 37 – 53.

Lareau, Annette, 2003, *Uneqal Childhoods: Class, Race, and Family Life*. Berkeley and Los Angeles, California: University of California Press.

Lareau, Annette, 2008, Introduction: Taking Stock of Class, Pages 3 – 24 in *Social Class: How Does It Work*, Edited by Annette Lareau and Dalton Conley, New York: Russell Sage Foundation.

Lavan, Nicole and Miren Uriarte, 2008, Status of Latino Education in Massachusetts: A Report, University of Massachusetts, Boston: The Mauricio Gastón Institute for Latino Community Development and Public Policy.

Lazerson, M., 1977, Understanding American Catholic Educational History, *History of Education Quarterly*, 17 (3): 297 – 317.

Leahy, W. P., 1991, *Adapting to America: Catholics, Jesuits, and Higher Education in the Twentieth Century*, Washington, D. C.: Georgetown University Press.

Lieberson, S., 1980, *A Piece of the Pie: Black and White Immigrants Since 1880*, Berkeley: University of California Press.

Light, Richard J., 2001, *Making the Most of College: Students Speak their Minds*, Cambridge, MA: Harvard University Press.

Lissak, S. R., 1989, *Pluralism and Progressives: Hull House and the New Immigrants, 1890 – 1919*, Chicago: University of Chicago Press.

Lopez, Gerardo, 2001, The Value of Hard Work: Lessons on Parent Involvement from an (Im) Migrant Household, *Harvard Educational Review*, 71 (3): 416 – 437.

Louie, Vivian, 2004, *Compelled to Excel: Immigration, Education, Opportunity Among Chinese Americans*, Stanford: Stanford University Press.

Louie, Vivian, 2005, Immigrant Student Populations and the Pipeline to College: Current Considerations and Future Lines of Inquiry, *Review of Research in Education*, 29: 69 – 105.

Louie. Vivian, 2007, Who Makes the Transition to College? Why We Should Care, What We Know, and What We Need to Do, *Teachers College Record*, 109, No. 10: 2222 – 2251.

Louie Vivian and Jennifer Holdaway, 2009, Catholic Schools and Immigrant Students: A New Generation, *Teachers College Record*, 111 (3): 783 – 816.

Louie, V, 2011, Complicating the Story of Immigrant Integration, pp. 219 – 235 in Marcelo Suarez – Orozco, Vivian Louie and Roberto Suro, eds., *Writing Immigration: Scholars and Journalists in Dialogue*, Berkeley, CA: University of California Press.

Louie, Vivian, 2012a, *Keeping the Immigrant Bargain: The Costs and Rewards of Success in America*, New York: Russell Sage Foundation.

Louie, Vivian, 2012b, Immigration and Education, pp. 1761 – 1771 in Elliot Barkan, ed. Immigrants in American History: Arrivals, Adaptation and Integration, Santa Barbara, CA: ABC – Clio Malcom – Piqueux, Lindsay, 2013, *Latina and Latino High School Graduates are Disproportionately Enrolled in Community Colleges*. The Tomas Rivera Policy Institute at USC Price School of Public Policy, http://trpi.uscmediacurator.com/cc – enrollment/. McDevitt, Jack, Anthony A. Braga, Shea Cronin, with Edmund F. McGarrell, Tim Bynum, 2007, Project Safe Neighborhoods: Strategic Interventions. Lowell, District of Massachusetts: Case Study 6, Washington, D. C. : U. S. Department of Justice, Office of Justice Programs, http://www.ojp.usdoj.gov/BJA/pdf/Lowell_ MA.pdf.

McDonough, Patricia, 1997, *Choosing Colleges: How Social Class and Schools Structure Opportunity*, Albany, NY: State University of New York Press.

Meinke, Samantha, 2011, Milliken v. Bradley: The Northern Battle for Desegregation, *Michigan Bar Journal*, pp. 20 – 22.

National Academy of Education, 2007, Race – Conscious Policies for Assigning Students to Schools: Social Science Research and the Supreme Court Cases. http://www.naeducation.org/cs/groups/naedsite/documents/webpage/naed_ 080863.pdf. National Center for Education Statistics (NCES). http://nces.ed.gov/fastfacts/display.asp? id = 16.

National Center for Public Policy and Higher Education, 2011, Policy Alert. Affordability and Transfer: Critical to Increasing Baccalaureate Degree Completion, http://www.highereducation.org/reports/pa_ at/index.shtml.

Neckerman, Kathryn, 2007, *Schools Betrayed: Roots of Failure in Inner – City Education*, Chicago: University of Chicago Press.

Noguera, Pedro, 2003, *City Schools and the American Dream: Reclaiming the Promise of Public Education*, New York: Teachers College Press.

Olsen, L., 1990, Then and Now: A Comparative Perspective on Immigration and School Reform during Two Periods in American History, In *California Perspectives*, *an Anthology from California Tomorrow*, Vol. 1, Oakland, Calif.: California Tomorrow.

Orfield, Gary and Chung – Mei Lee, 2006, *Racial Transformation and the Changing Nature of Segregation*, Cambridge, MA: Civil Rights Project at Harvard University.

Orfield, Gary, Erica Frankenberg and Liliana M. Garces, 2008, Statement of American Social Scientists of Research on School Desegregation to the U. S. Supreme Court in Parents v. Seattle School District and Meredith v. Jefferson County, *Urban Review*, 40: 96 – 136.

Park, Julie J., 2012, It takes a village (or an ethnic economy): The Varying Roles of Socioeconomicstatus, Religion, and Social Capital in SAT Preparation for Chinese and Korean American Students, *American Educational Research Journal*, 49 (4), 624 – 650.

Pedraza, S., 1995, Origins and Destinies: Immigration, Race, and Ethnicity In American. In Silvia Pedraza and Ruben G. Rumbaut (editors), *Origins and Destinies: Immigration, Race, and Ethnicity in America*. (pp. 1 – 20). Belmont, Calif.: Wadsworth.

Perlmann, Joel, 1988, Ethnic Differences: Schooling and Social Structure among the Irish, Italians, Jews, and Blacks in an American City, 1880 – 1935, Cambridge University Press.

Perlmann, Joel, 2002, Polish and Italian Schooling Then, Mexican Schooling Now? U. S. Ethnic School Attainments Across the Generations of the 20th Century. Working Paper #350. Bard College: Levy Institute.

Pew Hispanic Center, 2011, August 25, http://www.pewhispanic.org/2011/08/25/hispanic – college – enrollment – spikes – narrowing – gaps – with – other – groups/.

Pew Hispanic Center, 2013, February. http://www.pewhispanic.org/files/2013/02/Statistical – Portrait – of – Hispanics – in – the – United – States –

2011_ FINAL. pdf.

Pew Hispanic Center, 2013, Sept. 4, http://www.pewresearch.org/fact-tank/2013/09/04/hispanic-college-enrollment-rate-surpasses-whites-for-the-first-time/.

Pew Research Center, February, 2014, The Rising Cost of Not Going to College, http://www.pewsocialtrends.org/2014/02/11/the-rising-cost-of-not-going-to-college/.

Portes, Alejandro and LingxinHao, 2002, "Linguistic Adaptation, Acculturation, and Gender in the Immigrant Second Generation", *Ethnic and Racial Studies*, 25: 889 – 912.

Portes, Alejandro and Patricia Fernandez - Kelly, 2008, No Margin For Error: Educational and Occupational Achievement among Disadvantaged Children of Immigrants, *ANNALS*, *AAPSS*, Vol. 620, pp. 12 – 36.

Quillian, Lincoln, 2012, Segregation and Poverty Concentration: The Role of the Three Segregations, *American Sociological Review*, 77: 354 – 379.

Reisner, E. H., 1930, *The Revolution of the Common School*, New York: Macmillan.

Rhodes, Jean E., Jean B. Grossman, and Nancy L. Resch, 2000, Agents of Change: Pathways through Which Mentoring Relationships Influence Adolescents' Academic Achievement, *Child Development*, 71 (6): 1662 – 1671.

Rodriguez, Cristina, 2011, The Integrated Regime of Immigration Regulation, pp. 44 – 61 in Marcelo Suarez - Orozco, Vivian Louie and Roberto Suro, eds., *Writing Immigration: Scholars and Journalists in Dialogue*. Berkeley, CA: University of California Press.

Rosenbaum, James, Caitlin Ahearn, Kelly Becker and Janet Rosenbaum, 2015, The New Forgotten Half and Research Directions to Support Them. William T. Grant Foundation. Rumbaut, Rubén, 2004, Ages,

Life Stages, and Generational Cohorts: Decomposing the Immigrant First and Second Generations in the United States, *International Migration Review* 38, 1160 – 1205.

Salomone, Rosemary, 2012, "Educating English Learners: Reconciling Bilingualism and Accountability", *Harvard Law and Policy Review*, 6: 115 – 145.

Samson, Jennifer F. and Brian A. Collins, 2012, Preparing All Teachers to Meet the Needs of English Language Learners: Applying Research to Policy and Practice for Teacher Effectiveness. Center for American Progress.

Sampson, Robert J., and William Julius Wilson, 2012, Toward a theory of race, crime, and urbaninequality. Pages 177 – 190 in *Race, Crime, and Justice: A Reader*, Edited by Shaun Gabbidon and Helen Taylor Greene, Thousand Oaks, CA: Sage.

San Miguel, Jr., Guadalupe and Richard R. Valencia, 1998, From the treaty of Guadalupe Hidalgo to Hopwood: The Educational Plight and Struggle of Mexican Americans in the Southwest, *Harvard Educational Review*, 68 (3): 358 – 412.

Schneider, Barbara and David Stevenson, 1999, *The ambitious generation: America's Teenagers, Motivated but Directionless*, New Haven, CT: Yale University Press.

Short, D. and S. Fitzsimmons, 2007, Double the Work: Challenges and Solutions to Acquiring Language and Academic Literacy for Adolescent English Language Learners, A Report to the Carnegie Corporation of New York, http://carnegie.org/fileadmin/Media/Publications/PDF/Double the Work.pdf.

Small, Mario L, 2009, "'How Many Cases Do I Need?' On Science and the Logic of Case Selection in Field Based Research", *Ethnography*, 10 (1): 5 – 38.

Suárez – Orozco, Carola, 2001, *Afterword: Understanding and Serving* the Children of Immigrants, Harvard Educational Review, 71 (3): 579 - 589.

Suárez - Orozco, Carola, Marcelo Suárez - Orozco, and Irina Todorova, 2008, Learning a New Land, Cambridge, MA: Harvard University Press.

Swail, Watson Scott, Alberto F. Cabrera, and Chul Lee, 2004, Latino Youth and the Pathway to College, Washington, D. C.: Pew Hispanic Center.

Telles, Edward E. and Vilma Ortiz, 2008, Generations of Exclusion: Mexican Americans, Assimilation and Race, 2008, New York: Russell Sage Foundation Press.

Teranishi, R., Suárez - Orozco, C., & Suárez - Orozco, M., 2011, Immigrants In Communitycolleges: Effective Practices for Large and Growing Population In U. S. Higher Education. The Future of Children, 21 (1), 153 - 169.

Waters, Mary C., 1999, Black Identities: West Indian Immigrant Dreams and American Realities, Cambridge: Harvard University Press.

Wilson, William J., 1987, The Truly Disadvantaged: The Inner City, The Underclass and Public Policy, Chicago: University of Chicago Press.

Vandell, Deborah Lowe, David J. Shernoff, Kim M. Pierce, Daniel M. Bolt, Kimberly Dadisman, and Bradford B. Brown, 2005, Activities, Engagement, and Emotion in After School Programs (and elsewhere), New Directions for Youth Development, 105, pp. 121 - 129.

Viteritti, Joseph, 2012, The Federal Role in School Reform: Obama's "Race to the Top", Notre Dame Law Review, 87 (5): 2087 - 2122.

York, D. E, 1996, The Academic Achievement of African Americans in Catholic Schools: A Review of the Literature, In J. J. Irvine and M. Foster (eds), Growing Up African American in Catholic Schools, pp. 11 - 46, New York: Teacher's College Press.

相同的政策，不同的实践
——北京、上海和广州流动儿童义务教育政策的比较研究（1996—2013）

韩嘉玲[*]

2014年，国务院发布关于户籍制度改革的文件，确定了对不同城市的梯度开放的原则，即全面放开建制镇和小城市落户限制，有序放开中等城市落户限制，合理确定大城市落户条件，严格控制特大城市人口规模。在特大城市，由于对减少人口数量的硬性控制，出现所谓"以教控人"、高筑入学门槛的现象，使流动儿童的入学权利受到很大影响。2014年以来各地开始实行积分入学、积分入户的居住证制度，从实践情况看，主要面向的是高学历的优势人群，低学历、低收入的农民工阶层尚难以受惠。本文回顾在此政策出台前，北京、上海、广州三个特大城市，针对中央的政策而形成的不同的地方实践经验。

一 流动儿童教育问题产生的背景

工业化和城镇化是我国人口流动的两大动因，人口流动不仅带来了劳动力，也带来了家属和子女，举家迁移日益成为人口流动的主要形式，流动人口子女在流入地的教育需求日益突出。改革开放30多年来，我国大中城市依然维持着传统的城乡二元对立的户籍制度，面对大规模人口迁移流动的社会现实，教育公共服务依旧与户籍制度挂钩，尤其是地方财政以户籍所在地来统计适龄儿童人数，因而，离开了户籍所在地的流动儿童无法被纳入流入地政府地方财政的统筹拨款

---

[*] 韩嘉玲，女，北京社会科学院社会学研究所研究员。

与教育资源分配中，这样的教育经费投入机制，为流动儿童在非户籍地的城市享受同等受教育机会设置了制度性屏障。中央政府制定了一系列涉及流动儿童义务教育财政供给的政策，形成了以流入地的区县政府负担为主的状况，但由于区县政府的利益、责任和能力不匹配，造成对流动儿童义务教育机会的限制。另外，流动儿童教育问题在20世纪90年代中期才开始受到政策关注。直到1998年，国家才正式颁发《流动儿童少年就学暂行办法》，但该政策没有明确流入地政府在解决流动人口子女入学方面应该承担怎样的责任。长期以来由于未能认识到人口流动对教育带来的冲击和挑战，以及政策法规制定执行的滞后，使得教育体制难以适应人口大流动的社会格局。最后，教育精英化思维导致我国基础教育阶段公办学校长期资源分配不均的局面，以重点校、示范校为代表的优质教育资源稀缺，而农村校、农民工子弟学校很多却达不到办学标准，积聚了优质教育资源的学校又引发了高额的择校费、赞助费，这更加剧了教育资源薄弱校的边缘薄弱地位。此外，一些地方政府的"不作为"态度，客观上催生了流动儿童教育市场化的生存空间，大量收费低廉的打工子弟学校和收费的民办学校成为教育市场上一块无人管理的"自留地"。

总体而言，流动儿童教育问题不是单纯的教育问题，而是我国城市化、工业化进程中劳动力跨地区大规模流动的背景下，户籍制度难以适应时代变革，义务教育财政供给体制的限制、教育政策法规制定相对于流动人口子女教育需求的滞后、教育精英化、教育资源分配的不均衡，以及教育市场化的助推，使得流动儿童教育问题成为转型期各种社会问题在教育层面的并发症。

二 相同的政策：国家政策的演变

在1995年以前我国流动儿童问题并未受到足够的重视，从国家层面并没有针对他们的专门文件出台。随着流动儿童教育问题的浮现，急需一个专门针对流动儿童受教育问题的法律法规，1995年教育部开始着手调查研究流动人口子女的受教育问题，并于1996年印发了《城镇流动人口中适龄儿童少年就学办法（试行）》，在京、津、沪、浙等6省市各选1区试行，根据六区的试行结果，1998年教育部、公安部联合颁发《流动儿童少年就学暂行办法》。

从1996年到2013年的十余年时间，中央政府相继出台了一系列的政策，建构了流动儿童在流入地接受义务教育的政策框架。这些政策出台基于国家旨在努力缩小流动儿童与本地儿童在接受义务教育方面的差距，以达到"一视同仁"的目标。

（一）确定了流动儿童在流入地公立学校借读就学方式，并设置一定的门槛

1995年教育部开始着手调查研究流动人口子女的受教育问题，并于1996年印发了《城镇流动人口中适龄儿童少年就学办法（试行）》，在京、津、沪、浙等6省市各选1区试行。根据六区的试行结果，1998年教育部、公安部联合颁发《流动儿童少年就学暂行办法》（以下简称《暂行办法》）。虽然这个文件是以暂时性文件的形式颁发的，但是《暂行办法》是我国第一个对流动儿童教育所颁发的法规政策，这个法规奠定了日后流动儿童教育的基本框架。

1998年的《暂行办法》确定了流动儿童在流入地公立学校借读的就学方式。"以在流入地全日制公办中小学借读为主"。同时还要缴纳借读费。但这不意味着非户籍学生可以无条件在流入地城市的公办学校就读。只有符合相关条件的学生，才有资格申请办理借读手续。总之，流动儿童是有条件的借读入学方式。

此外，《暂行办法》默认了当时在全国范围内涌现的民工子弟学校，从政策法规的形式为民工子弟学校的存在与发展提供了法律的依据。同时也认可了除了公办学校以外的民工子弟学校等其他形式为辅的就学模式。这就奠定了流动儿童在流入地以公立学校就学为主，民工子弟学校等其他形式为辅的就学模式并存的局面。

（二）确定"两为主"原则，明确了流入地政府的责任

2001年，中央正式确定流动儿童教育"两为主"原则，为解决流动儿童的入学与责任问题奠定了基本思路。《国务院关于基础教育改革与发展的决定》（以下简称《决定》）指出，"要重视解决流动人口子女接受义务教育的问题，以流入地区政府管理为主，以全日制公办中小学为主，采取多种形式，依法保障流动人口子女接受义务教育的权利"。

1998 年的《暂行办法》提及了流入地政府在流动儿童就学方面的责任，但是并没有具体的明确规定。《决定》第一次提出了"两为主"原则，特别是明确了在流动儿童教育中，流入地政府负有主要责任，解决了长期以来流动儿童处于流出地与流入地政府互相推卸责任的问题。此外，明确了以全日制公办中小学接收流动儿童为主，民工子弟学校等其他形式为辅的就学模式。

其后，2003 年《关于进一步做好进城务工就业农民子女义务教育工作的意见》和《国务院关于进一步加强农村教育工作的决定》，又重申了"城市各级政府要坚持以流入地政府管理为主、以公办中小学为主，保障进城务工就业农民子女接受义务教育"的"两为主"的原则，并且确定了流入地政府的职责，将职责具体化，并划分了流入地的各个职能部门（教育行政部门、公安部门、发展改革部门、财政部门、机构编制部门、劳动保障部门、价格主管部门、城市人民政府的社区派出机构）的具体职责。2006 年国务院发布的《关于解决农民工问题的若干意见》及 2006 年新修订的《义务教育法》都再次明确流入地政府与公办学校在解决流动儿童教育问题上的主要责任。2010 年发布的《国家中长期教育改革和发展规划纲要（2010—2020 年）》也延续和强化了此项政策要求。"两为主"原则成为延续至今的解决农民工子女教育问题的权威政策文本。

（三）确定非户籍儿童与户籍儿童一视同仁的原则

2003 年由国务院办公厅转发的《关于进一步做好进城务工就业农民子女义务教育工作的意见》（国办〔2003〕73 号文件），将农民工子女从流动人口子女中剥离，有意识地将政策针对流动人口中最底层的农民工子女教育问题。

对流动儿童在流入地就读，中央从 1996 年一开始就确定借读的就学模式，并需缴纳借读费的做法。事实上是一种区别对待，形成了户籍儿童与非户籍儿童明显的差异性。直到 2003 年才提出一视同仁的原则，第一次明确提出了确定流动儿童与城市儿童要一视同仁地对待。这里的"一视同仁"包括了以下几方面：第一，进城务工就业农民工子女九年义务教育普及程度达到当地水平。第二，对进入公立学校就读的流动儿童"在评优奖励、入队入团、课外活动等方面学校要做到进城务工就业农民子女与城市学生一视同仁"。第三，在收费方面，"流入地政府要制定进城务工就业农民工子女接受义务教育的收费标准，减免有关费用，做到收费与当地学生一视同仁"。

经过整整二十年才重新修订的新义务教育法，面对我国城市化大背景，全国流动儿童的规模不断扩大的趋势，虽然明确提出给流动儿童"平等接受义务教育的条件"，但是如何实现其公平的教育权利。对于教育公平中最关键的"入学机会"的一视同仁依旧没有突破以户籍为主的入学原则，还是采用模糊的原则性的条文，仍然没有从法规上根本解决流动儿童入学的制度壁垒。

（四）明确了对民办教育扶持与管理的原则

1998 年的《暂行办法》第九条指出"可依法举办专门招收流动儿童少年的学校或简易学校"，甚至认可"简易学校的设立条件可酌情放宽"。这都是对当时在全国范围内涌现的民工子弟学校的默认，并以政策法规的形式为民工子弟学校的存在与发展提供了法律的依据。

"两为主"原则确定后，虽然公立学校在流动儿童的教育中逐渐发挥了作用，然而专门接收流动儿童的民工子弟学校依然起着一定的补充作用。2003 年的《意见》确定了对民工子弟学校既要扶持也要管理的原则：一方面强调要加强管理，另一方面也认识到应对他们进行扶持。

在加强管理方面，首先，要将民工子弟学校纳入民办教育管理范畴，并尽快制定审批办法和设置标准。相对民办教育"设立条件可酌情放宽"，"但师资、安全、卫生等方面的要求不得降低"。

其次，"要对这类学校进行清理登记"，符合标准的要及时予以审批；达不到标准和要求的要限期整改，到期仍达不到标准和要求的要予以取消。此外，要加强对这类学校的督导工作，规范其办学行为，促进其办学水平和教育质量的提高。

《意见》认为，政府对打工子弟学校的扶持应包括"在办学场地、办学经费、师资培训、教育教学等方面予以支持和指导"。

2011年9月教育部办公厅发布的《关于做好2011年秋季开学进城务工人员随迁子女义务教育就学工作的通知》及2012年9月《国务院关于深入推进义务教育均衡发展的意见》提出，在公办学校不能满足需要的情况下，可采取政府购买服务等方式保障进城务工人员随迁子女在依法举办的民办学校接受义务教育。

（五）建立流动儿童义务教育经费的筹措保障机制

1998年的《暂行办法》确定了非户籍学生在流入地就读公立学校要缴纳借读费的规定，作为非户籍儿童占据了当地一定的教学资源来补偿流入地政府。2003年的意见在提出一视同仁原则时，包括了收费与户籍儿童的一视同仁，虽然没有明确指出不再收取借读费，却体现了政策上的重要突破与进展。2004年财政部《关于规范收费管理促进农民增加收入的通知》，重申了2003年有关收费一视同仁的原则，并进一步明确了"一律不得收取借读费、择校费用"。

2003年的《意见》针对大量流动儿童进入城市就读，建立经费的筹措保障机制：一方面从城市财政上，在城市教育费附加中要安排一部分经费，用于进城务工就业农民子女义务教育工作。另一方面从经费体制上鼓励接收流动儿童较多的学校给予财政的补助。财政部门要安排必要的保障经费。

不再收取借读费后，还必须解决这些学生的费用由谁负担的问题，否则公立学校就要承担这样的政策结果，对接收非户籍儿童将缺乏积极性。2006年《国务院关于解决农民工问题的若干意见》，在重申输入地政府对流动儿童的责任，更进一步提出流入地政府在经费投入上的责任，应将"农民工子女义务教育纳入当地教育发展规划，列入教育经费预算"，即"两纳入"。

2008年《国务院关于做好免除城市义务教育阶段学生学杂费工作的通知》，要求从当年秋季开学起，免除全国城市义务教育阶段学生学杂费。该通知专门有一部分对流动儿童义务教育做出了规定。在重申"两为主"的基础上，强调政府统筹经费的责任："对接收进城务工人员随迁子女较多、现有教育资源不足的地区，政府要加大教育资源统筹力度，采取切实有效措施，改善学校办学条件，加大对校长和教师配备工作的支持力度，保证学校教育教学的基本需要。"《通知》第一次提出了足额拨付教育经费："地方各级人民政府要按照预算内生均公用经费标准和实际接收人数，对接收进城务工人员随迁子女的公办学校足额拨付教育经费。"

此外，在规定免除城市义务教育阶段学生学杂费外，中央财政对流动儿童接受义务教育问题解决较好的省份给予适当奖励，开始承担部分财政责任。2008—2014 年，中央财政安排进城务工农民工随迁子女奖励性补助资金 371.4 亿元，其中 2014 年达到 130.4 亿元。[①]。

为了达到以公立学校为主的原则，积极促进公立学校吸纳流动儿童，2003 年的《意见》明确提出"地方各级人民政府要按照预算内生均公用经费标准和实际接收人数，对接收进城务工人员随迁子女的公办学校足额拨付教育经费"。这是从政策上保障了流动儿童进入公立学校的经费问题，提高了公立学校的接纳流动儿童积极性。然而"对接收进城务工人员随迁子女较多、现有教育资源不足的地区"，仅仅提出政府要加大教育资源统筹力度，并未明确由哪一级政府来承担，最后绝大多数的地方仍然由层级较低的区县一级政府来承担。流入地政府更多地从地方主义出发，考虑自身的利益因素，运用政策杠杆制定了对流动儿童入学不利的地方规定。

以上梳理了从 1996 年到 2012 年相继出台的多个法规，"以流入地区政府管理为主，以全日制公办中小学为主，采取多种形式，依法保障流动人口子女接受义务教育的权利"的"两为主"原则，并从"两纳入"解决流动儿童义务教育问题的政策框架基本完善。

---

① 财政部：《中央财政多举措力促义务教育均衡发展》，2014。

三 不同的政策结果：北京、上海、广州的比较

本文主要对北京、上海、广州的政策结果进行比较。之所以选择这三个城市，主要是考虑到三地之间的可比性，北京、上海、广州作为中国经济发展发达的一线城市，其中流动人口无论在规模和比例上都较高，此外跨省的流动人口也比较高的情况下，却有不一样的政策结果。

（一）特大城市的流动人口问题

改革开放以来，中国在快速城市化的发展过程中，农村人口向大城市聚集的特征明显，促使大城市蓬勃发展。目前，我国已经大体形成了京津冀、珠三角、长三角等10个较为成熟的城市群，2000年和2010年上述10个城市群的城镇人口分别达到23572.34万人和34247.23万人，十年间增长了45.3%。北京、上海、广州分别作为京津冀、长三角、珠三角的核心城市，不仅人口总量上超过了1000万人，流动人口数量在这三个城市也占据了1/3以上的比例，根据第六次人口普查数据计算，北京、上海和广州三个城市的外来人口占全市总人口的比例分别为35.9%、39.0%和35.6%。2000年至2012年北京市常住人口共增加了705.7万人，而仅流动人口就增加了517.7万人，占人口增加总量的73.4%之多；截至2012年9月，上海常住人口约为2371万人，其中，闵行、嘉定、松江、青浦、奉贤5区的流动人口数量超过户籍人口（陆杰华、李月，2014）。

（二）流动儿童义务教育问题的压力

流动人口的涌入带来了庞大的流动儿童群体，相应地，也带来了流动儿童的义务教育的问题。由于我国的义务教育一向遵循的是"属地"原则，离开户籍所在地的流动儿童的教育问题一方面挑战了旧有的制度，另一方面也陷入了自身的教育困境——流入地政府的教育投入以及教育政策、监督管理措施等都会对流动儿童的教育问题产生极

大的影响。此外，由于教育资源的分配、财政拨付等问题，流动儿童教育首先要面临的是教育资源占有不足和教育成本自行承担的问题。换言之，流动儿童群体在教育方面处于制度和资源上的弱势地位。

北京、上海、广州地区的流动儿童数量庞大。根据2010年第六次人口普查的数据，北京和上海0—17岁流动儿童的数量分别达到106万人和132万人，分别占全部儿童总数的36.28%和46.42%。根据2013年广州市教育事业统计数据，小学到初中阶段全市共有在校生122.9万人，其中，本地级市外的流动儿童高达53.0万人，占全部在校生总数的43.1%。

（三）相同的政策，不同的政策结果

2001年《国务院关于基础教育改革与发展的决定》首次提出"两为主"原则之后，2003年国务院办公厅转发教育部等六部委《关于进一步做好进城务工就业农民子女义务教育工作的意见》再次重申了这一原则。2006年的《国务院关于解决农民工问题的若干意见》，突出了农民工子女教育是农民工所面临的有待解决的重大问题之一，不仅重申流入地政府对流动儿童的责任，更进一步强调流入地政府应将"农民工子女义务教育纳入当地教育发展规划，列入教育经费预算"。财政部门应"按照实际在校人数拨付学校公用经费"，形成了所谓的"两纳入"。此后，在此政策框架下，各大城市开始积极贯彻落实这一政策，并有所创新。

北京、上海、广州无论在城市规模、城市发展、非户藉人口规模、流动儿童数量方面都具有较高的相似性。但是，在解决流动儿童义务教育问题方面，相似的城市背景和相似的人口规模背景不但没有促成相似的政策结果，反而出现了北京、上海、广州之间不同的教育模式。

四 不同的实践

为什么同样的中央政策在具有相似背景的城市中产生出了不同的

政策效果呢？这个问题，需要首先考察过去 10 多年中，北京、上海、广州三个城市对中央政策的解读与执行。从"两为主"作为解决流动儿童教育的政策框架出发，本文将从各地履行民工子女教育流入地责任的主要体现（包括政府责任及经费投入）与各地入学模式（包括公立学校的可及性及民办民工子弟学校的发展）等方面对不同地方进行比较。

（一）各地履行农民工子女教育流入地责任的主要体现首先是地方政府的责任

（1）北京政府承担有限责任，由区县负责，乡镇执行。

北京市政府仅承担有限责任，将政府责任推给区县负责，乡镇执行，市一级政府责任弱化。拥有更多资源的省/市一级政府将政府责任下派给资源不平衡的区县政府，因此北京市呈现出一市之内不同区县政策不统一的现象。作为首都的北京，对中央政策的发布及理解敏感性较高。早在 2002 年就发布《北京市对流动人口中适龄儿童少年实施义务教育的暂行办法》回应中央"两为主"原则，确定流入地政府责任，是在三个城市中最早、最及时回应中央政策的城市。对流入地的政府责任方面明确了是由区县政府来承担，不过落实到具体的进入公立学校的入学手续办理则由下一级的乡镇/街道政府来执行。市一级政府较区县政府拥有更多资源与政策决策权，然而北京市一级政府的责任仅是"制定政策进行宏观调控"。[1] 在以区/县负责的经费投入体制下，这就意味着接纳较多流动儿童的财政责任，将由接纳的区县自己埋单。这就容易出现地方保护主义的倾向，形成各区县常常采取各种附加的入学条件，例如要求各种证件（见公立学校的可及性部分），增加有形无形的门槛以减少对非户籍儿童的接纳。因此，北京市便出现一市之内不同区县接收流动儿童入公立学校的条件也不一样。此外，在管理民工子弟学校的标准等方面均不统一的局面（见民办民工子弟学校的发展部分）。总之，由于拥有更多资源的省/市一级

---

[1] 《北京市关于贯彻落实〈北京市对流动人口中适龄儿童少年实施义务教育的暂行办法〉的通知》，2002 年。

政府将政府责任推给资源不平衡的区县政府，北京市呈现一市之内不同区县政策不统一的现象。

（2）上海市政府2008年后积极承担政府责任，发挥了主导及关键因素。

上海作为流入地政府对流动儿童教育的责任是有一个过程的，它经历了从无到有的过程。虽然，上海早在1998年就出台了有关流动儿童教育的政策法规，然而2001年中央确定了"两为主"政策后，上海却迟迟没有出台相应的政策文件，直到2004年以后上海市才明确了各级政府责任及流入地政府的责任，并建立了市、区县、街道（乡镇）三级管理工作制度。[①] 2004年后，上海作为流入地政府责任虽然回应了"两为主"原则，并确定责任主体，但还是仅仅承担有限责任，而没有明确流入地政府对流动儿童的教育经费的投入机制。这个阶段上海依旧采取有限的政府责任。直到2008年实施三年计划与免费教育后，才转变了过去有限的责任，采取多项措施，从财政的投入到教育教学上的支持等方面来保障农民工子女接受教育，实现了全部流动儿童享受免费义务教育，真正落实了流入地政府的责任。

（3）广州市政府从不作为到采取有限的政府责任转变。

广州位于中国改革前沿的珠三角地区，也是远离中央决策的城市之一。广州市悬置中央"两为主"政策长达12年，导致流入地政府的责任不明确，直到2010年后政府责任逐渐明确，从不作为到采取有限的政府责任。

作为流动人口主要流入地的广州市早在20世纪80年代末期流动儿童入学难的问题就已经产生，并出现了专门接收流动儿童的民工子弟学校现象（崔世泉、王红，2012），也是北上广三个城市中最早出现民工子弟学校的城市。从1996年广州天河、海珠两区被国家教委确定为"流动人口子女入学政策实施项目实验区"[②]，为流动儿童教

---

① 《上海市人民政府办公厅转发市教委等七部门关于切实做好进城务工就业农民子女义务教育工作意见的通知》，2004年。

② 教育部：《城镇流动众人口中适龄儿童、少年就学办法（试行）》，1996年。

育政策实施的实效性做进一步探索的试点。根据广州等六个城市的试点探索结果，中央于1998年相继出台有关专门针对流动儿童教育的多个文件以来，各省市区纷纷跟进，出台相关文件，然而耐人寻味的是，广州这样一个城市最早出现流动儿童教育问题，也是最早参与流动儿童教育政策试点的城市，却一直到中央出台正式文件（1998）后12年才出台第一个专门针对农民工子女教育问题的政策文件。

2010年广州市出台了《关于做好优秀外来工入户和农民工子女义务教育工作意见》，这是广州市第一个专门针对农民工子女教育问题的文件，该文件不仅确定广州市作为流入地政府对于流动儿童义务教育负主体责任，同时也从政策制定、发展规划到经费的承担等方面明确了区县政府部门的职责范围。然而这里的流入地政府还是仅仅承担有限的责任。

（二）各地政府的经费保障机制：经费投入

（1）北京明确规定区县财政经费投入的政府责任，投入仅限于公办学校。

在政府责任中最关键的政府责任是经费投入。北京从2004年转发的《通知》就明确规定了区县财政经费投入的政府责任。[①] 2003年在中央一视同仁原则下与经费保障机制确定之后，北京于2004年即转发该文件并取消了借读费，同时确定了流动儿童在公立学校就学的经费支出的责任由区县财政来承担。然而这里政府的经费责任，仅限于在公立学校就学的流动儿童的教育经费支出，而不包括在民办或简易学校就读的流动儿童的教育经费支出。所谓的政府经费保障机制，其实是有条件的及有限的政府责任，即仅限于投入在就读公办学校学生的生均教育经费（区财政）及少量的专项补助（市财政），及公办与审批学校的杂费与课本费（区及市财政）。2008年以后减免杂费与课本费也仅限于审批的民工子弟学校，在北京还有大约半壁江山的未

---

① 《北京市人民政府办公厅转发市教委等部门关于贯彻国务院办公厅进一步做好进城务工就业农民子女义务教育工作文件意见的通知》，2004年。

审批民工子弟学校是无法获得任何财政支持的。在这些学校就读的学生其家长依然要自行承担其上学的费用。国家免费义务教育政策的阳光依然无法惠及在北京城市最底层的儿童群体。

(2) 上海建立/县及市一级政府分别承担经费的保障机制。

上海从2008年以后建立经费保障机制，由区/县及市一级政府分别承担。流入地政府加大经费投入，全覆盖在沪就读的流动儿童义务教育阶段的费用。长期以来，非沪籍流动儿童在上海公立学校一直采取借读方式，上海市直到2008年公布《关于继续做好本市农民工同住子女进入义务教育阶段公办学校就读免借读费工作的意见》以后才正式免除了借读费。这意味着流入地政府不再用收费来补偿方式，并承担起教育费用的责任。由于上海确定了流动儿童义务教育两级政府的管理体制，虽然以区县负责为主，但是市一级财政以转移支付的形式一直承担流动儿童教育的财政投入，才能有效地将流动儿童教育的费用纳入义务教育经费保障体制，这也是上海模式能成功运转的关键因素。

(3) 广州从无到有建立了有条件的经费投入机制。

广州从没有出台相对应的政策文件，直到2010年才建立有条件的经费投入机制，和北京市一样，地方政府的财政性教育拨款的主要对象是在公办学校就读的流动儿童，而就读于民办学校的农民工子女很难享受到地方财政的支持。2004年广东省转发中央流动儿童教育政策（2003）时对"两为主"原则采取消极的应对，主要表现在"悬置"了该政策中非常重要的"建立进城务工就业农民子女接受义务教育的经费筹措保障机制"。广东省在流动儿童教育经费保障机制的不作为，因此直到全面免除城市义务教育阶段学杂费之前，广东省多个城市一直没有形成明确针对流动儿童教育的财政投入机制。例如，广州市财政直到在2010年出台的文件中，才首次明确规定了要建立来穗务工就业农民子女接受义务教育的经费保障机制，确定了公办学校的生均教育经费要"按实际在校生数和定额标准拨付"，并制定了市一级政府和区县政府的经费投入的财政分担比例。① 然而所谓的经费保障机制是有条件的而非普惠式的，广州市对非户籍人口子女教育的财政经费投入仅仅限于那些符合其所指定条件（见下文的公立学校可及性部分）的非户籍学生可以获得财政经费的补助。

（三）公立学校的可及性

（1）北京市公立学校成为流动儿童就学的主渠道，但存在门槛高及不透明的程序与规定。

北京在2000年有关流动儿童义务教育方面政策出台之前，流动儿童的教育主要由自办民工子弟学校（包括简易学校）解决。2001—2002北京市出台了流动儿童义务教育的专门政策，这些政策首次对流动儿童进入公办学校就读的程序做出规范，使流动儿童在公办学校借读有据可依。北京基本遵循中央的政策精神，仅开放给户籍所在地没有监护条件随父母在北京暂时居住半年以上可以申请借读。"户籍所在地没有监护条件，且其父母在北京居住半年以上并已取得暂住证的，可以申请在本市中小学借读，接受义务教育。"②

自2002年制定非户籍儿童进入了公立学校入学的程序与规定，同时也将借读费从600元降低到200元。③ 这个举措使得北京公立学校的借读费在三个大城市中是较低的。北京从2004年进一步免除借读费，同时区县政府对接收流动儿童的公立学校按实际学生人数拨付公用经费等一系列的措施，使公立学校接收的数量逐渐增加，流动儿童就读公立学校的比例也逐步提高。公立学校接纳非京籍流动儿童人数的比例从2001年的13%增加到2006年的63%。④ 在北京公立学校已经成为流动儿童就学的主渠道。

（2）上海的公立学校逐步落实非户籍流动儿童免费入学政策。

---

① 广州市发展和改革委员会、广州市教育局、广州市人力资源和社会保障局、广州市公安局：《关于进一步做好优秀外来工入户和农民工子女义务教育工作的意见》，2010年。
② 《北京市对流动人口中适龄儿童少年实施义务教育的暂行办法（2002）》。
③ 《北京市教育委员会关于加强中小学接收借读生管理的通知（2002）》。
④ 《北京市人民政府办公厅关于进一步加强未经批准流动人员自办学校安全工作的通知》，2006年。

随着上海政府从有限责任到积极承担政府责任，流动儿童在公立学校就读也从有条件在公立学校借读，发展到实行免费教育，不仅免缴纳借读费，还免除杂费、书本费等。2008年上海公布的"同住农民工子女义务教育三年行动计划"，改变长期以来流动儿童在公立学校借读的地位。从简化入学条件、放宽班额（班额可以突破学籍管理规定40人的限制，扩大至50人）及根据常住人口基数来增建校舍等方式，提供了约15万个义务教育学位，尽可能的多吸纳农民工同住子女进入公办学校就读等。其中，简化入学条件意味着降低非户籍儿童进入公立学校的门槛；由之前的需要提供五证（居住证、就业证、户口本、流出地开出的证明和允许借读的证明）简化为只要两证（身份证及居住证或就业证）。① 公立学校通过上述降低门槛的方式与扩招、增建等办法使得公立学校接纳的流动儿童比例从2007年的44.74%，2008年的61.61%，达到三年行动计划后2011年的73%以上。②

（3）广州市采取区别对待与优先次序原则的积分制的入学条件。

由于广东省及广州市对中央有关流动儿童教育政策采取的悬置策略，一直没有出台具体的政策，导致政府责任不明确，经费无法落实，直接的结果就是公办学校在接收非户籍儿童时没有任何激励性，因此广州市公立学校接收流动儿童的比例一直处于较低的水平（2010年以前一直低于40%）（戴双翔，2010），无法完成中央所要求的承担主渠道的目标。

2010年出台的文件，一方面致力于提高公办学校的非户籍儿童的比例，"逐步提高来穗务工就业农民工子女入读公办学校的比例"，同时也确定了非户籍儿童采取积分制入学模式，也就是说公立学校对于接收非户籍儿童的入学条件是根据广州市的发展需要而制定的原则来决定的。对于非穗籍人口采取区别对待，优先次序原则，从"根据我

---

① 《上海市教委关于进一步做好本市农民工同住子女义务教育工作的若干意见(2008)》。

② 上海市教委基教处：《2011年进城务工人员随迁子女接受义务教育情况》，2012年6月20日。

市优化产业布局和产业结构的需要"出发,"重点鼓励技能型优秀外来工入户,引导广大外来工积极提升技能,培养壮大技能人才队伍,优化广州市劳动力结构和布局"。①

(四) 民工子弟学校的发展

(1) 北京市对待民工子弟学校发展模棱两可的态度使得民工子弟学校难以发展。

北京对民工子弟学校的发展没有明确的态度,使民工子弟学校被默许但难以取得合法地位。作为首善之地的北京却长期存在收费低廉、办学条件较差、没有审批的"非法"民工子弟学校,出现审批与未审批的学校共存现象。北京早在1992年就出现了最早的民工子弟学校,然而由于没有明确的政策法规支持,这类学校一直面临着身份不明的状况(韩嘉玲,2003)。在经历了接近10年的政策空白之后,2002年北京市终于从政策法规上允许民工子弟学校的成立。在流动人口比较集中的地区,有关社会组织和公民个人可以参照本市的办学条件标准,在报经区县教育行政部门审核批准后,举办专门招收流动儿童少年就学的学校。② 这个政策的出台使得民工子弟学校从"暗处"走向"明处"。

然而这个"千呼万唤始出来"的规定,却是态度模糊与自相矛盾的。一方面给予高标准的要求,对这些无法得到政府经费支持,完全依赖学费维持学校运转的民工子弟学校,要求参照公立学校的办学标准。用这样的高标准来要求这些所谓的"窝棚学校"或"菜地学校"基本是不可能完成的任务。因此对全市已经存在的200—300所学校,在多次拆、赶策略都无效的情况下,只能"默许"其存在。另一方面在2004年出台的政策中,又放宽了口径。"对以接收来京务工就业农民子女为主的民办学校,在确保学校在师资配备、安全、卫生等方面

---

① 广州市发展和改革委员会、广州市教育局、广州市人力资源和社会保障局、广州市公安局:《关于进一步做好优秀外来工入户和农民工子女义务教育工作的意见》,2010年。
② 《北京市对流动人口中适龄儿童少年实施义务教育的暂行办法》,2002年。

完全达标的前提下，可根据实际情况酌情放宽其他办学条件"①。然而所谓的酌情放宽其他办学条件，又没有具体的标准可依。在这样左右为难的情况下，多数学校就抱着得过且过的态度，对学校长期发展与投入也成为空中楼阁。总之，北京民工子弟学校的事实存在，仅仅是一种"默许"，却无法获得保障长期发展的合法地位。

2005年以来，北京市对于这些不符合办学条件的民工子弟学校采取"扶持一批，审批一批，淘汰一批"的原则，基本形成北京市未来十年处理民工子弟学校的工作思路。② 从2003年开始审批第一所学校后，到2009年陆续审批了63所民工子弟学校，这些被审批的学校，可以获得政府一定的经费与物力的支持。

从"三个一"原则之后，北京的民工子弟学校出现了分化，形成获得审批与未获得审批及被清理、被取缔状况。但是依旧还有许多未经审批的自办学校，另一部分学校被取缔，另一部分尚未被取缔学校的办学者多半采取"得过且过"的心理，有时与政府采取"猫捉老鼠"的城市游击策略，很难在改善教学质量及办学条件上投入时间及经费，这使得未审批学校永远定格在简易学校的层次。

（2）上海逐步将民工子弟学校纳入义务教育的经费保障体制。

上海从承认简易学校的事实存在到规范整顿民工子弟学校，进而将其纳入义务教育（纳民）经费的保障体制，是个逐步认识、提高及发展的过程。上海的民工子弟学校也曾经是农民工子女接受义务教育的重要途径。农民工子女学校高峰时期曾经达到400多所（上海市教委，2010）。2008年《市教委关于进一步做好本市农民工同住子女义务教育工作的若干意见》的三年计划之后确定"纳民"策略，将民办民工子弟学校纳入民办教育管理，这是上海针对民工子弟学校的政策发生了根本性的变化。首先明确了简易学校正式退出上海教育的历史舞台；同时制定了民办学校的设置标准与审批办法。符合条件的民

---

① 《北京市关于贯彻国务院办公厅进一步做好进城务工就业农民子女义务教育工作文件的意见》，2004年。
② 《北京市教育委员会关于加强流动人口自办学校管理工作的通知》，2005年。

工子弟学校被纳入民办学校管理范畴。对不达标的 100 多所学校予以关闭（上海市教委，2010）。政府通过财政支持改造符合条件的民工子弟学校的办学条件，逐步将民工子弟学校纳入民办学校办学范围，完成 156 所学校的改制。对于改制成功合格的学校，政府通过办学成本核算对接收流动儿童的民工子弟学校给予生均经费的形式补贴。这使得符合享受"两免一补"政策而没能进入公立学校的流动儿童也能享受与户籍儿童同等的免费而优质的义务教育。

（3）广州具有利于民办学校发展的政策环境，促成了成熟的民间办学体制。

广州的政策环境有利于民办学校的发展，促进了较成熟的民办办学体制。民办学校企业化办学，广州的民办学校多具备办学资质，学校办学条件较高，同时收费标准也高。

广州市人大常委会早在 1992 年就审议制定《广州市社会力量办学管理条例》，并由省人大常委会 1993 年批准了该条例。其后相继出台的法规一方面积极鼓励，另一方面重视规范管理（崔世泉、王红，2012）。这些法规的出台有利于广州市民办教育的蓬勃发展，特别是有利于民工子弟学校的生产与发展，这也间接地促进了广州市采取了不同于其他城市的流动儿童入学路径。当其他城市推进公办学校时，大力取缔民工子弟学校，广州对民办的民工子弟学校采取鼓励与重视规范管理齐头并进。所以广州市民工子弟学校的发展走在了全国的前面。

广东省对民工子弟学校的办学标准是"参照公办中小学的标准建立专门接收进城务工就业农民工子女学校"。相对于上海及北京长期存在简易学校的现象，广州的民工子弟学校在"规范管理"的要求下，广州市除了 20 世纪 80 年代末期刚出现民工子弟学校现象时曾经出现过简陋的简易学校，到 90 年代中期后就不存在不合格的所谓"非法学校"及"黑学校"现象。根据 2007 年对 12 个城市民工子弟学校的调查，显示北上广中，广州以 293 所在数量上占据绝对优势，而且百分之百都有办学许可证（中央教科所，2008），上海 277 所学校中仅有 7 所获得办学许可证，北京 268 所学校中也仅有 63 所有许可证（中央教育科研所，2008）。广州市虽然给予民办学校办学的空间，但是地方政府给予这些承担弱势群体义务教育的民办学校的支持非常有限。因此民办学校的投入与运营是通过收取家长缴纳的义务教育阶段学费来保证学校的运转，因此其收费也是较高的。

五　不同的实践结果

从上面四个方面来分析，可见北上广三个城市在落实中央流动儿童教育政策的异同，同时不同城市也形成自己解决流动儿童教育的做法，形成了各具特色的城市模式。以下我们尝试对它们的模式进行概括与总结。

（一）北京模式：政策调控为主

在政府责任方面，北京市一级政府与上海不同，一直没有发挥积极的作用，而是通过模糊的政策及下放政策制定的层级，对流动儿童教育随着宏观政策与实际需要的变化而进行政策调控。

（1）市级政策模糊，依据宏观国家政策调控而灵活调整。

作为首都的北京对中央政策发布及理解敏感性较高，早在2002年就回应中央"两为主"原则（2001年），确定流入地政府责任，在"北上广"三个城市中是最早、最及时回应中央政策的城市。也早在2004年明确了政府责任中的经费保障机制。在中央提出实现基本公共服务均等化的目标时，流动儿童教育是常住人口公共服务均等化中重要方面，全社会给予高度重视，北京市也采取相对积极应对的政策。然而当"重视人口协调、资源环境协调发展、疏解非首都功能，推进京津冀协调发展"战略[1]占上风时，原本针对外来人口的"常住人口基本公共服务"战略就只能让位于人口调控的大战略或大背景。因此对待流动儿童的教育政策也随之调整。北京市利用模糊的空间政策更有利于扩大行使政策调控的空间。

---

[1] 中共中央、国务院印发《国家新型城镇化规划（2014—2020年）》，2014年3月。

(2) 流入地政府责任下移到区县与街道，从地方主义出发来解读与落实政策。

北京市作为流入地政府，于 2002 年确定了流动儿童教育责任由区县负责及乡镇参与执行。由于负责的层级是区县政府，北京市一级政府将流动儿童教育的统筹规划及经费承担等方面的责任都下放到区县政府。然而不同区县流动儿童的数量差异较大，在以区县负责的经费投入体制下，这就意味着接纳较多的流动儿童的财政责任，将由接纳的区县埋单。相对于市一级政府，区县政府的财政能力较为薄弱，同时还存在不同区县财政能力差异较大的现实。在以区县承担流动儿童的教育经费的前提下，往往容易出现地方保护主义的倾向，各区县常常采取各种手段，增加有形与无形的门槛以减少对非户籍儿童的接纳。区县政府往往从地方需求出发来进行政策调控，无法从社会公平视角去考虑底层农民工子女的教育需要。

(3) 政策模糊与权利下移增加了流动儿童接受义务教育的困难。

政策的模糊性与权力的下移不仅增加了流动儿童接受义务教育的隐性成本，同时也为执行政策部门的运作提供了潜在的权力空间。以入学借读为例，由于申请借读的单位是街道与乡镇，因此具体到执行的街道与乡镇时，还会有额外的要求。因此"五证"往往成了"七证"、"八证"，甚至"九证"（韩嘉玲，2008）。此外，即使具备"五证"、"七证"、"八证"，甚至"九证"后，还要通过接收学校的同意才能入学。北京市公立学校能够提供的学位信息也不透明，这一方面增加了流动儿童进入公立学校借读的信息不对称的情况，另一方面也为学校在招收非本市户籍学生过程中的内部权力运作提供了可行的渠道，即使证件齐全的流动儿童，也未必能够实现就近进入公立学校借读，学校往往以"学位已满"的理由将证件齐全的流动儿童家长拒之门外。总之，对于北京市的非京籍流动儿童申请入学就读公立学校是没有一个明确、透明的程序，在申请过程中的任何一个环节，对来自农村的流动儿童家庭来说，都存在隐性的门槛与不确定的因素。同时也为执行政策的部门提供了潜在的权力空间。

(4) 北京市通过模棱两可的策略来调控民工学校。

相比较上海的政策，北京一方面要求这类学校按照公办学校的标准，另一方面又"酌情放宽其他办学条件"。针对这类学校的管理要求，并没有制定专门的适合实际情况的具体规定。长期以来，北京针对民工子弟学校的审批、办学标准、管理一直没有明确的标准和政策。这一方面增加了民工子弟学校取得合法办学资格的困难，也不利于他们进行有章可循的办学条件的改善；另一方面这也为政府方面随时关停、取缔民工子弟学校提供了充分的权力运作空间，在政策环境强调流动人口公务服务均等化的节点时，审批了63所民工子弟学校。由于没有明确的标准，政府对民工子弟学校的关停具有完全的权力，因而民工子弟学校的生存与取缔完全掌握在地方政府手中。同时，拆迁、整顿、取缔民工子弟学校也是政府控制外来人口的辅助手段。因此2011—2013年每年的暑假前后上演一次又一次拆迁学校的新闻就不足为奇了（王羚，2011）。

北京对民工子弟学校的设立一直采取模棱两可的策略。在国家人口调控的新发展战略下，正是通过不透明的标准，可以将审批、拆迁学校做为人口调控的手段。

（二）上海模式：服务导向为主

（1）免费教育政策覆盖所有儿童。

上海模式下非沪籍流动儿童的入学以公办学校为主，民办公助学校为辅；公共财政全覆盖公办及民办学校的非沪籍流动儿童。免费教育政策的全覆盖，使得不能进入公立学校就读的儿童在民办学校也能获得公共财政补助。2008年之前，上海的流动儿童与北京一样面临进入公立学校借读不仅要满足多种证件的要求，此外还需要交纳借读费。2008年之后，进入公立学校的流动儿童不仅可以免交借读费，还可以享受"两免一补"的免费义务教育政策。无法进入公立学校的学生也能享受同样的公共财政的补助，公共财政全覆盖公办及民办学校的非沪籍流动儿童。

（2）公办学校通过多种渠道扩大接纳流动儿童入学。

上海市的的服务导向模式就是公办学校通过降低门槛、扩大班额及增建校舍尽可能地多接收流动儿童。服务导向体现在简化入学条件，从过去要提供多种证明到只要提供两证。这个举措说明了上海市改变了过去"以堵为主"的思路，认识到农民工子女接受教育的基本权益，提供了方便农民工子女就学的条件。服务导向还体现在尽可能以放宽班额与增建校舍等方式来增加公立学位以吸纳更多的非沪籍学生进入公办学校。这些做法都是基于将教育政策作为公共服务的导向来考虑而不是以经济发展或经济效益的思路来制定地方的教育政策。

（3）非沪籍儿童在流入地享受同等的基础教育

服务导向模式还体现了教育公平的理念，对于无法进入公立学校的非沪籍儿童也能尽量享受相同的基础教育服务。上海市从三个方面体现：a. 通过公共财政支持改造民工子弟学校办学条件，使得因公办教育资源确实不能满足而无法进入公立学校就读的流动儿童也有获得入学的机会，进入政府委托的民办学校就学。b. 通过公共财政的支持对这些委托办学的学校给予按学生人头数即生均公用经费的补贴，稳定了民办学校的教师队伍，提高教育教学质量，使得进入委托的民办学校的非沪籍儿童也能享受基本的教育质量。c. 对于不能进入公立学校的被统一安排到政府委托的民办学校就读的学生，也能获得流入地政府的公共财政补助，无需再缴纳任何费用，享受真正意义上的免费教育。

（4）市一级政府财政的投入与统筹是成功的关键

上海市目前主要形成了以市一级政府主导，将流动儿童教育基本纳入公共服务的模式来解决流动儿童在流入地的义务教育问题。在经费投入方面虽然以区县负责为主，但是市一级财政以转移支付的形式一直承担流动儿童教育的财政投入，从而有效地将流动儿童教育的费用纳入义务教育经费保障体制，这也是上海模式能成功运转的关键因素。

"上海模式"的一个最重要特点，是建立了市、区两级负担的财政投入模式。比起北京与广州，作为流入地的上海市一级政府承担了更多的政府责任。省市一级政府不仅在宏观政策制定、督导管理，特别是在财政上也承担一定的责任。这也是上海模式能实现真正的免费义务教育对流动儿童的全覆盖，这是"两为主"及"一视同仁"的原则得以较好落实的关键。

（三）广州模式：市场导向为主

（1）政府推卸责任，不作为，将政府责任推给市场。

广州模式形成以市场为主，政府解决为辅，探索多形式办学模式，形成对民办教育的路径依赖。首先是回避作为流入地政府的责任。虽然早在2001年中央已经颁发了"两为主"政策的文件，但是作为重要农民工流入地的广州市一直采取了回避的方式，不承担作为流入地政府应该承担的责任。换言之，将原本应该由流入地政府承担的责任推给市场。

广东省针对"两为主"原则，虽然回应了中央要"按照以公办学校为主、以常住地为主"的要求，但采取以"多种形式解决非户籍常住人口子女义务教育问题，积极鼓励社会力量参与承担非户籍常住人口子女义务教育"。在此背景下，广州市也对中央的政策采取冷处理或消极不作为，以致政府责任无法落实，公立学校筑起了入学的高墙。流动儿童的入学难状况使他们的入学模式成为"以市场为主，政府解决为辅"，形成对民办教育的路径依赖。

（2）市场化程度高有利于民办学校的发展。

作为改革开放前沿地的广州市，在沿海城市中商品经济较发达，同时市场化程度较高。早在20世纪90年代初期，广州市的经济迅猛增长，第三产业崛起。为了满足市场的急迫需求，而滋生了许多迎合新知识、新技术的培训场所，在羊城"一股股奔腾的车流"所形成的第三次交通高峰，涌向各种培训学校，各种"民"字号学校应运而生（蒋志敏，1993）。以市场为导向对教育的需要也推动着教育产业化的发展。广州市民办学校的数量、规模与发展走在全国前列。

（3）广州形成相对成熟的民办办学体制。

广州的民办学校市场化程度较高，以企业经营运作学校，收费高。在公立学校高门槛的阻隔下，绝大多数生源只能选择民办学校，充沛的生源为民办学校的生存与发展奠定了良好的基础，也使企业资金有意愿投入民办学校的创办，这使广州的民办学校的办学条件有了一定的保障。由于民办学校的投入是通过收取家长缴纳的义务教育阶段学费来保证学校的运转，因此其收费也是较高的。广州市的相关政策与配套措施有利于民办学校的发展，促进了较成熟的民办办学体制。在北上广中，广州接收流动儿童的民办学校都拥有办学资格，这些学校都具备企业化及专业化的管理，师资水平有一定的保障。广州市的民工子弟学校中没有简易学校，都是合格学校。这些合格学校的投入主要是依赖学生缴费来运转的，因而广州打工子弟学校的收费情况在北上广中是最高的。

（4）市场需求成为决定子女入学的重要条件。

由于市场需求成为决定人才落户的重要条件，父母在市场上的需求排位决定子女进入公立学校的次序。2010年出台的文件，虽然展示了要"逐步提高来穗务工就业农民工子女入读公办学校的比例"，然而对于非户籍儿童的入学条件还是根据市场原则"要根据我市优化产业布局和产业结构的需要，重点鼓励技能型优秀外来工入户，引导广大外来工积极提升技能，培养壮大技能人才队伍，优化广州市劳动力结构和布局"。采取区别对待、优先次序原则，政策仅仅惠及"优秀外来工子女"。"凡获得广州市及各区（县级市）政府授予优秀称号的外来工，其子女可优先申请在公办义务教育学校就读"。

无论是积分制入户政策以及积分制入学政策，都是一种根据父母的身份地位条件而制定的差别化入学政策，也就是对流动儿童的家长的社会地位及能力的进行排序（ranking），排序的高低是从市场需要来定位，所谓的"优秀外来工"是基于"优化我市劳动力结构和布局"出发，来确定"优秀外来工"的标准，甚至制定具体的工种类型，只有具备这些条件的人，才能被确定为"优秀外来工"。积分制更是依据学历、年龄及技能等规定的具体的分值。在积分制入学的原则下，人的价值与商品一样被市场需求所规定。

六　结论

从北上广三地实践经验的比较可以看出，不同的流入地政府根据自身不同的治理方式形成了一个有别于中央以公平导向的公共政策。逐渐形成了北京市的政策调控模式，上海市的服务模式（2008—2013年）以及带有珠三角特点的广州市市场模式。

从1998年到2013年之前，各地的实践经验给我们留下不少启示：

（一）公共政策的公正性与普惠性原则，更要考虑最底层群体的利益最大化

上海的简化进入公立学校的门槛，只要求两证：身份证明、就业证明或住所证明，意即只要在流入地工作或居住生活，就为当地贡献了税收收入，不论其缴纳税收多少，都是流入地的纳税人，其子女应该享受与户籍人口纳税人同样的接受流入地义务教育的权利。

上海的实践经验说明，降低入学门槛并没有使得流动儿童盲目涌入来分享上海的优质教育资源。但是这样的作法却使得流动儿童的受教育权利不会受到影响，并方便了农民工子女接受基本的教育，使更多流动儿童能接受有质量的免费义务教育。广州以市场主导的路径，虽然是解决流动儿童教育问题的有效途径，然而对于处于大城市最底层的农民工子女接受义务教育，却让他们自己掏钱买公共服务的做法，显然是对公共产品公正性与普惠性的一大讽刺。

义务教育政策作为国家重要的公共服务，制定时应该遵循公正性、普惠性、劣势者利益最大化等基本原则，而不是通过制度障碍来排斥弱势底层群体的教育权利，公共政策制度的顶层设计，不允许成为贫困代际传递的催化剂。

（二）建立流入地省/市一级统筹的财政保障机制

目前我国以区、县为主的地方负责的义务教育财政体制，带来了地区与城乡之间义务教育阶段的财政资源的不均衡，这种不均衡现象在城市的区县内也同样存在。在流动人口聚集的区县，即城乡接合处的区县存在着接收流动儿童的巨大压力，也增加了地方财政的负担。为此，可考虑建立流入地市、区各级政府分担的财政机制，使各级政府共同分担流动儿童的教育责任，为农民工子女接受平等的义务教育提供充足的资源。特别是省、市一级政府拥有更多的地区的财政来源，应统筹从工商税及房租中征收部分教育附加费，以确保流动儿童教育经费的投入。

同时流入地政府必须改变"仅提供户籍人口"这种过时的思路，也应包括对本社区做出贡献的居民，将流动人口纳入公共服务的对象。流动人口以辛勤的劳动，低廉的工资，为流入地降低财政支出。他们为流入地的城市建设、经济及社会发展做出了一定的贡献。因此，流入地政府必须将他们的社会服务包括子女教育的教育经费纳入财政预算的总体规划中。

上海以服务为导向，对流动儿童采取普惠式的基本教育提供，其成功正是在于市一级财政的支持与统筹，使得上海做到全覆盖流动儿童的免费教育。北京市作为首善之区，不仅位于全国教育资源的制高点，同时财政经费充裕；然而北京却长期存在为数不少的校舍简陋、教育质量低下的"非法"未经审批的民工子弟学校的怪现象。这一方面是由于北京的城市功能存在政治因素压倒一切的情况，使它无法从公共政策的视角出发。此外，北京市一级统筹与财政的支持力度不够，各区县政府从自身利益出发，无法认识到流动儿童教育政策的社会意义。

上海市的经验值得学习和推广。市级财政逐年增加对专门招收随迁子女学生的民办学校的生均经费，由2008年的每人每学年2000元逐渐增加到2016年的6000元。经费原则上由市级和各个区县财政对半承担，这在一定程度上化解了区县政府的财政投入压力。

（三）顺应城市化及人口流动的大趋势，确定以常住人口为基础的入学原则

随着我国经济几十年的高速发展，城市化与人口流动是必然的趋势。长期以来根据户籍人口来制定的城市基本公共服务与基础设施存在不足与短缺的现象。上海市服务导向的经验即是认识到"原来以户籍人口为基础规划，人口的大量导入导致公办教育资源缺量增大"，"为解决城郊接合部和郊区集镇教育资源不足问题，上海要求郊区根据常住人口状况及未来增长情况，重新修订教育资源配置规划，新建公办学校"。上海有效的解决方式即是通过科学地预测人口，调整城市规划，增加公共服务和基础设施的供给，顺应人口流动和快速城市化的大趋势。

2006年新修订的《义务教育法》再次明确流入地政府对流动儿童教育的责任。但是，新《义务教育法》中"儿童就近入学"指的是户籍所在地的就近入学，还是没有突破以户籍为主的入学原则。针对户籍不在所在地的儿童入学，虽然明确了流入地政府"提供平等接受义务教育的条件"的责任，但是相关的户籍管理制度、教育财政拨款和管理制度并没有进行相应的变革，从入学到经费保障等关键问题如何落实，则交由省、自治区、直辖市规定。因此，经过整整20年才重新修订的新义务教育法，面对我国城市化大背景，全国流动儿童的规模不断扩大的趋势，依旧没有突破以户籍为主的入学原则，还是采用模糊的原则性的条文，仍然没有从法规上突破流动儿童入学的制度壁垒。这是将流动儿童教育问题另案处理，没有将流动儿童教育主流化。

因此唯有改变以居住人口而非户籍人口的学校布局管理，确定以常住人口为基础的入学原则，才能从根本上将流动儿童的分布充分纳入教育规划的考虑中。才能解决教育资源供求关系的结构性失调问题。

（四）大城市对城市化与人口流动认识不足，从控制人口总量的观念出发，阻碍了流动儿童受教育的平等权利

在国家两为主的政策下，我国多数城市在接纳非户籍儿童入学上，做出了很多的努力。目前流动儿童入学难的问题，主要反映在"北上广"这类超大城市及经济发达的省会城市。这些大城市多从负面角度看待人口迁移所造成的社会影响，从控制人口总量的观点出发，采取保守的、封闭的地方保护主义，对流动儿童采取有限制的接纳，形成了一些不利于流动儿童在城市接受教育的错误观点：认为流动儿童的大量涌进将会抢占城市户籍人口的优质教育资源，会形成所谓的"洼地效应"，并影响降低城市户籍人口的教育质量。上海的经验说明，降低公立学校入学门槛，全覆盖流动儿童的免费教育并没有形成所谓"洼地效应"，流入地政府所担心的大量而盲目的学生涌入上海的现象并未产生。

长期以来我国城乡二元体制的社会结构以及城乡之间的差距，社会中普遍形成了"城市文明而农村落后"的思维定势。这使得城市的管理者以及城市户籍人口都采取居高临下的优越态度来看待从农村进城的农民工。以积分制为基础的入学标准，是大城市从经济发展贡献论的角度来选择所谓高质量的人口的子女优先入学的歧视性作法。农民工及其子女长期被视为"低端人口"，因此大城市优先考虑的是高学历、高"素质"、高收入人口的子女优先入学。甚至从治安的角度、防止犯罪的角度对流动人口进行管理，而不是从教育城市建设者的高度来考虑他们的子女教育问题，往往以施舍、俯视的角度来对待流动儿童教育。经费支持也是在保证城市户籍人口高质量、高标准的教育规划后，从剩余经费中划拨给流动儿童。

随着我国老龄化的加速，中国在2010年已提前进入深度老龄社会，大城市正在面临日益严重的老龄化和即将到来的劳动力短缺。从小就生活在城市中的农民工第二代是大城市未来的建设者，应从新市民的高度来看待他们。

在人口调控的国家发展战略下，上海、长三角及发达地区大城市原本逐渐宽松的入学限制又趋于收紧，受影响最大的就是最底层的流动儿童。"北上广"不同的模式急聚向积分制靠拢，其中原本以服务为导向的上海模式，从无门槛的入学政策，到采取了广州模式的积分制入学政策，明确了以"合法稳定就业、合法稳定居住"为基本条件，完善权责对等、梯度赋权的随迁子女公共教育服务制度，提高了来沪人员随迁子女入学的门槛。[1] 因此，流动儿童教育主流化，要求从公民的角度、流动儿童基本权利的角度来对待，将流动儿童教育纳入城市总体教育规划中，形成有利于政策执行的外在环境，才能进一步形成公正的政策制定与执行，才能有助于流动儿童教育问题的根本

---

[1] 上海市人民政府办公厅转发市教委、市发展改革委、市人力资源社会保障局、市公安局等四部门共同颁发的《关于来沪人员随迁子女就读本市各级各类学校实施意见的通知》〔沪府办发〔2013〕73号〕。

解决。流动儿童接受义务教育是法律确定的基本人权,保障这一权益是政府依法行政的基本责任,不能因人口控制而绑架和损害流动儿童接受教育的权利。

参考文献

崔世泉、王红:《建立农民工子女义务教育经费保障机制的思考——以广州市为例》,《教育发展研究》2012 年第 7 期。

戴双翔:《广州市教育规划研制中的流动儿童义务教育政策分析》,《教育导刊》2010 年第 10 期。

韩嘉玲:《城市边缘的另类学校——打工子弟学校生存与发展的机制》,载孙霄兵主编《中国民办教育组织与制度研究》,中国青年出版社 2003 年版。

韩嘉玲:《北京市公立学校中流动儿童的义务教育现状》,载景体华主编《2005 年中国首都发展报告》,社会科学文献出版社 2005 年版。

蒋志敏:《走向市场的"证书"教育——广州社会力量办学纪实》,《瞭望周刊》1993 年第 7 期。

陆杰华、李月:《特大城市人口规模调控的理论与实践探讨——以北京为例》,《上海行政学院学报》2014 第 1 期。

上海市教委:《上海市实施进城务工人员随迁子女义务教育三年行动计划带来五大变化》,2010 年。

王羚:《取缔 VS 规范:北京打工子弟学校生存之痛》,《第一财经日报》2011 年 8 月 17 日。

中央教育科研所课题组:《进城务工农民随迁子女教育状况调研报告》,《教育研究》2008 年第 4 期。

中国农民工养老保险的
历史路径与前景展望

林 宝[*]

随着改革开放事业的不断推进，人口流动规模不断扩大，农民工已经成为中国社会发展进程中的一支重要社会力量，2014年全国农民工总量达到了2.74亿人，其中，离乡外出农民工的总量达到了1.68亿人（国家统计局，2015）。如何解决农民工的社会保障问题，不仅关系到我国新型城镇化、全面建设小康社会等重要战略部署的成败，同时也关系到整个社会的公平正义。但是，当前农民工的社会保障状况不容乐观，2014年外出农民工的养老保险参保比例仅为16.7%，医疗保险参保比例也仅为17.6%（国家统计局，2015）。应该说，较低的农民工社会保险参保率有其深刻的历史原因，并且昭示着农民工的养老保障在未来可能产生一系列问题。为了更深入地理解农民工养老保障问题，本文将从农民工养老保障问题产生的历史背景入手，分析农民工养老保障制度的发展路径，进而以历史的视角分析其存在的问题，并对其未来发展前景进行展望，对农民工养老保障的出路进行探讨。

一 农民工养老保障问题产生的历史背景

中国农民工养老保障问题的产生，主要是因为在传统的城乡二元体制下，社会保障制度也存在明显的二元结构，随着改革开放不断推

---

[*] 林宝，男，中国社会科学院人口与劳动经济研究所研究员。

进而出现的大规模人口流动，对传统二元结构造成了直接的冲击，但二元社会保障制度并没有对此做出及时和必要的反应，从而导致农民工与其他城镇从业者的养老保障仍然存在制度分割，保障状况差异显著。

（一）二元社会保障体系：农民工养老保障问题产生的历史根源

在改革开放以前，中国的社会保障制度是一种典型的城乡二元结构，即在城市和农村地区的社会保障制度安排大为不同。作为社会保障制度的一个重要组成部分，养老保险制度长期只在城市地区实施，直到近几年新型农村养老保险制度的实施情况才有所改观。也就是说，长期以来，在城市地区有一个养老保险制度覆盖所有劳动人口，而在农村，老年人的养老支持几乎全部依靠他们自己及家人。这种不同的制度安排造成了城乡人口在社会保障权利上存在明显的差别。

回顾中国养老保险制度的发展历程可以发现，在改革开放以前，中国的养老保险制度虽然历经多次变革，但从未覆盖农村人口。中国制度化的养老保险制度安排是从1951年发布《劳动保险条例》开始，但只覆盖到100人以上的国有企业。1953年，该条例修订后将覆盖面扩大到其他国有企业，两年后，又建立了机关事业单位人员的退休金制度。当时，城镇养老保险制度包含两部分，一部分针对工人，另一部分针对机关事业单位人员。1958年，养老保险被从《劳动保险条例》中独立出来，国务院发布了《关于工人、职员退休处理的暂行规定（草案）》，将企业和机关事业两个相对独立的养老保险办法进行了统一。至此，一种确定收益型的现收现付养老金制度基本建立，该制度基本上覆盖了城镇所有劳动就业人口。1978年国务院发布了《关于安置老弱病残干部的暂行规定》和《关于工人退休、退职的暂行办法》，对公共养老金制度重新进行了调整，重新确立了对干部和工人分别实施不同制度的做法。在中国农村，家庭一直是养老支持的主要力量。在1982年出台旧农村养老保险制度以前，农村没有真正意义上的养老保险制度。唯一带有养老保障意义的"五保"制度更多意义上是一种社会救济，其覆盖的仅为无劳动能力、无生活来源、无法定赡养人的老人，范围十分有限。因此，长期以来，大部分农村人口没有任何社会养老保障。

改革开放以后，城乡二元社会保障体系实际上也一直存在。在城镇，针对工人的退休制度几经演变成为今天城镇职工基本养老保险制度，针对干部的退休制度延续至今成为机关事业单位人员退休制度，直到最近才开始二者的并轨；在农村，尽管1982年出台了旧农村养老保险制度，但是由于该制度没有社会统筹机制，激励作用有限，因此参与的人非常少，不是一个成功的制度。直到2009年新型农村养老保险制度实施之后，农村才真正有了社会养老保险制度，但总体上城乡养老保障制度仍然分立。2014年2月，国务院发布了《关于建立统一的城乡居民基本养老保险制度的意见》，决定将新型农村养老保险和城镇居民养老保险两项制度合并实施，在全国范围内建立统一的城乡居民基本养老保险制度。城乡居民养老保险制度的建立，是突破城乡二元社会保障体系的重要一步，但由于城乡就业人口仍然适用于不同的养老保险制度，城乡养老保障的二元性依然存在。

中国二元社会保障体系是以城乡二元经济社会结构为基础的。二元社会保障体系是适应当时国家推进工业化的需要而形成，与二元经济社会结构相适应，受到传统计划经济体制的直接影响（李迎生，2002）：首先，经济发展水平低，无力为庞大的农村人口提供社会保障，只能将农民的养老保障交给土地和传统的家庭保障方式；其次，优先发展工业和城市的发展模式将大部分资金投入再生产，只能通过牺牲农村居民社会保障权利的方式优先覆盖城镇劳动者，以便快速实现社会主义积累和工业化；最后，新中国成立后为适应当时的工业化路线而配套出台的一系列城乡分割的社会政策，是城乡二元保障体系得以延续的重要基础。其中，严格的户口登记制度是各种城乡分割的社会政策中存续时间最长、影响最大的制度。在此制度下，人口被区分为"城镇户口"和"农村户口"两类人群，改变户口状况变得异常艰难，尤其是从农村户口变为城镇户口。同时，工作和生活的许多事项如就业、社会保障等均与"户口"挂钩，人口流动十分困难。这种限制人口流动的制度安排，使人们就业和居住地固化，只好各安其命，城乡二元社会保障体系的长期存续也变得顺理成章。

（二）人口流动：农民工养老保障问题产生的直接推手

大规模人口流动的出现对二元社会经济结构产生了巨大的冲击，也对二元社会保障体系提出了直接的挑战。在20世纪80年代中期以后，随着户口登记制度和人口流动管制的逐渐放松，人口流动越来越频繁。特别是在最近的20年里，流动人口增长更为迅速。根据第六次全国人口普查数据公报，大陆31个省、自治区、直辖市的人口中，居住地与户口登记地所在的乡镇街道不一致且离开户口登记地半年以上的人口为2.61亿人，其中市辖区内人户分离的人口为3996万人，不包括市辖区内人户分离的人口为2.21亿人。同2000年第五次全国人口普查数据相比，居住地与户口登记地所在的乡镇街道不一致且离开户口登记地半年以上的人口增加1.17亿人，增长81.03%（国家统计局，2011）。农民工是流动人口的主力，且一直保持较快增长。2014年，全国外出农民工为1.68亿人，较2010年增加约1500万人（国家统计局，2015）。

农民工在数量增长的同时，还出现了几个十分重要的趋势：一是越来越多农民工的工作趋向正规化。在早期阶段，由于正规工作部门不对农民工开放，所以他们只能在非正规部门就业。但是随着正规部门的逐渐开放和劳动力市场的逐渐规范，农民工的工作越来越趋向于正规化。到2014年，与雇主或单位签订了劳动合同的农民工比重为38%（国家统计局，2015）。二是农民工在城市停留的时间越来越长。早期外出的农民工大多离乡距离很短，很多需要兼顾农业生产，经常在城乡之间做摆钟式的流动，随着时间的推移，越来越多的农民工不再返回农村从事农业劳动，成为真正的产业工人。研究发现，在流入地居住5年以上流动人口1987年为700万人，到2000年增长至3400万人，2005年进一步增长到4600万人（段成荣等，2008）。根据2012年全国流动人口动态监测数据，超过三成的流动人口在居住地生活时间达5年以上（国家人口和计划生育委员会流动人口服务管理司，2012）。三是农民工在劳动力市场的地位更为重要。从2004年开始，在东部沿海地区已经出现了"民工荒"现象，此后"民工荒"逐渐向更大范围扩展，中国进入了"刘易斯转折点"（蔡昉，2010），劳动供给实现了从无限供给向有限供给的转变，这意味着农民工在劳动力市场上处于一个更为有利的地位。此外，这一时期随着我国社会主义法制建设进程的不断推进和农民工自身的成长，农民工的权利意识也逐渐增强。

这几个不断增强的趋势更加凸显了二元社会保障制度无法适应农民工就业身份转变的问题，使农民工社会保障问题越来越突出：农民工向产业工人的转变使他们逐渐具备了工人一样的社会保障需求，而权力意识的增强则使他们充分地意识到这种需求，并在社会保障权利上也开始有所主张，而就业的正规化则使他们具备了主张社会保障权利的机会和条件，劳动力市场上地位的变化使得农民工的社会保障权利主张逐渐得到重视。也就是说，在二元社会保障制度的大背景下，人口流动直接将农民工就业与保障的分离状况凸显出来，形成了农民工的社会保障问题。因为人口流动趋势的不断加强和农民工就业地位的不断攀升，社会保障体系也必须对此做出反应，进行新的变革。

二　农民工养老保险发展的历史路径

为了适应人口流动和劳动力市场的变化，一些地方政府开始将农民工问题纳入社会保障制度体系，但各地的制度设计存在较大差异，在中央层级也是随着2010年《社会保险法》的颁布实施，才最终明确了农民工参加基本职工养老保险的政策方向。考察中国农民工养老保险制度的发展，明显经历了一条自下而上、由分到合的发展路径。自下而上是指具体的农民工养老保险制度先从地方开始建立，进而才在中央明确具体的制度方向和框架；由分到合是指农民工养老保险制度逐渐从区域分割、各有不同走向全国统一、渐归一体的制度框架。

（一）地方政府实践：五种典型模式

从20世纪90年代末期开始，一些地方政府尤其是东部沿海的一些流动人口较多的地方政府陆续将农民工纳入制度化的社会保障制度安排。广东省作为中国流动人口最多的省份，是第一个立法规定农民工养老保险制度的省份，而深圳市是中国流动人口占比最高的移民城市，也是第一个通过立法规范农民工养老保险制度的城市。1998年9月18日，广东省人大常委会通过了《广东省社会养老保险条例》，并于当年11月1日施行。该条例明确规定，"本条例适用于我省行政区域内下列单位和人员（以下统称被保险人）：（一）所有企业、城镇个体经济组织和与之形成劳动关系的劳动者；（二）国家机关、事业单位、社会团体和与之建立劳动合同关系的劳动者"。这一规定与先前出台的社会保障制度以户籍为识别标志不同，涵盖了在本行政区域内城镇就业劳动者，将本地和外来农民工均作为参保对象，使农民工有机会参与城镇社会养老保障制度。其后，深圳市于当年10月27日通过了《深圳经济特区企业员工基本养老保险条例》，于1999年1月1日起施行。该条例尽管规定了镇、街道办事处"三来一补"企业的非深圳户籍员工、股份合作公司和村办企业的非深圳户籍员工等几种不适用的情形，但还是为其他非深圳户籍员工参加基本养老保险打开了大门，为农民工参加城镇基本养老保险提供了明确的法律依据。此后，天津（1999年）、北京（2001年）、上海（2002年）、成都（2003）、郑州（2004年）、杭州（2006年）、重庆（2007年）等地也陆续出台了解决农民工养老保险问题的相关政策，但各地的做法大不相同。以省为单位出台的农民工养老保险制度为了照顾省内地区差异，往往并不十分具体，同时给下属行政区较大的自主权，因此在政策落实时，省内不同地区也会表现出明显差异性。相对而言，各城市政府出台的制度设计往往更为具体且具有区域内统一的特征。概括起来，从与城镇企业职工基本养老保险制度相比较的角度分析，各地在探索农民工养老保险制度的过程中出现了五种较为典型的模式。①

1. "完全"城保模式

这种模式即直接让农民工参加城镇企业职工基本养老保险，农民

---

① 关于中国农民工养老保险的模式有不同的总结，如应永胜（2009）将其分为独立型、综合型、纳入型三种类型，李晓云（2008）分析了北京、深圳、杭州和重庆四种模式。考虑到农民工养老保险制度最终融入了城镇职工基本养老保险，因此本文的分类是从与城镇职工基本养老保险制度相比较的角度来进行的，与其他的分类有所不同。

工与本地户籍的城镇企业职工采用完全相同的制度，缴费水平和待遇确定方式均实现无差别化。深圳和郑州均采用了这一模式。

深圳市农民工养老保险制度实际上也有一个发展的过程，1998年通过的《深圳经济特区企业员工基本养老保险条例》虽然允许农民工参加城镇基本养老保险，但并未对户籍与非户籍员工实现同等参保条件和待遇水平，不能算是严格意义上的城保模式，不过该条例很快在2000年就进行了修订，删除了有关户籍的种种差别条款，真正实现了本市户籍与非本市户籍员工的无差别参保。在1998年通过的条例中，户籍仍然是一个重要的身份标识，本市户籍和非本市户籍员工的养老金缴费水平和待遇均有所差异。2000年修订的《深圳经济特区企业员工基本养老保险条例》中，则将适用范围扩展至特区内的企业（包括企业化管理的事业单位、民办非企业单位）及其员工，基本实现了本市户籍和非本市户籍员工在缴费水平和养老待遇上的一致，真正让农民工可以无差别地直接参加城镇基本养老保险。根据当时规定，基本养老保险费缴费比例为员工缴费工资的13%，其中员工按本人缴费工资的5%缴纳；企业按员工个人缴费工资的8%缴纳。缴纳养老保险费以员工的月工资总额作为缴费工资。但员工月工资总额超过本市上年度城镇职工月平均工资300%，超过部分不计征养老保险费；员工的月工资总额低于本市上年度城镇职工月平均工资60%的，按本市上年度城镇职工月平均工资60%计征养老保险费。养老金由"基础性养老金+个人账户养老金"构成，基础性养老金按退休时上年度本市城镇职工月平均工资的20%计算；个人账户养老金按退休时个人账户积累额的1/120计算。由于2005年国发[38]号文对城镇基本养老保险的缴费水平和待遇计算方式等均有所变化，2006年深圳市对《深圳经济特区企业员工基本养老保险条例》进行了再次修订，也相应调整了基本养老保险的缴费率和待遇计发方式，并且为了促进农民工参保，在确定缴费标准工资时，规定非本市户籍员工的缴费工资不得低于本市月最低工资。2013年1月，《深圳经济特区社会保险条例》取代《深圳经济特区企业员工基本养老保险条例》，继续把农民工纳入城镇基本养老保险制度之中。

与深圳市略有不同，郑州市虽然政策出台的时间稍晚，但是从一开始就明确将农民工纳入城镇企业职工基本养老保险制度，实行与城镇职工同等的社会养老保险待遇。2004年3月，郑州市人民政府发布了《关于农村劳动力转移就业后参加我市社会养老保险工作的实施意见》，明确规定："农民工转移到我市就业后，应依法纳入社会养老保险范围，执行我市企业职工社会养老保险政策，与同类型城镇企业职工享有同等的社会养老保险待遇。"郑州市规定，农民工参加养老保险的缴费工资基数为上年度实际工资，但不能低于上年度社会平均工资的60%；缴费率与其他城镇就业职工相同；农民工参保缴费后，个人缴费年限累计满15年（含15年）及其以上者，退休后按月享受基本养老待遇；个人缴费年限累计不满15年的，退休后其个人账户储存额一次性支付给本人。郑州市的制度设计中，实现了农民工与城镇职工参保条件、缴费水平和养老待遇确定方式的无差别化。

采用"完全"城保模式在制度上实现了农民工与其他城镇职工参保的同等条件和同等待遇，客观上有利于农民工融入当地社会养老保险体系和保障农民工的社会保障权益，但对低收入的农民工而言，无差别的参保条件也在一定程度上成为制约其参保的因素。

2. "双低"城保模式

这种模式是让农民工参加城镇企业职工养老保险，在养老金构成、缴费和支付等方面均采用了城镇基本养老保险的制度架构，但农民工的缴费水平和待遇水平比城镇职工更低。这一模式以杭州市最为典型。

2006年11月，杭州市政府办公厅发布了《杭州市农民工基本养老保险"低标准缴费低标准享受"试行办法》。该文件规定，符合参加杭州市职工基本养老保险条件的各类企业中收入偏低的农民工可自愿申请按"双低办法"参保缴费，职工个人缴费基数按本人上年度月平均工资计算，职工上年月平均工资低于全省职工月平均工资60%的，按全省职工月平均工资60%核定缴费基数，职工个人缴费比例为5%，单位缴费基数按职工基本养老保险统一办法的规定执行，缴费比例为14%。按"双低办法"参保缴费人员的个人账户按本人缴费基数的 5% 记入。按"双低办法"参保缴费人员到达法定退休年龄时，缴费年限满 15 年的，从其办理退休手续的次月起，可以按月领取基本养老金。基本养老金由基础养老金和个人账户养老金组成。基础养老金月标准按职工基本养老保险统一办法计算后乘以计发系数确定；个人账户养老金按职工基本养老保险统一办法计算。计发系数 = ［按统一办法缴费年限 + Σ（按双低办法缴费年度企业实际缴费费率/按双低办法缴费年度企业正常缴费）］/全部缴费年限之和。按"双低办法"参保缴费人员到达法定退休年龄时，允许将"双低办法"的缴费年限折算为职工基本养老保险统一办法缴费年限。折算办法为"双低办法"缴费年限 × 0.678。自 2011 年 7 月 1 日起，杭州市在主城区停止执行农民工"双低办法"，统一实行城镇职工基本养老保险的参保缴费办法，并规定：主城区范围内已参加农民工"双低"养老保险的人员，可按职工基本养老保险参保缴费办法补缴个人账户差额。对不愿意按职工基本养老保险参保缴费办法补缴个人账户差额的人员，其农民工"双低"养老保险个人账户予以保留，到达法定退休年龄时按农民工"双低"养老保险缴费年限 × 0.678 的系数折算职工基本养老保险缴费年限。[1]

杭州市虽然采用了城镇基本养老保险的制度架构，但是在缴费侧采用了低缴费水平，在支付侧则采用低标准待遇水平，这一模式一方面客观上有利于降低农民工参加职工基本养老保险制度的门槛，但另一方面由于将农民工的参保年限打折，实际上削弱了农民工作为低收入群体与高收入群体之间的共济性，降低了对农民工的吸引力。

3. "单侧"城保模式

这种模式即在养老保险的某一侧（通常是缴费侧）模仿了城镇职工基本养老保险的制度架构，在另一侧（通常是支付侧）则采用了完全不同于城镇职工基本养老保险的做法。在这种模式中，天津和北京的做法较为典型。

---

[1] "农民工统一执行职工基本养老保险"，杭州市人力资源和社会保障网，http://www.zjhz.lss.gov.cn/html/wsbs/lstd/nmg/shbx/30668.html。

天津市劳动和社会保障局 1999 年 6 月发布的《关于农业户口从业人员参加城镇企业职工养老保险有关问题的通知》明确提出，凡本市行政区域内的各类城镇企业（含个体经济组织，以下简称用人单位）招用的农业户口从业人员，应参加本市城镇企业职工养老保险。用人单位按照农业户口从业人员个人缴费基数之和的 14% 缴纳。农业户口从业人员按照本人实际工资的 6% 缴纳，此后随着企业职工缴费比例统一调整，最终达到 8%。社会保险基金管理机构为农业户口从业人员按其缴费基数的 11% 建立基本养老保险个人账户。农业户口从业人员达到国家规定的退休年龄（男年满 60 周岁，女年满 50 周岁）时，可以享受一次性养老保险待遇，并由所在区、县的社会保险基金管理机构审核后一次性发给本人。其待遇由两部分组成：（1）个人账户储存额及利息一次性支付给本人；（2）按其实际缴费年限，缴费每满一年（按满 12 个月计算），发给相应缴费年份本人月缴费基数的 50%。

北京市于 2001 年 8 月出台了《北京市农民工养老保险暂行办法》，规定凡本市行政区域内的国有企业、城镇集体企业、外商及港、澳、台商投资企业、城镇私营企业和其他城镇企业，党政机关、事业单位、社会团体，民办非企业单位，城镇个体工商户（以下称用人单位）和与之形成劳动关系、具有本市或外埠农村户口的劳动者（以下简称农民工），应当依法参加养老保险，缴纳养老保险费。养老保险费由用人单位和农民工共同缴纳。用人单位以上一年本市职工月最低工资标准的 19%，按招用的农民工人数按月缴纳养老保险费。农民工本人以上一年本市职工月最低工资标准为基数，2001 年按 7% 的比例缴纳养老保险费，此后随着企业职工缴费比例进行统一调整，最终达到 8%。社会保险经办机构为农民工按缴费工资基数的 11% 建立养老保险个人账户。农民工必须达到国家规定的养老年龄（男年满 60 周岁，女年满 50 周岁），方能领取基本养老金。基本养老金暂按享受一次性养老待遇处理，其待遇由两部分组成：（1）个人账户存储额及利息一次性全额支付给本人。（2）按其累计缴费年限，累计缴费满 12 个月（第 1 个缴费年度），发给 1 个月相应缴费年度的本市职工最低工资的平均数，以后累计缴费年限每满一年（按满 12 个月计），以此为基数，增发 0.1 个月相应缴费年度的本市职工最低工资的平均数。

天津市和北京市均根据当时城镇职工基本养老保险制度的基本架构设计了农民工养老保险制度的社会统筹和个人账户相结合的制度模式，在缴费侧虽然缴费基数和缴费率较城镇基本养老保险略低，但基本沿袭了城镇基本养老保险的做法，在支付侧虽然也将待遇分成了两部分，但基础养老金的待遇计算方法和支付方式上则与城镇基本养老保险制度完全不同。这种模式在参保缴费基数上以最低工资为标准，客观上降低了农民工的缴费水平，有利于农民工的参保，同时考虑到农民工就业的不稳定性，在支付上采用了一次性支付的方式，在当时的制度环境下，提高了农民工养老保险的便携性和灵活性，但与此同时这种支付方式也给农民工带来了"便携性损失"和保障性损失（一定程度上丧失了社会保障的作用）。

4. 个人账户模式

这种模式即在农民工养老保险制度中只引入了类似城镇职工基本养老保险制度个人账户的部分，基本没有社会统筹，是一种完全积累制的养老保险制度。这一模式以重庆较为典型。

重庆市于 2007 年 5 月印发了《重庆市农民工养老保险试行办法》，规定本市行政区域内的各类用人单位及其招用的农民工适用本办法，并明确农民工是指具有农村居民户口，在国家规定的劳动年龄内，与各类用人单位形成劳动关系（包括事实劳动关系）的人员。农民工养老保险费由用人单位和农民工共同缴纳，农民工养老保险缴费基数按照本人上年度月平均工资总额核定，用人单位缴纳农民工养老保险费，以本单位属于参保缴费范围的农民工缴费基数之和乘以 10% 计缴；农民工个人缴纳农民工养老保险费，以本人缴费基数乘以 5% 计缴。建立农民工养老保险个人账户，个人账户规模为农民工缴费基数的 14%，其中，5% 为个人缴费部分，9% 为用人单位缴费划转部分。建立农民工养老保险共济基金。共济基金主要从用人单位缴纳的农民工养老保险费中，按农民工缴费基数的 1% 划入；用于个人账户资金不足时农民工养老保险待遇的支付。参加了农民工养老保险的农民工，男年满 60 周岁、女年满 55 周岁，实际缴费累计满 180 个月（15 年）及以上的，经参保地社会保险经办机构审核、劳动保障行政部门审批后，由参保地社会保险经办机构从批准之月起按月发给农民工养老金。养老金标准为：个人账户累计储存额/计发月数（计发月数比照同期城镇企业职工基本养老金计发月数执行）。参加了农民工养老保险的农民工，男年满 60 周岁、女年满 55 周岁时，实际缴费累计不满 180 个月（15 年）的，由参保地社会保险经办机构将其个人账户累计储存额一次性支付给本人，同时终止农民工养老保险关系。

重庆市的农民工养老保险制度由于完全采用了个人账户模式，实际上类似于一种强制储蓄，尽管建立了共济基金，但规模很小，只是用于个人账户不足时的支付，即应对长寿风险。这种制度对农民工应该具有一定的吸引力，因为只要缴纳相当于缴费基数 5% 的养老保险费，就可以获得 14% 的个人账户资金积累，但这种模式丧失了社会保险制度所应该具备的共济性特征：既不具有农民工内部的共济性，也不具有农民工和其他社会群体之间的共济性。

5. 综合保险模式

这种模式即不把农民工养老保险制度作为一个独立的设计，而是把养老保险、医疗保险和工伤保险等主要社会保险纳入一个综合的制度框架之中。上海是这一模式的典型代表，成都也采用了这一模式。

上海市于 2002 年 7 月发布了《上海市外来从业人员综合保险暂行办法》，规定在上海市行政区划内的外来从业人员（是指符合本市就业条件，在本市务工、经商但不具有本市常住户籍的外省、自治区、直辖市的人员，不包括从事家政服务的人员、从事农业劳动的人员和按照《引进人才实行〈上海市居住证〉制度暂行规定》引进的人员）应参加综合保险（含工伤、住院医疗和养老补贴）。用人单位缴纳综合保险费的基数，为其使用外来从业人员的总人数乘以上年度全市职工月平均工资的 60%。用人单位和无单位的外来从业人员按照缴费基数 12.5% 的比例，缴纳综合保险费。参保者除可获得工伤和意外伤害待遇、住院医疗待遇外，在用人单位和无单位的外来从业人员连续缴费满一年的，外来从业人员可以获得一份老年补贴凭证，其额度为本人实际缴费基数的 5%，外来从业人员在男年满 60 周岁、女年满 50 周岁时，可以凭老年补贴凭证一次性兑现老年补贴。2004 年 8 月，上海市对该暂行办法又进行了修改，将一份老年补贴凭证的额度提高到本人实际缴费基数的 7%。2011 年，上海市发布了《上海市人民政府关于外来从业人员参加本市城镇职工基本养老保险有关问题的通知》，决定实现综合保险与城镇职工基本养老保险制度的并轨，并确定了 5 年的过渡期和具体的过渡办法。

上海市的综合保险模式完全跳出了城镇职工养老保险制度的框架，将农民工作为一个独立的群体，力图在一个综合保险制度的框架内解决农民工的养老保险、医疗保险和工伤保险甚至是意外伤害保险问题。该制度只要求用人单位和无单位的外来从业人员缴费，为农民工参保提供了较低的门槛，并且连续缴费一年即可获得一份老年补贴凭证，具有较好的灵活性和区域内的可携带性。但由于该制度完全独立于城镇职工基本养老保险，与其他几种模式比较起来，实现制度并轨的难度更大。

综合考察各种模式，与城镇职工基本养老保险制度相比，"完全"城保模式与其完全一致；"双低"城保模式则与其类似但缴费和支出水平较低；"单侧"城保模式则是在缴费侧类似而在支付侧大为不同；个人账户模式则只借鉴了城镇职工养老保险的个人账户部分；综合保险模式则完全跳出了城镇职工养老保险制度的框架。

（二）中央政策演进：三个发展阶段

在中央层次，农民工养老保险政策也经历了一个较长的发展过程，在农民工养老保险问题产生之后，中央在较长时期内并没有出台一个明确的制度，甚至也未具体要求采用何种制度模式来建立农民工养老保险制度，直到《社会保险法》颁布之后才明确了农民工参加城镇职工基本养老保险的大方向。概括起来，中央关于农民工养老保险政策的演进大体上可以分为三个阶段。

1. 城保接纳阶段（2006 年以前）

这一时期，中央政策的基本脉络是在现有的城镇职工养老保险制度中，逐渐打开一个小口子，允许农民工加入。但这种纳入并非是主动地要求城镇职工基本养老保险制度必须纳入农民工,而是被动地承认农民工可以参加城镇职工基本养老保险。在 20 世纪 90 年代,中国城镇职工基本养老保险制度改革快速推进,在一定程度上也推进了农民工参加养老保险问题的进展。国务院于 1997 年 7 月颁布了《关于建立统一的企业职工基本养老保险制度的决定》,强调要扩大养老覆盖面至所有城镇企业和职工。尽管这个文件没有明确职工的具体含义,也没有任何关于农民工的内容,但是其关于扩大覆盖面的要求为地方政府找到了一定的政策依据。从那以后,一些地方政府(如深圳市)开始将农民工纳入城镇基本养老保险的保障范围。正是在地方实践的推动下,2001 年,劳动和社会保障部《关于完善城镇职工基本养老保险政策有关问题的通知》,规定参加养老保险的农民合同制职工,在与企业终止或解除劳动关系后,由社会保险经办机构保留其养老保险关系,保管其个人账户并计息,凡重新就业的,应接续或转移养老保险关系;也可按照省级政府的规定,根据农民合同制职工本人申请,将其个人账户个人缴费部分一次性支付给本人,同时终止养老保险关系,凡重新就业的,应重新参加养老保险。农民合同制职工在男年满 60 周岁、女年满 55 周岁时,累计缴费年限满 15 年以上的,可按规定领取基本养老金;累计缴费年限不满 15 年的,其个人账户全部储存额一次性支付给本人。但是,这个文件只是强调了农民合同制职工领取养老金的条件,但没有提出任何促进农民工参加养老保险的措施。此后几次发布的重要养老保障制度改革的重要文件中,如国务院 2000 年发布的《关于完善城镇社会保障体系的试点方案》和 2005 年发布的《关于完善企业职工基本养老保险制度的决定》中,均没有特别说明农民工养老保险的处理办法。

2. 双向推进阶段(2006—2010 年)

这一时期,中央已经认识到解决农民工养老保障问题的重要性和急迫性,同时地方政府的实践也为中央提供了一些有益的借鉴和基础,因此,中央既鼓励探索建立适合农民工的社会养老保险制度,也鼓励农民工直接参加城镇基本养老保险。在 2006 年的中央一号文件《中共中央、国务院关于推进社会主义新农村建设的若干意见》中明确提出，逐步建立务工农民社会保障制度，依法将务工农民全部纳入工伤保险范围，探索适合务工农民特点的大病医疗保障和养老保险办法。同年3月，国务院发布的《关于解决农民工问题的若干意见》（国发〔2006〕5号）强调，要高度重视农民工社会保障工作。文件明确提出，探索适合农民工特点的养老保险办法。但对于为农民工建立一个专门的养老保险制度还是将其纳入城镇基本养老保险制度，文件并未做出明确规定，而是为各地留下了选择的余地。文件强调，要抓紧研究低费率、广覆盖、可转移，并能够与现行的养老保险制度衔接的农民工养老保险办法；有条件的地方，可直接将稳定就业的农民工纳入城镇职工基本养老保险；已经参加城镇职工基本养老保险的农民工，用人单位要继续为其缴费；劳动保障部门要抓紧制订农民工养老保险关系异地转移与接续的办法。总体政策思路上这一时期仍然把农民工作为一个特殊的参保群体，这从2009年2月人力资源和社会保障部发布的《农民工参加基本养老保险办法》（征求意见稿）可窥一斑，其中对农民工参加基本养老保险采取了较低的缴费率，但最终该文件并未颁布实施。同时，为了落实国发〔2006〕5号文件的精神，2009年12月，国务院办公厅转发了人力资源社会保障部、财政部的《城镇企业职工基本养老保险关系转移接续暂行办法》，明确指出本办法适用于参加城镇企业职工基本养老保险的所有人员，包括农民工。文件对农民工如何转移接续其养老保险关系进行了明确的规定。

3. 融入城保阶段（2010年以后）

这一时期，随着《劳动合同法》实施和金融危机爆发，农民工在劳动力市场的地位也日益重要，与此相适应，农民工的养老保险制度安排也逐渐向城镇职工基本养老保险制度靠拢。2010年，《社会保险法》颁布实施，明确要求所有职工应该参加基本职工养老保险。此后，农民工养老保险的方向明确为加入城镇职工基本养老保险。在这之后，地方政府原有的农民工养老保险制度纷纷向城镇职工基本养老保险制度并轨。2014年2月，国务院办公厅转发了人力资源社会保障部和财政部的《城乡养老保险制度衔接暂行办法》，对城镇职工基本养老保险和城乡居民养老保险之间的转移衔接进行了详细的规定，解决了农民工养老保险在两个制度之间的转移接续问题。

梳理中央关于农民工养老保险政策发展的历史脉络，可以清晰地发现，农民工养老保险制度实际上是随着城镇职工基本养老保险制度改革不断推进并最终融入其中，先后经历了允许加入—鼓励加入—要求加入的政策发展阶段。这种政策发展脉络也必然导致了农民工养老保障制度从分割最终走向融合的历史路径。这种发展路径既与中国养老保障制度的发展历程有关，也与中国各地区社会经济发展的不平衡有关。互相分割的制度不仅限制了人口流动，也在与城镇职工基本养老保险制度并轨时带来了一定的困难。

三 农民工养老保障的前景展望

农民工养老保障的前景首先是其未来所适用的制度，其次是在该制度下将获得怎样的保障水平。

（一）农民工养老保险制度的前景展望

目前的政策已经明确了农民工加入城镇职工基本养老保险的基本方向，并且也出台了职工基本养老保险和城乡居民养老保险之间的衔接政策，未来农民工养老保障状况如何，从根本上说取决于这两种制度的未来发展方向。

从目前的政策发展趋势来看，这两个制度将构成中国未来养老保险制度的基本架构。在城镇，以就业与否为区分，将人口分为就业人口和非就业人口，就业人口将参加城镇职工基本养老保险制度，非就业人口将和农村居民一起参加城乡居民养老保险制度。随着农业现代化的发展，部分从事现代农业的农村就业人口也可加入城镇职工基本养老保险制度。由于农民工大部分在城镇就业，未来适合农民工参与的主要是城镇职工基本养老保险制度。

城镇职工基本养老保险制度实际上自身也仍然有待完善，需要进行一系列的改革（林宝，2012）。一是亟须提高养老基金的统筹层次，尽快实现中央统筹，提高制度的抗风险能力。同时，提高统筹层次也有利于社会保障关系的转移与接续，减少便携性损失。二是扩大覆盖面，提高制度的普惠性。我国城镇职工基本养老保险的覆盖率仍然是刚刚超过60%，提高覆盖率不仅是发挥社会保障制度功能的需要，而且也是确保制度可持续的一个重要方面。三是提高退休年龄，改善制度的可持续性。我国职工的退休年龄明显偏低，延迟退休年龄将有利于改善城镇职工基本养老保险制度的财务状况。四是降低缴费率，增加制度的合理性。与支付水平相比，城镇职工基本养老保险制度的缴费率明显偏高，很重要的一个原因是为了更好地消化转轨成本，但高缴费率也存在种种弊端，应该在进行科学测算的基础上确定合理的缴费率水平。

目前，城镇职工基本养老保险制度对农民工的覆盖率并不高。根据全国农民工监测调查数据（国家统计局，2015），2014年全国外出农民工参加养老保险的比例仅为16.7%。农民工养老保险的低参保率有几个原因：一是农民工收入较低影响了其参加养老保险。2014年，农民工的平均收入为2864元/月，远低于同期城镇职工平均工资。二是大部分农民工的工作并不稳定，对未来缺乏稳定的预期，在养老保险关系转移接续存在困难或便携性损失的情况下，他们的参保积极性会大受影响。对于很多农民工而言，他们不知道当前的工作能干多久，现在的城市能待多久，几年后他们会在哪里。三是除个别城市外，大多数地区对农民工的参保并非强制性的，所以企业和职工均有一定的选择性，在当前的制度设计下，逃避参与成为他们共同的抉择。养老保险低参保率将对农民工未来的养老保障产生严重的影响，将是绝大部分农民工最后回归到城乡居民基本养老保障体系之中，保障水平大大降低，老年收入水平无法得到较为充分的保障。

为了方便和鼓励农民工的参与，我国城镇职工基本养老保险制度还有必要进行一定的调整或是采取一些特殊的政策安排。有两种思路可供选择：一是对包括农民工在内的低收入群体参加城镇职工基本养老保险进行补贴。当前各地规定的城镇职工养老保险的最低缴费基数一般是职工平均工资的60%，对部分收入较低农民工而言，按照这一基数进行缴费仍然存在一定的困难，未来可以考虑对工资低于最低缴费基数的农民工的个人缴费部分进行一定的补贴。具体补贴额可确定为最低缴费基数减去农民工个人工资再乘以个人缴费率，如最低缴费基数为2400元，农民工个人工资为2000元，个人缴费率为8%，则补贴额为（2400-2000）×8%=32元。二是在城镇职工基本养老保险制度和城乡居民养老保险制度的缴费水平之间再设计1—2档缴费水平，与之相对应，基础养老金水平也应设置于上述两种制度之间，这样就可以将两种基本养老保险制度整合为一个存在多档缴费率和多档支付水平的基本养老保险制度。目前的制度设计中，虽然建立了上述两种制度之间的衔接机制，但是更多侧重于个人账户部分，实际上两种制度之间最大的区别在于基础养老金的待遇水平，按照目前的制度，农民工仍然处于两个制度的夹心地带，向上靠可能承担不起，向下转则会带来利益损失。未来如果能增加制度在缴费和支付上的灵活性，将更有利于农民工的加入。除此之外，还应该加强劳动监察，强化农民工参保的强制性。

（二）农民工养老保障状况的前景展望

从目前的发展趋势来看，农民工的养老保障状况将逐步改善：一是农民工参加养老保险的比例虽然依然较低，但是逐年上升。自2008年至2013年，农民工参加养老保险的比例基本上平均每年上升1个百分点左右，2014年虽然有所放缓，但也较上年提高了0.5个百分点（国家统计局，2014，2015）。二是农民工的收入出现了快速增长，客观上有利于提高其参加养老保险的能力，同时也有助于改善其个人的养老能力。2010—2013年，农民工人均收入保持了每年10%以上的增速，2014年虽然受经济进入新常态的影响，增速有所下降，但也达到了9.8%（国家统计局，2014，2015）。三是与原来适用于不同的制度模式相比，农民工加入城镇职工养老保险本质上有利于改善农民工的老年收入状况。农民工是以一个较低的缴费水平参与到制度中来，由于在社会统筹部分的社会再分配功能，农民工的待遇水平与其缴费水平相比将是相对受益的。

但是，也必须看到，农民工的养老保障状况虽然在一定程度上得到了改善，但是其实际的保障水平未来仍然将处于农村居民和城镇职工之间。因此，他们未来的生活水平也取决于他们未来的走向：返乡还是留城？如果返乡，那么农村居民将成为他们的参照系，总体上返乡农民工的养老保障水平会高于农村居民，成为农村的高收入退休者；如果留城，则城镇职工将成为他们的参照系，他们的养老保障水平会低于城镇职工，成为城镇的低收入退休者。如果考察中国社会发展的大趋势，城镇化将把大部分农民工留在城镇，因此，大部分农民工在老年期可能会成为城镇低收入者。

农民工在退休期成为城镇低收入者，一方面是由其工作期的低收入并因此而导致缴费水平较低而决定的；另一方面则是由于农民工的工作不稳定、制度建立时间晚、参加保险时间晚等因素导致的参保时间较短而决定的。下面我们以不同情形的农民工参保情况与城镇职工养老保险标准人的参保情况进行比较来说明未来农民工的养老保障水平。根据国发〔2005〕38号文件中所确定的养老金计发办法，在城镇职工基本养老保险制度中，如果一个职工按照社会平均工资缴费35年，其未来获得的养老金替代率为社会平均工资的59.2%，其中35个百分点来自基础养老金，24.2个百分点来自个人养老金。由于其个人工资等于社会平均工资，所以对其个人的工资替代率也为59.2%。由于大部分农民工的工资水平较低，假设有一个农民工同样缴费35年，但缴费工资是社会平均工资的60%，则其养老金替代率为社会平均工资的42.5%，相当于个人工资水平的70.8%。也就是说，如果一个农民工如果能够坚持缴费35年，其获得的收入虽然低于城镇职工，但相对于其个人工资还是可以维持较高的替代率水平。但是，由于农民工的工作不稳定，特别是，在城镇职工养老保险制度转轨时，对于之前没有缴费的年限被处理为视同缴费年限，而在农民工参加养老保险时，这一视同缴费年限并不存在，客观上使农民工参加养老保险的年限严重受制于养老保险制度的发展状况，因此很难缴费35年。假定第二个农民工缴费期缩短到25年，则其养老金替代率将下降到社会平均工资的29.2%和个人工资的50.1%。此时农民工的养老金收入在城镇生活就会存在一定的困难。实际上，由于各种因素的限制，很多农民工可能只会缴费到领取基础养老金的最低年限，即 15 年。假定第三个农民工只缴费 15 年，达到领取基础养老金的最低标准，那么其养老金替代率将只有社会平均工资的 18.2% 和个人工资的 30.4%。显然，这一收入水平将无法维持未来农民工在城镇的正常生活水平。

总体上，农民工未来的养老保障水平相对于城镇职工而言是一个较低的水平，这是一个必然的结果。城镇职工基本养老保险制度的基本使命在于使农民工加入制度、为农民工提供灵活的参保和支付条件、履行一定的社会分配功能使农民工获得高于其缴费水平的养老保险待遇。从国家财政的角度，也可以为农民工参保提供一定的财政补贴。但是，农民工未来养老保障必须依赖于多途径的资金来源，除养老金之外，家庭的转移支付和来自社会救助系统的兜底功能都将是农民工养老保障的重要支撑。

参考文献

蔡昉：《刘易斯转折点与公共政策方向的转变——关于中国社会保护的若干特征性事实》，《中国社会科学》2010 年第 6 期。

段成荣、杨舸、张斐、卢雪和：《改革开放以来我国流动人口变动的九大趋势》，《人口研究》2008 年第 6 期。

国家人口和计划生育委员会流动人口服务管理司：《中国流动人口发展报告（2012）》，中国人口出版社 2012 年版。

国家统计局：《2010 年第六次全国人口普查主要数据公报（第 1 号）》，2011，http://www.stats.gov.cn/tjsj/tjgb/rkpcgb/qgrkpcgb/201104/t20110428_30327.html。

国家统计局：《2013 年全国农民工监测调查报告》，2014，http://www.stats.gov.cn/tjsj/zxfb/201405/t20140512_551585.html。

国家统计局：《2014 年全国农民工监测调查报告》，2015，http://www.stats.gov.cn/tjsj/zxfb/201504/t20150429_797821.html。

李晓云：《农民工养老保险模式比较分析——以北京、深圳、杭州、重庆为例》，《当代经济》2008 年第 5 期（上）。

林宝:《人口老龄化对养老保障制度带来的挑战及改革方向》,《中国党政干部论坛》2012年第11期。

应永胜:《我国各地区农民工养老保障政策之评析》,《昆明理工大学学报》(社会科学版)2009年第2期。

美国养老保障探索：基于生命周期的视角

Richard Sutch*

在瞬息万变的社会中，我们容易忽视有些事情是亘古不变的。个体的生命历程或者"生命周期"是其中之一。由于人类的生物属性，人类出生后要经历一段生理和心理的依赖期。如果没有勤劳成年人的帮助，孩子无法生存。人类经历童年，随后是青春期，在这一段时期中集中精力学习、掌握技能和社会化。成年人的特征是主要精力用于生产、物质供应和抚养孩子这些艰巨的任务。晚年，当生产能力衰退，又需要经历一段老年的依赖期。

文化和政治决定了分割生命历程不同阶段的明确界限。生物性设置了上限和下限，但是预留了广阔的范围，在此范围内，社会和政治制度界定了谁是受赡养者、谁是生产者以及怎样实现产品从生产者到受赡养者的转移。举例来说，家庭就是一个实现资源从生产者（父母）到受赡养者（孩子）转移的制度。在有些时候、有的地方，家庭也发挥着确保养老保障或照顾病人、失业者的作用。此外，社会也设置了其他制度实现转移：慈善组织、政府保障房和孤儿院、社会保障系统、公立学校和公立疗养院、人寿健康保险。一份完整的生命周期制度列表将会十分冗长。

鉴于以往的研究和美国的实例，本文以历史性回顾阐释了生命周期制度变化在经济发展进程和模式中发挥的作用。文章的理论框架简

---

* Richard Sutch，男，美国加州大学河滨分校（University of Clifornian, Riverside）教授。

本文由杨思思、史毅译，张展新、郑真真校。

洁明了。简单来说，在美国工业化开始之前，一套稳定的、以家庭为基础的生命周期制度决定了从生产者到受赡养者的经济转移。其中包括了父权制、代际继承、高生育率和成年孩子赡养年老父母的义务。起始于 19 世纪早期，旧的老年保障机制开始瓦解，与此同时推动了生命周期制度中所有元素的重新组合。经济单位由大家庭转变为核心家庭即是反应之一。接下来的几代人孩子数更少，他们存钱积累资产，并且依靠这部分财产支撑年老后的消费。这样，"生命周期储蓄"取代了前现代化系统。[①] "生命周期转变"在 19 世纪 40 年代中期逐渐加速。这一转变在 1870 年进展顺利，到 1930 年几近完成。有计划的自筹资金退休成为一种普遍的现象。

家庭策略中的这些转变十分关键。"孩子直接负担年老父母的地区呈现高生育率，生育率可能过高而不利于经济发展。在实物资产和金融资产（加上可信赖的政府担保）可以确保年老父母生活的地区，生育率较低，并且父母会投资于子女的教育和其他方面的培养，以提高他们的成年生产力。"（Cater, Ransom and Sutch, 2004）以下将更详细地介绍。

18 世纪的美国农场是家庭所有、家庭经营，并且大部分自给自足。同时，在这类农场居住的人口生育率极高（每个妇女生育 8 个孩子）。这不只是巧合。至少有三点原因可以解释为什么大家庭适合这种自给自足式的农场。

首先，成年子女为他们的年老父母提供经济保障。随着孩子的成长，家庭农场的工作负担逐步从老一辈向年青一代转移，而家长可以在生病或体弱时依赖子女的照顾（Nugent, 1985; Sundstrom and David, 1988; Greven, 1970; Smith, 1973; Fischer, 1978; Henretta, 1978）。所以孩子是家庭体系的一项资产。在当时，金融的或流动性物质资产的市场并不存在或者不可靠，跨时期的收入再配置是依托家庭成员间的互惠原则和隐性契约实现的。

其次，早期的美国是一个拥有丰富土地资源的经济体。在这种大

[①] 附录为关于生命周期模型中储蓄行为的简要回顾，供参考。

环境下，大家庭能够扩张农场规模，这可能还会增加人均产出。雇佣家庭成员之外的劳动力既罕见又昂贵；因此，一个农场的有效规模受限于家庭里的工人数量。[1] 这也是孩子是资产的原因之一。

最后，维持这一系统的黏合剂是父权制。大家庭好似银行资金，以子女留在附近为条件，并可以依赖或强制子女履行家庭义务。[2] 多代继承的家庭系统是由父亲掌管的。不履行家庭义务的子女会被终止或剥夺维持他们经济福利的土地使用权以及他们在社区内的社会地位。大家庭中多个儿子竞争继承权的状况更容易控制。儿子们也会满意父权统治的宗旨，以延续和扩大家族。在土地资源充沛的环境中，可以期待每个儿子都将最终建立自己的农场。

农村人口的高生育率和自给自足农业是相互强化的。自给自足意味着没有完整健全的市场，因此，需要以家庭为基础的互惠机制来提供农业劳动力和养老保障。大家庭提供了农忙时期所需的劳动力，但同时也在淡季时节供给剩余劳动力。家庭使用这种生产能力来纺织、制衣、工具，诸如此类。反过来，家庭式生产的低机会成本也抑制了城市生产和相关市场的发展。没有城市替代的农业，维系了家庭式教养子女的方式，同时确保家长通过抚养孩子来延续家庭式农场的传统。

在这样一个世界里，资本形成是通过农户改良和土地开荒实现的，但几乎没有非农生产投资。大部分淡季的剩余劳动力致力于开垦未耕作的土地和为有继承权的儿子建造农场。按照这种方式，土地、资本和人口同步增长。遗产动机刺激了土地开荒，而不是储蓄或购买金融资产。因此，制造业发展没有当地的资金来源。由于农业成为唯一的职业选择，他们没有动力为其他机会而储蓄。由于孩子们预料到可以从父母那里继承土地，他们没有必要为农场而储蓄（尽管他们必须为父亲工作，开垦和改良自己最终会继承的土地）。父母期望子女

---

[1] 劳动力的短缺仅表现在短暂的播种和收获的季节性时期，但已足够来控制农场的规模。

[2] 因为抚养孩子需要开销，在前现代化的社会中生育被投资决策模型化（例如，Lindert，1978）。

会为他们养老,所以也没必要储蓄。农场改良和快速的人口增长为土地增值,因此家庭财产(和地位)得到提高,不需要通过储蓄积累资产。

鉴于人口增长和自给自足经济之间关系的自我强化属性、制造业发展需求和筹资的缺失,这种高生育率和自给自足式家庭农场体制可能会延续到19世纪。总而言之,整个世纪的显著特点是大片无人居住土地的持续可用和逐步开发。众多18世纪的观察家预测到了这一点。众所周知的托马斯·杰弗逊(Thomas Jefferson)就预测,农业民主受到独立自耕农的欢迎。以同样的远见他预见了持续的人口高自然增长率。[①] 在1787年7月的一封信中,他写道:"由一个世纪的经验可见,每20年或25年间人口数增加了一倍。目前无法预见,在未来几个世纪什么可以减缓人口增长速度。"

杰弗逊的判断是错误的。19世纪初期见证了人口生育率持续且迅猛的降低。这一巨变伴随着美国家庭结构的剧烈变革。同时,美国人开始了对人生中的家庭义务、代际关系和经济目标的反思。事实上,这种家庭和个人价值观的改变,是从家庭价值向个人价值的转变,也是社会历史学家们频繁讨论和研究的主题——"现代化"的过程。[②]

前文介绍的家庭式收入转移机制的失灵导致了生育率的降低、个人主义的产生以及美国家庭的革命。我认为,这种失灵是由19世纪初期开始的开拓西部土地所诱导的。对大部分年轻夫妻来说,可获得便宜的西部土地是一个不可抗拒的机会。从横跨阿巴拉契亚山脉的迁移开始,许多年青一代离开他们的家园、邻居和父母,到西部地区占

[①] 本杰明·富兰克林(Benjamin Franklin)和亚当·斯密(Adam Smith)也以土地资源丰富解释了美国高生育率,并以此基础预测了持续许多代的高生育水平。如果他们可以预见美国占领了跨密西西比地区或者即将到来的交通革命,他们会坚定对自己论点的信心。

[②] 社会历史学家和其他研究者们善于辨别历史群体的态度,他们证实了现代化态度和价值观发生在北美的假设。我无意忽视围绕这个问题仍在辩论,不过本文判断价值观改变发生在1816—1950年。请参考Furstenberg(1966)、Brown(1976)、Fischer(1978)、Degler(1980)、Vinovskis(1981)、Wells(1982)和Smith(1985)。

取新的土地。子女们即将离去引发了父母家庭内的极度紧张和焦虑。[①]面对"孩子靠不住"频发和持续影响的压力，传统家庭体系开始寻求一种更可靠的老年保障策略。

新产生的策略以老年储蓄为基础。从那时起，父母会在他们的收入高峰时期储蓄收入，将储蓄投资于积累性的资产（银行账户、保险、股票以及农场、住房和家具），在生产力减弱的晚年，他们将依靠这些资产来维持生活。成年子女将不再依循社会规范赡养他们年老的父母。

如果父母长寿，依循这种方式，他们可能会耗尽所有积累的财产。在这种情形下，他们将没有财产留给子女。但是，按照新策略来说这并不是一件坏事。父母提供给子女的不是继承权而是培育他们独立。成年子女从旧式的农场劳动中解放出来，有时间学习和获得技能，以实现独立。父母们放弃从子女的无偿劳动中获得收入，而"投资"于子女的教育。受到教育的下一代会在城镇中获得更多的机会。这种新策略规定一个新的道德规范：避免"成为孩子的负担而羞愧"。在这一进程中，避免"浪费家庭财产而羞愧"的旧式道德规范被人们所抛弃。在这个过程中，现代化的价值观被加速传播。

由于大家庭不再需要保障晚年生活或从事家庭农场，也由于大家庭削弱了父母的储蓄能力，生育率下降了。家庭规模更小了，所以人口增长速度减缓且开垦土地和农场建设的需求也相应减小。这些释放出的资源被用于制造业资本的形成。随着小家庭的出现，家庭生产减少了，而制造业的需求在增加。因为父母节俭开支，并把钱存入银行，从而有了可贷资金蓄水池，这可以资助工业的发展。当新的制度，如资本市场、普通学校、储蓄银行、人寿保险公司和工厂建立之后，以制造业为基础的经济转型得以推进和加速。

我们发现在美国建国之初，人们从根本上不可逆转地改变了生活方式。在大约两代人的时间里，人口生育率从每个妇女8个孩子这个

[①] 年轻成人的迁出相当于不再履行为他们的老年父母提供支持和舒适生活的隐形契约（Williamson，1986）。

生物性最高值降低到不到 4 个孩子。年轻人脱离了家长式的控制，开始选择适合自己的结婚伴侣和结婚时间（Smith，1973；Smith and Hindus，1971；Folbre，1985）。孩子们被送往学校接受教育，家长们只要求他们在农场参与少量的工作（Fishlow，1966；Kaestle and Vinovskis，1980）。继承模式变得更公平，也不再有性别歧视（Newell，1986）。储蓄银行问世，以吸纳储户的资产。储蓄率在整个 19 世纪保持上升，直到 19 世纪末超过 25% 的水平（见图 1）。人口的地理空间上的流动和社会流动急剧增加。55 岁或 60 岁以上的人有计划地自筹资金退休开始成为一种普遍现象（Ransom and Sutch，1986；Ransom，Sutch and Williamson，1993；Cater and Sutch，1996）。相关研究还有很多，难以一一列举，不过已足以表明我们的观点：这说明人们以能够想到的所有方式对强而有力的刺激做出反应。年轻移民向西部迁移导致了强力刺激，这对传统的代际转移系统造成了损害。

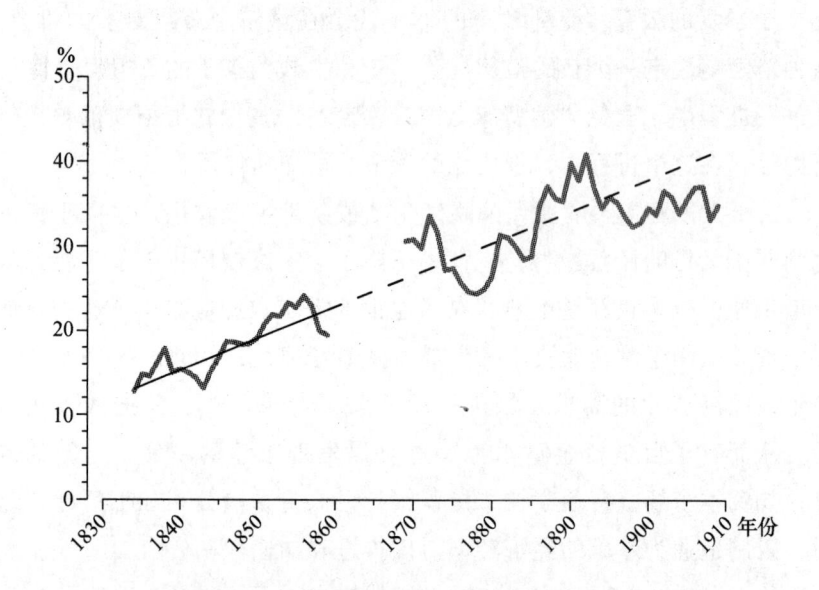

图 1 私人总储蓄率（占 GNP 的百分比）

资料来源：Sutch，2006，Volume 3：Figure Ce - E，p. 292.

说到这里，我急需补充一点，这些现象之间的关系要远比我语言中隐含的简单线性因果链条要复杂得多。每件事都交织在一起，且变化之间相互作用、相互强化。在一个完整的模型里，代表因果关系的箭头更像一团乱麻似的纱线，而不是有如州际公路中间的整齐黄线。为了有助于说明，可随意切开纠缠的复杂关系，抓住松散的两端，将因果箭头拉成一条直线，然后按照有序的方式从一端到另一端来叙述。一旦每个部分被分析和解释，我们就可以放松两端，复杂关系将重回它们最初的纠缠状态中。[1]

生命周期储蓄的问世是一个可以理解的调整，是为应对国内迁移以及相关联的西部土地开荒、经济的逐步城市化和缺少孩子带来的风险。但是实际上，独立的、自我依赖的储蓄是低效的。考虑潜在生命周期储户的情况，他（在大多数情况下是男性）面对众多困难。首先，他需要就储蓄金额和储蓄时间做出决策。决定储蓄和提取储蓄的最优计划需要数学计算能力，这超出了大部分人的教育范围。经济学家 Richard Thaler 描述了这一问题：

"即使对经济学家来说，计算储蓄金额和找到达成既定目标的最佳路径也是很困难的。很少有人能真正地'解决'（生命周期）理论带来的潜在问题。此外，鉴于大多数人只为退休而储蓄，所以他们干中学的机会是很小的。唯一可行的方法是，人们或向他人学习（例如，榜样或专家），或使用经验法则"（Thaler, 1994）。

更为复杂的是，人的寿命不可避免地存在不确定性。谨慎的人使用经验法则，要假定他们可以长寿。年轻时过少的储蓄可能意味着晚年的相对贫困。另外，如果人们没能长寿（大多数人就是这样），谨慎的储蓄可能以年轻时候的相对贫困为代价，产生过多和意外的遗产。经验法则通常会导致低效率的过度储蓄。

保险业的经营模式是汇总与死亡率的不确定性相伴的风险。标准

---

[1] 最初断点的选取当然不是随意的。我谨慎地选择了初始原因（联邦土地政策的变化）和终极后果（工业化）。我在某种程度上刻意使用了较激进的词汇。经济史的大部分文献认为，工业化最初为技术发现所推动，是它的必然后果。我发现这些只是理论观点，与历史无关，因而无法令人满意。强调这些观点的不充分性的一个方法是，修辞式地逆转常规的因果箭头，进而可以更令人满意、更可信地展示历史进程的结果。

人寿保险是为了应对过早死亡的风险而设计的。但是保险行业也可以出售年金，以应对活得"太久"的风险。伴随生命周期转变的进程，很快就产生了混合的保险产品，以吸引生命周期储户。混合保险产品诞生于1986年，当时有了"唐提式保单"（即聚金养老方式）。作为分期购买、由人寿保险保值的老年养老金，唐提式保险是一个有益的设想（Ransom and Sutch，1987）。

当按照平均保费购买终身保单时，每年年费高于即刻死亡的风险是可以保证的。但是随着被保险人年龄的增大，死亡的风险也相应提升，最终达到高于固定年费负担的水平。由年轻投保人支付的额外保费产生了一个"储备资金"，保险公司使用这份资金投资于产生收入流的资产，直到需要支付死亡赔偿金。为安全起见，保费的设定应高于需要满足的预期费用和产生足够的储备，这是保险管理的原则。这种过度的费用可能会累积一个超出储备的"盈余"。在实际中，这种盈余将退还给保单持有者。而盈余的分配被称为"分红"。

唐提式保险有一个标准保单之外的附加条款，允许保险公司保留应退红利。到期红利将被保险公司汇集起来，代替投保人进行投资，指定期限为10年、15年，甚至20年。在规定持有期限结束时，这笔资金所获得的投资收益将在所有存活下来的投保人中按比例分配。[1]他们在余生中还享受全额保单，"在年事已高、事业下滑、中青年时期的资源与精力递减之时"[2]免除保费支付。唐提式养老基金有提现和足额年金两种支付方式。如果投保人在保期到期前死亡，其受益人将收到死亡抚恤金，但他们及死者的经纪人都不拥有对积累的唐提式

---

[1] 唐提式保险的灵感和名字源自17世纪中期Lorenzo Tonti为帮助法国路易十四敛财所提出的一项计划。唐提是来自那不勒斯的医生和银行家，居住在巴黎。他的计划在1689年第一次实施，卖300里弗一份。本金可以赚取利息但是不会被偿还。购买者按年龄被分入不同的组，每组享受不等的约定回报率，从最年轻一组的5%到65岁以上组的12.5%。这项计划的突出特征是存活下来的人可以继承其所在组内死亡者的收益。因此，随着时间流逝，每年支付的年金会在越来越少的幸存者之间分配。存活下来的最后一人，毫无疑问要活到很高的年龄，每年可以得到57330里弗（Jennings & Trout，1982）。法国、荷兰和英国政府曾多次使用唐提式计划法增加收入（Buley，1967；McKeever，2010）。这一计划闻名之处在于，最后存活下来的人可享受巨额收益。唐提式保险的宣传利用了这一传奇。

[2] Buley引用纽约州保险部负责人William Barns的话（1967）。

保险金的权益。

唐提式养老保险将寿险和终身年金合并在一起。寿险为应对死得"太早"提供金融保障，终身年金则将个体活得"太久"的风险汇总。年金为每个投保人的余生提供稳定的收入。寿命长的年金持有人受益，寿命相对短的年金持有人则将为之埋单。保险公司为活得太久提供保险，这与为死得过早提供保险一样简单。

保险公司也为解决 Taylor 教授阐述的客户动态优化问题提供了解决方案。针对潜在客户，保险经理要预测在唐提式养老保险开始支付时可以获得的年收入。例如，1987 年的一个广告册为一份 10000 美元的保单提供了"可能结果的计算"，该保单是 37 岁购买的，每年交 281.7 美元的保费。20 年后，如果投保人还活着，则每年可以得到 647.4 美元的回报（Buley，1967）。一个年收入 900 美元（日收入 3 美元）的人，在 37—57 岁每年缴纳保费，就可以每年得到 618 美元用于消费。承诺的年金比这略高，为每年 647 美元，这可以在一生维持稳定的生活收入，无论寿命有多长。1871 年，900 美元的年收入是一个普通劳动者工资的两倍，但对于技术工人（比如木匠或铁匠）来说，这算是合理收入（Carter et al.，2006）。无论如何，年收入较低的人可以购买与之日常收入和未来意愿相对应的价格更低的保险。

生命周期决策问题的复杂性还在于，需要估计连续性积累中止、开始动用储蓄的时间点。年轻人对他们未来许多年后的健康状态和精力只有模糊的认识。也就是在这一点上，保险公司提出了解决方案。保险计划书建议在 37 岁时购买 20 年期的唐提式养老保险。一个人一生中经济能力的峰值基本在 37 岁左右，该年龄的人是考虑这份合同的最佳时期。20 年后，投保人如果愿意，可以在 57 岁完全退休，并期望在其余生中得到一份连续的收入流。这一经验准则（缴费满 20 年，57 岁退休）看上去似乎是合理的。保守估计，这种法则有可能保护大部分人。当然，意外致残或生病可能打乱最好的计划，但这种法则的设计将使遭遇这类不幸的人数处于较低水平。

19 世纪的生命周期储蓄者面临的另一问题是，对于任何设定的计划，如何找到自我控制能力去遵守（Laibson，Repetto，Tobacman，

1998；Thaler & Shefrin，1981）。就像现在一样，自制力不足是普遍存在的问题。及时行乐似乎比滞后的满足具有更强的驱动力，当满足的延迟时间长达 20 年甚至更长时尤为如此。行为心理学的研究显示，当面临诱惑或意外挫折时，严格坚持长期计划变得异常艰难。唐提式养老金制提供了应对这一挑战的方法。这项保险使储蓄习惯变得具有系统性和半强制性。合同规定：那些中断保费支付的人，或者说被允许终止保单的人，他们之前的所有支付都将被没收。这种严格而具有惩罚性的特点成为坚持储蓄计划的有效刺激。保险公司设置了很多诸如此类的"有利条件"。有学者写到，唐提式养老保险是"伟大的公共产品"，原因是它使人们"免于轻言放弃"（Hyde，1885）。

19 世纪中期的储蓄者们乐意接受这样一种应对方式，或许并不令人吃惊。今天，通过半强制性安排和自愿接受处罚来增强自制力，已经成为一个常识。对提前从储蓄计划中取款的行为有一些惩罚措施。雇员可以签署自动工资扣款的方式缴纳他们的 401K 储蓄计划，这样就可以在有机会消费之前消除诱惑。很多家庭故意以多扣收入所得税的方式来保证在退税时获得一笔意外之财，尽管政府并不为该款项支付利息（Thaler & Shefrin，1981；Laibson，1997）。

毫不奇怪的是，唐提式养老保险变得非常流行。Ransom 和我估计，1905 年，有效期内的唐提式养老金总额远远超过当时国民总财富的 7.5%。我们粗略估计，在 1800 万家庭中，有多达 900 万唐提式养老保险保单（Ransom and Sutch，1987）。1906 年，过分热心的保险法规宣布，再推行唐提式养老保险是不合法的，美国经济中的大多数雇主对此迅速做出回应，为他们的工人提供养老金计划（Ransom, Sutch, Williamson，1993）。这些早期计划的主要特征有：

（1）支付给劳动者的养老金低于其年轻时的边际生产力，因此需要强制储蓄。

（2）设定确切的强制退休年龄。

（3）从退休直至死亡，为劳动者每年支付一笔养老金。

（4）退休前死亡的劳动者将不享受养老金（但是，在很多计划中，死者的继承者将获得一笔抚恤金）。

（5）养老金承诺不可转移。在退休前离职（或被解雇）的劳动者将不能得到先前积累的大部分养老金。①

这样，企业年金制度拥有了曾经使唐提式保险广受潜在生命周期储蓄者欢迎的全部特点。这些计划通过支付退休年金，为寿命过长的风险提供保险。专家们（保险公司的精算师）决定储蓄的内含利率、退休年龄和年金数量（通常根据工作期间收入水平的百分比计算）。自制被强制缴费安排所取代。大公司通常制订自己的年金计划，而小公司和其他经营者可以与保险公司签订覆盖其员工的"团体保险"。②

社会保障在美国出现较晚，这或许是因为唐提式养老保险和企业年金成功地解决了储蓄问题。直到1935年，美国才建立了社会保障制度，这一举措是为了应对经济大萧条所引发的危机。美国的社会保护是现收现付制政府养老金，支付给退休者的养老金是在向所有劳动者征收的工资税收之外另行筹集的。③ 社会保障的目的是作为企业年金的补充，而不是替代它们。事实上，从第二次世界大战开始，政府就为企业提供税收补贴，用于帮助他们支付年金费用。这一做法推动了企业年金在随后几年得到迅速普及。

关于经济大萧条期间建立社会保障制度，很重要也还没有得到正确评价的一点是，社会保障的目的并不是惠及20世纪30年代困难时期的老人，保障金直到1941年才开始支付。1935年关注的焦点是，那些感受到自己在未来要赡养父母的子女们需要为此目的储蓄，或因为父母的未来养老需求而被迫减少专用于他们自己退休的储蓄。第一种情况下，消费将下降，这会延长经济萧条的时间；第二种情况下，年青一代将无力在退休后供养自己。社会保障的承诺旨在消除年青一代对于父母退休后生活的担忧，也减轻他们对自身退休后生活的忧虑。

---

① 这一特征对很多公司具有吸引力，因为它可以降低劳动者的流动率，不鼓励罢工或其他被认为会引起离职的行为。

② 有关早期计划的细节（这类计划之间的差异很大，也比这里的描述更加复杂）和延展讨论详见 Ransom、Sutch 和 Williamson（1993）。

③ Granbner 描述了美国社会保障制度的历史（1980：第7章）。在社会保险法之前有政府部门的退休金制度，主要为老兵和公务人员提供保障，其历史详见 Clark、Clark、Wilson（2003）。

附录

生命周期假设

生命周期储蓄是一种适合于劳动者的财富积累策略。在收入高峰期,家庭通过常规储蓄,逐渐积累一笔财富,当负担家计的人失业、丧失工作能力、退休或死亡时,这笔财富足以支持其晚年生活。按照 Modigliani 所使用的术语,符合这一描述的家庭可以被称为采取"生命周期"策略(Modigliani,1966)。[①]

简单地回顾生命周期假设的逻辑对非经济学家来说是有益的。这一假设有助于将不同的储蓄动机区分开来。Modigliani 用附图 1 阐述储蓄的生命周期假设。这张图首次出现于他 1966 年发表在《社会研究》上的一篇著名文章中,勾画了当时一个个体在 0 年进入劳动力市场并活到 L 年期间的收入与消费变动的典型模式。该图假定个体保持恒定的劳动收入 $\bar{Y}$ 直到 N 年,N 年后收入为 0,同时假定消费水平在个体的整个生命过程中也保持恒定。生命周期假设的简化版本假定个体会选择将其一生的全部收入完全消费掉。为实现这一目标,恒定的消费水平必须是 $(N\bar{Y})/L$,就业期间的储蓄率将等于 $1-(N/L)$。储蓄以资产股权的方式转化为投资,$A(t)$,开始时为 0,到第 N 年上升到最高值,这足以支持余生 $L-N$ 年的消费,此时假定该工人不再就业,无论是自愿退休、非自愿失业还是丧失劳动能力。退休后,资产是"逆储蓄",到预先设定的死亡时间,将最终消耗到零。个体的财富流呈现出"三角形"或"驼峰状",Modigliani 将这个"驼峰状"的财富流视为生命周期假设的标志(Modigliani,2001)。[②]

[①] Modigliani 和 Richard Brumberg 在 1954 年介绍了生命周期模型。
[②] 该图在 Modigliani 的诺贝尔奖致辞中被再次提及(1986),关于 Modigliani 对经济学的贡献的简洁评价可见 Sutch 的文章(2009)。

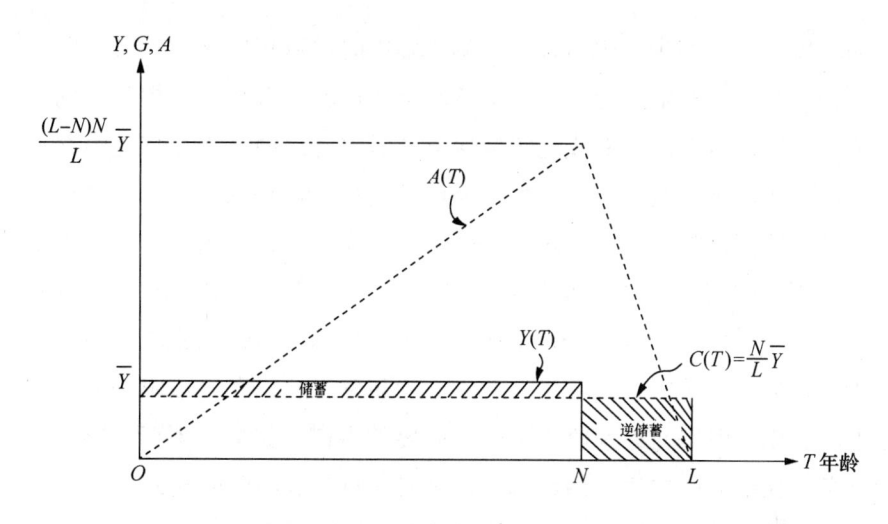

附图 1 储蓄的生命周期假设"标志图"

资料来源：Franco Modigliani, "The Life Cycle Hypothesis of Saving, the Demand for Wealth and the Supply of Capital", *Social Research* 33 (2) Summer 1966: 165.

为了简化这个图示说明，需要引入几个有些不合实际的假定，Modigliani 称其为"精简版"（1986）。例如，为使个体以恒定的消费水平精确地消耗其终生收入，寿命 L 和未就业时间 N 必须在一开始就完全确定。劳动者的收入也必须预先确定。资产没有收益，原因是利率和资本报酬都被假定为 0。然而，这些假定可以松动，同时不损害储蓄的首要原因，就是积累财富以应付晚年消费这一核心观点。例如，如果死亡日期是不确定的，谨慎的个体又希望免于依赖成年子女、公共福利或慈善机构，他将按照能活到"高龄"的情况进行消费和储蓄。因为大部分人不能活那么久，所以很多人死后会给继承者们留下一笔"意想不到的遗产"（Hurd，2002）。很多人死后会遗留大量可观的财产，这些观察与生命周期假设是一致的。[①]

有计划的遗产可以通过生前赠予（因此，从概念上说，这是消费

[①] 因为这些财产传递到下一代，很多人在中年时期将继承一些财富。这些意外之财将减少他们劳动收入的储蓄率或者促使他们提前退休。

的一部分)来实现,也可以通过确立临终时的财富持有目标来实现。①但如果个体选择第二种策略,保留既定遗产的所有权将发挥保险的功能,应对超出寿命预期或晚年遭遇意外需求。这种对待计划性最终遗产的方式使额外储蓄产生一种"预防性动机"的后果。然而,这样的或其他任何预防性储蓄的表现——应对失业、健康问题或其他意外事件造成的困境——可以被归入生命周期计划之中(Dynan, Skinner, Zeldes, 2002; Hubbard, Skinner, Zeldes, 1994)。中年时期的突发事件会降低个人的财富持有量,此时必须超常强化储蓄,以求当不再就业时,恢复财富与终生收入之间的必要的平衡。如果必须要消除因财政危机而引起的损害,原计划的退休时间也可能因此而延迟。

  附图 1 呈现的模型中的个体通过劳动获得收入,并力图在度过一生时没有任何净储蓄。临终时,正好完全消耗掉工作期间的储蓄。从这个劳动者的视角来看,财产是购买力的存储,这可以保证他或她在面临收入变动时维持非常稳定的消费水平,其中最有意义的变动是,当不再就业时收入也消失。资产产生收入的情况不能真正改变这幅图景。如果劳动者将储蓄投入到固定收益证券(有息账户,债券)、股票市场或不动产,资产收入将有助于增加投资组合的价值,并减少来自劳动收入的储蓄数额,该数额是实现可以退出就业的财产目标所必需的。因此,不可预期的高回报(例如,高利率)将倾向于降低储蓄率,这一作用可能会被一种动机所抵消,这就是暂时的高收益率让人们更多地储蓄。Modigliani 认为这两种作用大概可以相互抵消,储蓄在很大程度上独立于利率(1986)。

  尽管有很多激烈辩论,生命周期假设已经顺利地经受了理论挑战和实证检验。公正地说,1983 年,关于储蓄仍然"缺乏连续一致的替代模型"(King, 1985)。然而,众所周知,早期一些分析 20 世纪战后就业数据(主要是 20 世纪 60 年代后期和 70 年代以来的数据)

---

① 临终遗产可能是被利他的、慈善的或策略性的动机所激发的。策略性目标可能改变其继承者的消费行为,因为继承者可以使用潜在遗产为其行为作抵押(Bernheim, Shleifer, Summers, 1985)。

的截面研究对老年动用储蓄的观察是失败的；一些研究甚至报告了 65 岁以后储蓄和财富继续增加的趋势（详见 Mirer，1979；Danziger，Van Der Gaag，Smolensky，Taussig，1982；Attanasio，1994）。但是，最近有大量研究显示这一观察是错误的。事实上，截面上的"遗留财富"随年龄下降（Hurd，1990）。遗产不包括年金财富，比如社会保障未来收益的现值。由于在享受收益期间，按照定义，年金随年龄下降，遗产和年金财富的总量在横截面上也是下降的。①

在其他国家（如加拿大、日本、意大利和英国）检验生命周期假设时，有一些负面的报告，James Poterba 对此总结，认为"跨国研究几乎没有提供支持生命周期模型的证据"（Poterba，1994）。Modigliani 反驳了这一论点，指出这些研究对于收入和财富的定义过窄。按照生命周期假设，所有由劳动产生的收入都应包括进来。这些研究使用了排除工资税（在美国是社会保障税）的可支配收入和雇主的养老金支出。如 Modigliani 模型设定的那样，社会保障的工资税建立了"社会保障金财富"，应该被视为"强制"储蓄的一种形式。老年所得收益因此应该被视为储蓄资产的提取。② 当社保被作为财富的一种形式包含在内时，按照生命周期假设的预测，实证的财富轨迹会呈现驼峰形状（Modigliani & Sterling，1983；Modigliani，1988；Modigliani & Jappelli，1987）。

参考文献

Attanasio, Orazio P., 1994, "Personal Saving in the United States",

---

① Mirer 报告称，退休后期老年财富的增加是不合理的队列修正的结果；他的原始财富数据是随着年龄下降的（Mirer, 1979；Hurd, 1990）。在对 20 世纪 80 年代数据的研究基础上，Attanasio 得出结论认为"支持老年人处理资产的证据很少"，但在他的原始数据中，不动产财富的均值和中位值（还有不动产均值加上金融财富）确实随年龄增加而减少（1994）。这类研究中，有一些使用这一数据时，并未区分退休的人和将继续赚取劳动收入的人。Michael Hurd 认为，早期的研究似乎没有使用充分详细的年龄信息来描述财富的最终下降。

② 生命周期假设的简化版在预算中没有将社保养老金体系作为私人储蓄的替代品。Modigliani 解释说，在他与 Brumberg 在 1952—1953 年建立模型时，强制储蓄的作用"不太重要"（Modigliani, 2001）。在 1968—1972 年，社保收益有显著增长（Hurd, 1990）。

Chapter 2 in James M. Poterba, editor, *International Comparisons of Household Saving*, University of Chicago Press, 1994: 57 – 123.

Bernheim, B. Douglas, Andrei Shleifer and Lawrence H. Summers, 1985, "The Strategic Bequest Motive", *Journal of Political Economy*, 93 (6) December 1985: 1045 – 1076.

Brown, Richard D., 1976, *Modernization: The Transformation of American Life*, 1600 – 1865, Hill and Wang, 1976.

Buley, R. Carlyle, 1967, *The Equitable Life Assurance Society of the United States*, 1659 – 1964, Two Volumes, Appleton – Century – Crofts, 1967.

Carter, Susan B. and Richard Sutch, 1996, "Myth of the Industrial Scrap Heap: A Revisionist View of Turn – of – the – Century AmericanRetirement", *Journal of Economic History*, 56 (1) March 1996: 5 – 38.

Carter, Susan B., Roger L. Ransom and Richard Sutch, 2004, "Family Matters: The Life – Cycle Transition and the American Fertility Decline", Chapter 11 in Timothy W. Guinnane, William A. Sundstrom, and Warren Whatley, editors, *History Matters: Essays on Economic Growth, Technology, and Demographic Change*, Stanford University Press, 2004: 271 – 327.

Carter, Susan B., Scott Sigmund Gartner, Michael R. Haines; Alan L. Olmstead; Richard Sutch and Gavin Wright, editors, 2006, *Historical Statistics of the United States: Earliest Time to the Present*, Millennial Edition, Five Volumes, Cambridge University Press 2006.

Clark, Robert L., Lee A. Craig and Jack W. Wilson, 2003, *A History of Public Sector Pensions in the United States*, University of Pennsylvania Press, 2003.

Danziger, Sheldon; Jacques van der Gaag; Eugene Smolensky and Michael Taussig, 1982, "The Life Cycle Hypothesis and the Consumption Behavior of the Elderly", *Journal of Post Keynesian Economics*, 5 (2) Winter 1982 – 1983: 208 – 227.

Degler, Carl N., 1980, *At Odds: Women and Family in America from the*

Revolution to the Present, Oxford University Press, 1980.

Dynan, Karen E., Johnathan Skinner and Stephen P. Zeldes, 2002, "The Importance of Bequests and Life - Cycle Saving in Capital Accumulation: A New Answer", American Economic Review, 92 (2) May 2002: 274 - 278.

Fischer, David Hackett, 1978, Growing Old in America: The Bland - Lee Lectures Delivered at Clark University, expanded edition, Oxford University Press, 1978.

Fishlow, Albert, 1966, "Levels of Nineteenth - Century American Investment in Education", Journal of Economic History, 26 (4) December 1966: 418 - 436.

Fishlow, Albert, 1966, "The American Common School Revival: Fact or Fancy?" in Henry Rosovsky ed., Industrialization in Two Systems: Essays in Honor of Alexander Gerschenkron, Wiley 1966: 40 - 67.

Folbre, Nancy, 1985, "The Wealth of Patriarchs: Deerfield, Massachusetts, 1760 - 1840", Journal of Interdisciplinary History, 16 (2) Autumn 1985: 199 - 220.

Furstenberg, Frank F., Jr., 1966, "Industrialization and the American Family: A Look Backward", American Sociological Review, 31 (3) June 1966: 326 - 337.

Graebner, William, 1980, A History of Retirement: The Meaning and Function of an American Institution, 1885 - 1978, Yale University Press, 1980.

Greven, Philip J., Jr., 1970, Four Generations: Population, Land, and Family in Colonial Andover, Massachusetts, Cornell University Press, 1970.

Henretta, James, 1978, "Families and Farms: Mentalite in Pre - Industrial America", William and Mary Quarterly Third Series, 35 (1) January 1978: 3 - 32.

Hubbard, R. Glen, Jonathan S. Skinner and Stephen P. Zeldes, 1994, "The

Importance of Precautionary Motives in Explaining Individual and Aggregate Saving", *Carnegie - Rochester Conference Series on Public Policy*, 40, 1994: 59 - 125.

Hurd, Michael D. , 1990, "Research on the Elderly: Economic Status, Retirement, and Consumption and Saving", *Journal of Economic Literature*, 28 (2) June 1990: 565 - 637.

Hurd, Michael D. , 2002, "Are Bequests Accidental or Desired?" RAND Working Paper Series Number 03 - 13, Labor and Population Program, RAND Corporation, January 2002.

Hyde, Henry Baldwin, 1885, Letter "To the Holders of Policies upon the Tontine System in the Equitable Life Assurance Society of the United States", *New York Times*, May 15, 1885: 5.

Jennings, Robert M. and Andrew P. Trout, 1982, *The Tontine: From the Reign of Louis XIV to the French Revolutionary Era*, Richard D. Irwin, 1982.

Kaestle, Carl F. and Maris A. Vinovskis, 1980, Education and Social Change in Nineteenth - Century Massachusetts, 1980.

King, Mervyn A. , 1983, "The Economics of Saving", *National Bureau of Economic Research Working Paper*, Number 1247, December 1983.

King, Mervyn A. , 1985, "The Economics of Saving: A Survey of Recent Contributions", Kenneth J. Arrow and Seppo Konkapohja, editors, *Frontiers in Economics*, Basil Blackwell 1985.

Laibson, David, 1997, "Golden Eggs and Hyperbolic Discounting", *Quarterly Journal of Economics*, 112 (2), May 1997: 443 - 477.

Laibson, David I. , Andrea Repetto and Jeremy Tobacman, 1998, "Self - Control and Savingfor Retirement", *Brookings Papers on Economic Activity* 1: 1998: 91 - 196.

Lindert, Peter H. , 1978, *Fertility and Scarcity in America*, Princeton University Press, 1978.

McKeever, Kent, 2010, "A Short History of Tontines", *Fordham Journal of Corporate and Financial Law*, 15 (2) January 2010: 491 –521.

Mirer, Thad W. , 1979, "The Wealth – Age Relation among the Aged", *American Economic Review*, 69 (3) June 1979: 435 –443.

Modigliani, Franco, 1966, "The Life – Cycle Hypothesis of Saving: The Demand for Wealth and the Supply of Capital", *Social Research*, 33 (2) Summer 1966: 160 –217.

Modigliani, Franco, 1986, "Life Cycle, Individual Thrift, and the Wealth of Nations", *American Economic Review*, 76 (3) June 1986: 297 –313.

Modigliani, Franco, 1988, "The Role of Intergenerational Transfers and Life Cycle Saving in the Accumulation of Wealth", *Journal of Economic Perspectives*, 2 (2) Spring 1988: 15 –40.

Modigliani, Franco, 2001, *Adventures of an Economist*, Texere, 2001.

Modigliani, Franco and Arlie Sterling, 1983, "Determinants of Private Saving with Special Reference to the Role of Social Security – Cross – country Tests", Franco Modigliani and Richard Hemming, editors, *The Determinants of National Saving and Wealth*, Macmillan Press, 1983: 24 –55.

Modigliani, Franco, and Richard Brumberg, 1954, "Utility Analysis and the Consumption Function: An Interpretation of Cross – Section Data", in Kenneth K. Kurihara, editor, *Post – Keynesian Economics*, Rutgers University Press, 1954: 388 –436.

Modigliani, Franco, and Tullio Jappelli, 1987, "Fiscal Policy and Saving in Italy since 1860", Michael J. Boskin, John S. Flemming, and Stefano Gorini, editors, *Private Saving and Public Debt*, Basil Blackwell 1987: 126 –170.

Newell, William H. , 1986, "Inheritance on the Maturing Frontier: Butler County, Ohio, 1803 – 1865", Chapter 6 in Stanley L. Engerman and Robert E. Gallman, editors, *Long – Term Factors in American Economic*

Growth, University of Chicago Press, 1986: 261 – 304.

Nugent, Jeffrey B., 1985, "The Old – Age Security Motive for Fertility", *Population and Development Review*, 11 (1) March 1985: 75 – 97.

Poterba, James M., 1994, "Introduction," James M. Poterba, editor, *International Comparisons of Household Saving*, University of Chicago Press, 1994: 1 – 10.

Ransom, Roger L. and Richard Sutch, 1986, "The Labor of Older Americans: Retirement of Men On and Off the Job, 1870 – 1937", *Journal of Economic History*, 46 (1) March 1986: 1 – 30.

Ransom, Roger L. and Richard Sutch, 1987, "Tontine Insurance and the Armstrong Investigation: A Case of Stifled Innovation, 1868 – 1905", *Journal of Economic History*, 47 (2) June 1987: 379 – 390.

Ransom, Roger L. Richard Sutch and Samuel H. Williamson, 1993, "Inventing Pensions: The Origins of the Company – Provided Pension in the United States, 1900 – 1940", Chapter 1 in K. Warner Schaie and W. Andrew Achenbaum, Editors, *Societal Impact on Aging: Historical Perspectives*, Springer Publishing, 1993: 1 – 44.

Smith, Daniel Scott, 1973, "Parental Power and Marriage Patterns: An Analysis of Historical Trends in Hingham, Massachusetts", *Journal of Marriage and the Family*, 35 (3) August 1973: 419 – 428.

Smith, Daniel Scott, 1985, "Child – Naming Practices, Kinship Ties, and Change in Family Attitudes in Hingham, Massachusetts, 1641 to 1880", *Journal of Social History*, 18 (4) Summer 1985: 541 – 566.

Smith, Daniel Scott and Michael S. Hindus, 1975, "Premarital Pregnancy in America, 1640 – 1971: An Overview and Interpretation", *Journal of Interdisciplinary History*, 5 (4) Spring 1975: 537 – 570.

Sundstrom, William A. and Paul A. David, 1988, "Old – Age Security Motives, Labor Markets, and Farm Family Fertility in Antebellum America" *Explorations in Economic History*, 25 (2) April 1988: 164 – 197.

Sutch, Richard, 1991, "All Things Reconsidered: The Life – Cycle Perspective and the Third Task of Economic History", *Journal of Economic History*, 51 (2) June 1991: 271 - 288.

Sutch, Richard, 2006, "Saving, Capital, and Wealth", Chapter Ce in Volume III of Susan B. Carter et al., editors, *Historical Statistics of the United States*, Millennial Edition, Cambridge University Press, 2006: 287 - 332.

Sutch, Richard, 2009, "Modigliani, Franco (1918 - 2003) The Economic Contributions of Franco Modigliani", In Larry Blume and Steven Durlauf, general editors, *The New Palgrave Dictionary of Economics*, 2nd edition, Palgrave Macmillan, 2009.

Sutch, Richard, 2013, "Population Aging, Internal Migration and 'Child Default' Thoughts for China from American Economic History", Paper Prepared for the Chinese Academy of Social Sciences and the Social Science Research Council Workshop on Internal Migration, Social Development, and Social Protection, Beijing, September 30, 2013.

Thaler, Richard H., 1994, "Psychology and Savings Policies", *American Economic Review*, 84 (2) May 1994: 186 - 192.

Thaler, Richard H. and H. M. Shefrin, 1981, "An Economic Theory of Self - Control", *Journal of Political Economy*, 89 (2) April 1981: 392 - 406.

Vinovskis, Maris A., 1981, *Fertility in Massachusetts from the Revolution to the Civil War*, Academic Press, 1981.

Wells, Robert V., 1982, *Revolutions in Americans' Lives: A Demographic Perspective on the History of Americans, Their Families, and Their Society*, Praeger 1982.

Williamson, Jeffrey G., 1986, "Fertility Decline, Emigration and Child Default: Evidence from 19th Century Rural England", Tenth University of California Conference on Economic History, Laguna Beach, May 2 - 4, 1986.

Zelinsky, Wilbur, 1971, "The Hypothesis of the Mobility Transition", *Geographical Review*, 61 (2) April 1971: 219 - 249.